陈先达

人生：思与诗

北京师范大学出版集团
BEIJING NORMAL UNIVERSITY PUBLISHING GROUP
北京师范大学出版社

第三编 ◎ 宜园诗抄

第一编

我的人生之路

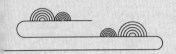

第一章　从景德寺小学到复旦大学

我是江西鄱阳人，1930年农历十一月十一日生于鄱阳镇。因为第一次普选登记，出生日期由农历改为公历，我出生的农历十一月十一日应为当年公历12月30日。

我是渔民的后代，商人的儿子。现在我们陈家的儿孙辈中，大学毕业生不稀罕，研究生、博士生也不少，而当年我是我家第一个大学生，也是我这个陈姓家族的第一个大学生。我自己家族六十年①的变迁，是社会变迁的缩影。渔民的后代永远靠打鱼为生的传统，在新社会已经被打破了。

一　我的父亲和母亲

我祖辈世世代代居住在管驿前。从何代起，我不清楚。我查了查家谱，据说，陈氏始于周朝，武王将女儿嫁给一位功臣的儿子满，封于陈，陈国都位于宛丘即今日河南淮阳，后人遂以国为姓。按此，陈公满是我们老陈家第一代祖宗，至今已有三千多年。陈氏在唐代达到鼎盛时期，家族昌盛。到宋仁宗嘉祐年间，义门陈氏发展到三千九百余口，田庄

① 本书一些文章为作者八十多岁所写，特此说明。——编者

3

三百多处，为北宋中叶最大的家族。后因繁衍过多，威胁王权，朝廷抑制义门陈氏，分移陈氏于全国各路州镇，陈姓遂遍及全国。其中有一支由安徽祁门移居饶州即鄱阳镇管驿前，这就是我们这支陈姓的正宗老祖宗，至今有四百多年。家谱的源流考究有多少可信度，当然可以存疑，但家谱对了解本族之发展、和睦族谊有帮助，谁也不会较这个真儿，非弄个一清二楚不可。

管驿前是个渔村。我母亲原来连大名都没有。母亲的名字可能是1949年后选举时，按照幼时家里名字的读音"翻译"成了一个像模像样的大名。我都不知道这个名字的写法，还是后来她来北京，报户口时我才知道我母亲的大名。

我们家是渔民，究竟从哪一代开始捕鱼，我说不清。我不是出生在管驿前老屋，而是出生在离老屋不太远的小镇上。鄱阳是古饶州治所，算是比较发达的地方。小镇有商家，有学校，在当时看来，就仿佛是城市一样，实际上我只是由镇边上进入比较热闹一点的镇中心而已。

我父亲从小在他伯父开的一家鱼行里当学徒，因此没有继续捕鱼，而变为卖鱼。鱼行开在镇上新桥附近的柳树巷口，面对河宽水碧的饶河。沿河多商家，往来商船不断，有点繁荣景象。

父亲从小过继给他的伯父当儿子。父亲的伯父是长子，伯父自己有儿子，但不务正业，更不会经营。20世纪20年代，这个儿子花了点钱捐了个小官，弄了个屠宰局的差事。他穿上屠宰局的制服，背个斜皮带，好像做了什么大官。后来江西军阀垮了，那个屠宰局的差事也没有了，白花了一笔钱。我的祖父看着自己的儿子太不争气，就把自己弟弟的儿子，也就是我的父亲过继在他的名下。这样，我的父亲从小就离开管驿前到镇上鱼行里当学徒。

我那位捐钱弄了个屠宰局差事的伯父，随着军阀混战结束，屠宰局换人，也就"罢官"回家。回来后，他曾经开过一个教几个学生启蒙的私塾书馆。几张桌子，十来个小小学生，教《三字经》《百家姓》之类的东西。因为学塾就在他自己家的后院，我也曾在他那里混过几个月。我看他的文化水平也高不到哪里，略识之无而已。快到老年，不知什么样的机缘，他改变了年轻时的游逛习惯，突然对信佛怀有一种狂热。家里弄了一个佛堂，他经常坐在佛堂前念经。念的什么我也不懂，更不记得，只记得他终日坐在佛堂前念经的模样。不知是忏悔年轻时的荒唐，还是老来寂寞突然觉得人生无味。他的内心世界是一个孩子无法理解的。他死时，我还记得后事是按和尚"待遇"处理的——火化。火化，这在当时是不寻常的。如果他不留话，是无人敢做主火化的。

父亲闲谈时对我说过，他的伯父也就是他过继的父亲死时，家里很困难，鱼行生意不景气，几乎要倒闭。他临死前对我父亲说，只有把担子交给你啦。我父亲苦苦经营，幸好遇上一位在鄱阳开钱庄的叫四海的安徽人，他看我父亲诚实，有点出息，不像我那伯父，很信任我父亲，同意他在自己的钱庄里用两千元额度的信贷。当时都是用银圆，两千元据说是一笔不算小的数目。从这以后，鱼行维持下来了，而且不断发展。我父亲曾经无数次讲到四海这个人如何好、如何好，四海死后多年，他说起四海仍然是一副感激涕零的样子，真可谓终生难忘。一直到我父亲年老，住在我这里的时候，闲聊时还常常提起这件事。他们那辈人是知道感恩的，多少年过去，仍念念不忘。

你知道鱼行是做什么买卖的吗？不是卖鲜鱼，而是卖鱼货。到鱼汛期，一船船各种各样的鲜鱼由渔民送来，收购以后，由女工把鱼一条一条剖开，然后由伙计们用盐水浸泡，变成咸鱼。经过反复晒，变成干咸鱼，打成一包包的咸货。每包至少重百十来斤，卖到一些专门收购的南货店，都是整批发货，整批收购。我估计交易双方都是多年的往来户，银钱是事后结算的。我从小就看惯了剖鱼的女工、腌鱼的师傅，闻惯了奇臭无比的卤水味道。收购活鱼的季节很是热闹。整船的鲜鱼送来，女工们围着堆积如山的鱼，一条条剖开。灯火通明，人声嘈杂。当时没有电灯而只有一种汽灯，灯里装的是煤油，有个纱罩似的东西作为灯管，打足气后燃烧照明。当时这种汽灯是最明亮的灯，没有别的比它更亮的照明工具。

卤水味是很臭的，这是对付国民党兵的最好武器。每当国民党的兵要到民房驻军，我父亲就让师傅们不断搅动腌鱼的卤水。并排几十口一人高的大缸中的卤水，一起散发出来的味道，恶臭逼人。国民党的兵也受不了这个味道，往往过门而不入。

我家商号的名称是"陈万集鱼行"，在我们县算是有点名气的商家。我父亲是个好强的人，也是一个善于经营的人。抗日战争结束后，家里似乎比较富裕了。虽然继续用悬挂在大门门楣上的"陈万集鱼行"这块招牌，其实已经不做鱼货生意，而是变成既自己坐庄也做行庄的商家。来收购的客户称为水客，吃住都在我家，因此每天吃饭的人很多。由行里伙计下乡代购，赚取佣金，类似中介。我们也把鄱阳特产，如米、豆、芝麻等派店员押运到上海、武汉、广州等地去卖，再运回当时本地缺少的洋货。这个生意一直做到临近新中国成立。我父亲看鄱阳没有发展前途，于是只身到南昌，与人合伙开了一家"六丰公司"，仍然是做杂粮生意。后来统购统销，接着公私合营，从此没有生意做。1956年我父亲被安排在一个粮站当职员，专门管发粮票、收钱之类的事。具体做什么我也不十分清楚，因为此时，我在北京工作，很少有机会回家。

"文化大革命"中，我父亲也在劫难逃。他在鄱阳时曾担任过县商会副会长之类的职务。商会本来是商人的行会组织，属于民间组织，可国民党为了笼络和控制商会，规定商会中的人都要集体加入国民党。就因为这么一件事，父亲在一个不足四人的小粮站就算大批斗对象。经过反复调查，没有查出什么劣迹，后来就下放劳动。父亲要求回老家劳动。我家本非农民，又不在农村，他就联系下放到窑头陈家。窑头陈家，是管驿前陈姓中的一支。不知猴年马月哪代祖宗开始迁到窑头，成为另一支，但仍然属于同姓同宗，我父亲就借住在旧日相识的一位陈姓农民家的灶房中，自己做饭，下地时与妇女一起做点轻微的劳动，看看打谷场，赶赶鸡鸭。落实政策后他又回到原单位粮站，因为已过退休年龄，就没有继续工作。1976年父亲退休，由我最小的妹妹顶替。

父亲退休后来过北京几次，和我们同住。可我们当时住房也很紧张，他住在朝北的一间小房子里。世面他见过，钱曾经有过，大房子也住过。这些对他都无所谓，能和儿孙住在一起，他也很满足。他心情是很矛盾的。我们家世世代代是渔民，不要说大学生，连识字的人都很少。我父亲只读了几年书，可他写得一手好字，自己又粗通中医，家中或亲戚中有人生病．他也会开个方子让试试。他总笑我："你还是大学生，字像鬼画符。"他老说一笔字很重要，像一个人穿件好的长衫一样，肚子里有没有学问谁知道，可穿在外面的长衫一眼就能看到。我父亲极爱干净，在我家总要弄得整整齐齐。他看不惯我满桌凌乱，衣服不整，经常说我，但我积习难改。我与他不一样，父亲从小当学徒，起床第一件事就是扫地，下门板，把桌子抹得干干净净。他的童年受苦，而我的童年享福。

我父亲常说，送儿子读书就是卖儿子。因为上了学就再也不会回到原来的小县城。我与父母也是聚少离多。从高中毕业出来到上海上大学，后来到北京，拖儿带女，回去的机会不多。父亲也不愿意儿子没有出息，回到原地，过和他一样的生活。何况1949年后他自己的生活也变了，他原有的一切都化为泡影，他日渐老去，由原来精明能干的商人，变成依靠儿子的不起眼的老头儿。我妹妹的儿子现在是个大地产商，是新时代的富翁。他老说像外公这样精明的人，要是年轻时碰到现在这个环境一定能"弄出个响声"，意思是比他强。父亲谈起往事总是说，其实家里并没有多少钱，做生意的人只有过眼钱，都是善用别人的钱。看起来红火，架子大，大多是空的。可他在我祖父死后把一个身负债务濒临倒闭的鱼行，弄成当地名声很响的商行，即使是过手钱，也还是要有点经营之道，才能玩得转。

父亲不是理论家，当然不懂大道理，他们旧时代商人的结局是时代的必然。尽管他们不是坏人，也不是罪人，但他们必然是新时代的弃儿。新时代需要新一代的商人，并不是因为能干，而是因为他们生逢其时。有的人发财手段并不咋样，可照样属于民营企业家，比资本家光彩多了。我想我父亲至死也弄不明白这个理儿，他只读过几年私塾，哪能弄懂改革开放这个大道理。

父亲有一套养生方法，在旧社会，商人不嫖、不赌，没有不良嗜好，是很难得的。我小时候，家中厅堂里也不时有人打麻将，这是当地绅商联系的方法。无论输赢，我父亲绝不打通宵，总是半路由别人接手。他喜欢走路。下放劳动时他已经六十多岁，每逢进城回镇，差不多三十里，来回都是走。当然不走也没有别的方法，没有公交，也没有其他交通工具。下放养成走的习惯，即使来北京住在我家他仍然不改。我儿子跟爷爷一道游颐和园、圆明园，也是走来走去。孩子回来往床上一躺，不断喊累。老人一点事也没有，笑他们还不如老头儿。

父亲没读过多少书，可他弥留时的那种安详，比哲学家还像哲学家。我姐告诉我，父亲这次生病前似有预感。过去他只要有病，哪怕是点小病，一定上医院。我二妹洁涛和妹夫仕云都是大夫，看病方便，住院也不难。可这次不同，他感到不舒服，自己先到南昌八一大桥桥头拍了个全身照，还去澡堂洗了澡。回来后，几天没有起床，吃得也很少。姐妹们一定要他去医院，他说不用看，休息休息就行。就这样，在床上躺了几天后，守在床边的姐妹问要不要叫我回去，他摇摇头，闭上眼睛，安详地去世了。父亲去世后我们整理遗物，发现一个笔记本，上面把我寄给他的钱，钱数、时间，一笔一笔写得清清楚楚。他从不亏欠别人，包括自己的儿子。这大概是商人的习惯，账目清清楚楚。

或许他由一个学徒跻身商界翘楚，又由老板变为粮站的办事员，由给别人发工资变为只靠几十元退休金为生，不时要靠儿子接济，他一生在贫困与富裕中翻滚，享受过生活也吃过苦头，看透了一切无所留恋；或许是他期盼能与小儿子在地下相见，这是他多年来的隐痛，他乐意到另一个世界。他死时的安详，令我不解。父亲生于 1905 年 8 月 28 日丑时，殁于 1998 年 7 月 15 日晨 4 时 15 分，走完了他九十三年的人生旅程。

我父亲一生拼搏，由学徒到老板，最后死于拮据和寂寞。可他的后代，尤其是第三代外孙女和外孙、孙子孙女们都有着比他更有意义的生活和前途。我不用对新中国成立后的社会变化做大叙事，仅仅从我父母到我和姐妹们的儿女们这三代人的变化，就可以看到社会的进步。家是社会的细胞，各式各样的家的变化就是社会的变化。像我家这样，由旧式商人家庭的兴起、衰败到子女各奔前程，就是社会六十年历史变化的缩影。

我的母亲是另一类型。她是旧式家庭妇女，小脚，大字不识。既不懂买卖上的事，也从不过问父亲的事。她很仁慈，也很迷信。吃花斋，每逢初一、初八、十五、二十三，要吃素。经常会给庙里、尼姑庵里送点油钱，捐点香火钱，保一家平安。我外婆家比较穷，外公以卖鱼为生，每天挑着鱼盆到镇上卖鱼。当时县里最热闹的地方叫东门口，鱼盆就放在地上等候买主。卖完鱼会准时来我家看我母亲，看看外孙。我母亲总是事先沏好一杯茶，等他。喝完茶，歇歇脚，坐一会儿就走了，很少见他在我家吃饭。我现在猜想，大概是我家吃饭时乱哄哄的，前后屋很多桌，他不愿人家看见他在我家吃饭，有损女儿的脸面。旧时代的人很古板，很讲面子。女儿就是女儿，儿子就是儿子，他们思想上的界限很清楚。

母亲最疼我，总护着我。我因为太淘气，有时被父亲罚跪，时间长了，她会偷偷要别人说情。最难忘的就是母亲每晚塞在我被子里的梨。我的儿女们一定不懂，梨算个啥，要我吃我都不吃。可在我们那个年代，七十多年前，在一个小小的县里，可不是人人都能吃到梨的。梨是送来的。卖梨的人手挽装梨的篮子，用块白布蒙着，上面还放张红纸，说是送梨。不能说卖，说送。卖是不能上门的，送是来客，仿佛走亲戚。没有价钱，也不会开价，看着给，当然只会多，不会少。这是一种卖梨的方法，约定俗成。我晚上睡觉，掀开被子，会发现被子里塞个梨。梨好像是专给我一人的赏赐品。当时我以为理所当然，毫无感谢之意。母亲逝世以后，我想起这些旧事，心中愧疚得很。

母亲在北京住过些时候，帮忙带孙子。当时工资很少，我没有孝敬过她，也没有想到尽孝这件事。怪不得我们老家有句谚语：眼泪是往下流的。一代一代都是这样，看看我老伴对待我的儿女、孙辈，我才真正体会到这句话。尽孝要趁早。我现在的经济条件、生活条件，能够尽点孝心，可子欲养而亲不待，为时已晚。所有年轻人都体会不到这一点，所有能体会到的老人都错过了孝亲的机会。

母亲本来身体不错，因为人胖，行动不便，有一次从竹床上摔了下来。竹床是用像床板似的竹片架在两条长的木板凳上。她摔得很重，老年人不经摔，大腿骨折。虽经治疗，终因年老，不能下床，躺了几个月之后并发肺炎在医院中去世。母亲生于1905年农历正月初六，殁于1988年公历9月9日晚约8时左右。她比我父亲寿短，活到八十三岁，正好是我现在这个年龄。

我父母葬在南昌昌北一个公墓里，没有埋葬在老家鄱阳。家里的祖坟山早没有了，很多坟都平了，变成公路。我姐妹们都在南昌，葬在鄱阳也没有多大意思，清明连扫墓的人都没有。我溺水而死的弟弟，也从鄱阳迁来葬在我父母的合墓边，在阴间陪伴他俩。

至今使我良心不安的是，在父母生前我与他们聚少离多，没有尽过孝，他们逝世时，我也未在床前送终，全是我的姐妹在料理。我三妹夫兴焰出力尤多。我父亲生前常说，送儿子读书就是卖掉儿子。确实如此。想想当今的空巢老人，儿女们出国留学，有的在国外风光得很，可家中的父母牵肠挂肚，年节时不过打一个越洋电话而已。即使如此，父母还是愿意儿女在外面闯世界，不愿他们一事无成。我的父母何尝不是如此。我并没有出国，只是在北京，也是聚少离多。我虽然得到了教授、博导之类头衔，与他们何干，能就近照顾他们的还是文化水平不如我高的女儿。老人们至死也不愿麻烦儿子，没有得到我任何实际的回报，可说起儿子在北京当教授，仍然高兴得很。只有自己老，才能体会什么叫老；只有自己当父母，才知道什么叫父母。经验无法传授，只能一代一代老去，一代一代留下回忆与惭愧。没有人敢说，自己对父母的爱，能与父母对自己的爱相比。人到老年都会留下永久的悔，悔年轻时聚少离多，不懂父母的心。

二 景德寺小学的淘气学生

我是 1930 年农历十一月十一日卯时生，肖马。我曾有过一个弟弟叫先昶，据说是出麻疹并发肺炎死的，其时刚三岁。我对此毫无记忆。我们那个年代，孩子不成长到十八岁，都不算成人。这个"不算成人"，不是从年龄上说的，而是说随时都有死亡的可能，还不算"人"。十五岁是一个关口。真正成人，要过很多关，其中麻疹就是一大关。我叔叔的两个孩子，都没有活过三岁，全是出麻疹转肺炎死的。我满十五岁时，家里为我做了"成年礼"。这个不是西方的成年礼，而是中国式的，请了一些和尚、道士在家"打醮"，搞了三天。这是为孩子长大成人，对上天神灵表示答谢的意思，大概是神圣领域的"送礼"。

不仅要打醮，还要还愿。记得大概是地藏王菩萨生日那天，我上穿黑色上衣下身系条裙子，双手捧一个小凳子，凳子头上有个香座，插上几根点着的香，走三步跪下磕头，叫"拜凳凳香"，当地叫"朝香"，类似朝圣的意思。这叫还愿。大概是我父母对天许下愿，祈求老天不要像得麻疹的弟弟和叔叔的两个孩子那样把我也收回去。"人无法，求菩萨"，只有向上天许愿，孩子才能活下去。我活到了十五岁，感谢老天爷没有让我夭折，该还愿了。现在我懂了，还愿，是旧社会对婴儿死亡率高无奈、无能的表现。

我是当时家中唯一的男孩。我有一个姐姐，几个妹妹，旧社会重男轻女，在我们那个小地方更是如此，因此我特别得宠。我家里老说我命好，因为我出生后，家里商业经营逐渐好转，经济条件越来越宽裕。我最得宠，也最淘气。读小学之前，我在伯父开的家塾里混过几天，后来又到本城一位有点名气的私塾先生家发蒙，也不过是《三字经》《百家姓》之类，除了上学下学在一个挂在堂前的孔子像面前磕头，除

13

了老先生的严厉和经常躺在床上要学生捶腿以外，不记得真正学到了什么。我当时还是太小，不懂事。

我正式读书，是在景德寺小学。景德寺据说是宋真宗以自己的年号"景德"在全国多处建立的寺庙。我读书的景德寺是否也是此时所建，不清楚。至少在我上小学时，这不像是座有过辉煌过去的寺庙。它格局很小，只有关公坐像，未见其他遗迹。除关公以外，旁边是些教室，可能是过去的殿堂改建的。关公大驾为什么供在景德寺，无从考究，然而也可见关公在中国人心目中的地位。我在景德寺读到小学毕业，至今仍然记得其中几位教员。一位是语文教员，就是我那位塾师的儿子，不过塾师是私人授教的蒙童老师，而他是国民政府的正式教员。还有两位女教员，一位姓吴，一位姓施。我上小学时，她们也都还年轻，可后来终身未嫁。那时的小学教员，算是小镇上的人物。现在的年轻人，包括现在的小学老师无法理解20世纪30年代小学教员在小镇上的地位和受人尊敬的程度。女教员是有头有脸的人物，找个中意的对象不容易。如果自矜自持，不从流俗，过了嫁期，嫁人更难。新中国成立后我还见到过她们，都是满头白发的孤身老者。她们的人生是旧时代职业女性的写照。

我上小学时从来没有认真读过书，经常逃学。我姐姐比我高几班，每天像押逃兵一样押着我。我走在前，姐姐走在后面。有时我故意落后，一转眼，就从小弄里溜跑了，跑到一处离学校不远的油坊，坐在碾芝麻的牛车上玩。伙计们也乐意有人坐在牛车上，可以看着牛，不让它停下来。我坐在牛车上，不时从车上跳下来，从碾槽里抓把芝麻塞在嘴里，又一纵身跳上牛车。玩累了，芝麻也吃饱了，拖到放学时再回家。我父亲忙生意，没时间过问，我母亲大字不识，不懂，只要按时回来就行。我姐姐也不"揭发"，只骂我几句了事。

小时候，因为做生意，来客多，我还学会了抽烟。抽烟有两种待遇，一种是水烟。水烟，是一种像盒子炮一样的东西，里面是水，烟丝放在烟筒上，吸烟要有捻子，用火点着烟丝用力吸，烟经水过滤，似乎比吸香烟危害小。另一种待遇是香烟。所谓香烟，就是纸烟。当时，小地方没有外国烟，都是本地产的人工手卷的烟。卷烟的是女工，每人一台用木材制造的卷烟机，一次也就只能卷几根。因为是抗战期间，烟名好像是国光、爱国之类。这种烟是放在桌子上的，我悄悄拿几根，说偷也行，反正大人不知道。我也学会了推牌九。年头久了，我现在都忘记了，当时很熟练。我把小时候这些糗事讲给我孙女听，她说："爷爷，你这是不良少年。搁在现在，早让退学了。"

有时，我父亲生气也会惩罚我，主要还是因为玩牌九赌钱。当时，鄱阳的商业还算发达，因为水路运输比较方便，来往货船多，上货下货，有很多挑夫，我们当地称为"八股索"，因为他们的生活工具就是扁担和挑担的绳子。这都是些穷苦人，靠卖苦力为生。船码头就在我们家门口不远，这些挑夫们在没有来船上下货时，就集中在我家隔壁一户人家推牌九。我也参加，挤在一张四周围着人的桌子边。人挨人，汗味四溢，赌徒却根本不在乎，全部精神都集中在下注翻牌上。我年纪最小，对输赢无所谓，偏偏我手气好，输少赢多。我记得当时有位挑夫愤愤不平地说："狗屎翁猛草，蛆往鱼里拱。"猛草是长势很好的草，本不用施肥，可偏偏有狗屎翁草；鱼本来是长蛆的东西，蛆很多，可蛆偏偏往鱼里拱，拱即钻也。意思是越有钱赌钱越赢。这是句无奈又充满愤恨的话。我当时年纪小，不懂，现在才体会到这句话的分量。因为推牌九赌博的事，我父亲特别生气。他也不打我，而是罚跪。我家前厅有座一人高的菩萨，叫杨四将军，专门有个神龛供着，有长明灯，一个小学徒专门负责添油、点香。据说，这是一次发大水漂到我家门口被捞起的，后供奉多年。罚跪没有固定时间，有时很长，有时略短——这要看有没有人给我说情。

我最爱听说书，说的就是《彭公案》《施公案》《七侠五义》《精忠说岳》之类。离我家不远有座华光庙即是说书场子，华光是何方神圣，不知道。我只记得年久失修，庙宇破旧，四周围墙都已倒塌，只有大殿还比较完整。殿很大，显见昔日的辉煌。说书人是我们当地唯一一位说书的人，他的场子也是独此一家。我记不得他年龄多大，只记得他是个盲人，我们当地称他为瞎子。他在大殿里摆上几条长凳，没有茶水，我们那个小镇的人还没有那么阔气，只是听说书。散场收点钱，那时人都很淳朴，没有半路收费的，也不会有人半路溜号，都是老熟人。我不够资格坐条凳，不是交不起钱而是年龄不相称，一群老人中夹着一个小孩，而且都认识这是某家某家的孩子。我是坐在菩萨的神龛里和菩萨一起听说书的。每晚必去，"且听下回分解"，把你吊着非去不可。有一次坐在菩萨龛里睡着了，家里四处找人，结果又是一次罚跪。我的小学就是这样混过来的，没有正正经经读书。上中学，开始也好不了多少。我感谢家庭的宽容，感谢当时的学校对学生并不苛求。我的个性没有受到太大的戕伐，没有过早地被扼杀。如果像培植盆景那样精心修理，一切按照家庭和老师的意志发展，我不会是现在的我，至于会成为什么样的我，难以想象。

三　中学时代：并非年少轻狂

我读中学时，镇上共有四个中学。一个是省立第十中学，即鄱阳中学。校址在鄱阳的高门，离镇中心不远。据说，鄱阳中学历史悠久，它的前身是1902年创立的饶州府中学堂。另外三个学校是私立的，创办人都是当地有名的乡绅。一个是芝阳师范，创办人姓姜，是国民党的要员，民国时期的立法委员；一个是士行中学，据说创办人姓周，也是望族，忘了是国民政府财政部要员还是江西裕民银行的行长，校址在东湖荐福寺，以晋太尉陶士行的名字作为校名；再一个是正风中学，创办人姓胡，三兄弟都是有头有脸的人物，老大是什么职位不清楚，老二是国民党中将，曾任国民党骑兵学校教育长，老三是直接主持学校的校长，是国大代表，不清楚还有什么别的头衔。一个人办一所学校，既是造福桑梓，也是为了培植自己的势力。

我开始读的学校是芝阳师范。名为师范，其实并非专门培养老师，就是普通中学。1944年，我刚上初中，小学时的顽劣未改，仍然调皮捣蛋，不愿正规地学习。学期结束接到的成绩单，可想而知：留级，也就是蹲班。我在这里，学习上没有任何收获，但结识了一个交往终生的朋友，至今快七十年了，仍然是好朋友。他聪敏、会读书、文理科都强，可就是和我这个学习差劲的同学关系特好，这也许就是投缘。

我们中学隔壁就是孔庙，有个魁星楼，这种安排挺有意思。一个是读书人的老祖宗，大成至圣先师，另一个是专管科举录取的星宿，只要魁星用笔一点就能考取功名。看起来古人也懂，只拜孔子不够，还要拜魁星，否则光书读得好，功名无望。我在芝阳师范读书时，孔庙还有点气派，塑像完整，殿宇也很大，有点昔日光辉的痕迹。魁星楼则不行，已经年久失修，残破不堪。大概是因为早已废除科举，用不着巴结魁星，他只得"下岗"，楼阁荒废，也是情理之中。魁星楼有二层，楼梯没有了，要到二层必须攀墙。这是个危险的事儿，万一掉下来，不一命呜呼也得残废。可我当时正是懵懵懂懂的年龄，对什么是危险毫无概念，只知好玩，经常攀爬。魁星楼很高，二层更高，下面就是住户。我们就从楼上往人家屋顶上抛石头砸瓦砾，惹得住家户高声叫骂。真是调皮。

在芝阳师范半年，有三个收获：一位结交终生的朋友、一张留级的成绩单，再一个就是攀楼的记忆。

留级无所谓，那时学制没有现在这样严格。这里不行，转个学，继续上学。第二学期我转入了一个新办的中学——正风中学，开始了新的学习生活。留级是件好事，算是个黄牌警告。在正风中学四年半，我开始知道守点规矩。学习成绩也还可以，最烦数学，爱好文学，有点文艺青年的样子，只是土壤不行，没有发芽，更没有成长。

正风中学校长胡溥清，是美国哥伦比亚大学的毕业生。他在外面工作多年，为什么会在1944年回家乡办学？是不是因为姜、周两家各有一所中学，自己也应该在家乡树立人望，联络乡情，培养地方势力？不太清楚。至少我知道1948年国民党选国大代表，全校师生上阵投票助选是有的。记得全校学生还到胡家吃过面条。在我们家乡，请吃面是一种礼遇。

正风中学没有校舍，租用鄱阳唯一的一家天主教堂的空地盖了简陋教室。没有宿舍，学生住在"积善堂"里。"积善堂"是1949年前停放棺木的地方。外省、外县在鄱阳经商或谋事的人，终老鄱阳，因为交通或其他原因，家里无力扶柩还乡安葬的，都会把棺材停放在"积善堂"。有的可能已停放多年。学生宿舍就在停棺房旁边，中间隔堵墙。寄宿生可以说是与亡人相伴，好像当时也没有害怕。大概学生人多势众，根本没有把这些当回事。我也短期住过一段，图新鲜，后来还是住在家里。校舍不好，可教员却是第一流的。抗日战争时期上海沦陷，一些大学教员逃难到鄱阳落脚，只有到中学当教员一途。当时我的化学教员、英语教员、物理教员，都是外地来的。只有语文和数学教员是"土产"，但都是高水平的。数学教员是武汉大学数学系毕业生。我对数学不感兴趣，但这位教员的教学水准有口皆碑。我记得一本课本《范氏代数》，除标点符号外，大概他都烂熟于胸，上课根本用不着书本，只是我实在不争气，辜负了教员的教导。新中国成立后，数学教员就调到南昌一所大学数学系教书去了。如果没有点名气，不可能由一个县城直调省会大学教书。1949年5月1日鄱阳解放，正风中学停办，合并到鄱阳中学。我在正风中学一直读到高二下学期，共四年半。在鄱阳中学只读了一年，从1949年9月到1950年毕业考大学，完成高三学业。鄱阳一共四所中学，我读了三所。时间最长的是正风中学。

我相信人青春年少时都会有各种成年人视为不当的行为，轻狂者有之，叛逆者有之，情痴者有之。我则是有点痴愚，重感情但不懂什么是感情。

1949年5月鄱阳解放，正风中学并入鄱阳中学。我读的是高三，是中学最后一年。高三分甲乙两班。我分在甲班，不知为什么。当时并无文理分科一说。我的成绩不算太好，但比芝阳师范留级时好点，知道用功。但仍然偏科，喜好文科。当时壁报是各个班级展现自己班级风貌的橱窗。我不会画报头，这是个艺术活，但我经常写文章，尤其是白话诗，有时一首诗就占一个版面。作文课从来没有按命题作文，总是任意而为，有时是一首诗，有时写一篇自认为是小说的东西。其实都很幼稚，老师也从来不说什么。当时没有现在的高考压力，也没有考不上大学就是塌天的感觉。当时能考上大学的并不算太多，考不上也不算丢人。我仍然偏科，没有为高考而恶补数理化。

在鄱阳中学读高三时，我没有住在家里，而是在十八坊一家民居的一间房子里与人合租，三人合住。吃饭也是在住房家包伙。包伙的不是房东而是另一个房客，一个中年妇女，有文化，不知道什么来历。中学生不关心这些，只要饭菜可口就行。当时在外面合租不大的房间，吃包伙，而不愿住在家里，可能是一种想要摆脱家庭的内在潜意识作怪。理由冠冕堂皇，离学校近。

与我同住的两个同学都是本地人，一个姓史，一个姓朱，以后的命运各不相同。姓史的当了多年小学教员，后来考上大学，毕业回到鄱阳一个中学教书，直到退休。朱姓同学就没有这么幸运。他原本不只是我们三个人中，而且是全班乃至全校最为特殊耀眼的一个人物。他从何处来，我不知道，只知道有点来历。他是本县珠湖人，家里可能有人在国民党政府担任过什么差事，他自己也是1949年之前不久从外地转来鄱阳读书的。他的穿着打扮与我们不同，脚上是一双长筒皮靴，锃亮锃亮，我们从未见过。他告诉过我他曾到过马尼拉，当时马尼拉对我们来说就是一个遥远国度的名城。

高中毕业后，我到外地上大学，与他没有联系。后来有人告诉我曾在南昌看见过他，他被捕劳改，低着剃光的头，排着长队在路上走。劳教几年后他被释放，回到自己的家乡教小学。至今，我仍然不知道这位同学的来历，不知道他为什么会被捕。前些年一位考入中国人民大学的年轻同乡来看望我，闲谈中得知来客也是珠湖人，我曾向他问起我这位老同学。真巧，他们两家前屋靠后屋，是同宗。他称他为爷爷，说他原来当小学教员，儿子也不上进，生活很清苦，已经去世多年。这是我唯一知道的确切消息：他死了。留下的只是当年他那洋气、与众不同，在我们这些"土产"学生中显得有些傲慢、沾沾自喜的印象。对我来说，他仿佛是存放多年的拷贝，残存的都是无法连接的镜头。

有件事难以出口，可不能不说。我如今是老者，可我也年轻过，高三那年正是青春焕发的时期。歌德名著《少年维特之烦恼》中的维特也是少年，虽然年轻人不是个个都有维特那样的经历、才华和命运，但肯定会有过维特式的烦恼。这是一种青春期爱意萌动的烦恼，是无法描述、不可言说但又不断撞击心灵的烦恼。这不是恋爱，而是一种颇具"贬义"的称呼：单相思。

当时我的租屋在十八坊，学校就在附近。每天上学下学时都会看到来来往往的同学。有一次我注意到一位女同学，年级比我低。她和另一位女同学同行，常常在我租住的屋子前经过。我突然产生了一种说不清的感觉，是爱意的突然苏醒，是一见钟情，还是年轻人的鲁莽？反正是心里有所念想，特别希望能天天见到她：

远望乍见识君初，花衫短发十五余。

弹指而今五十载，似梦似真音信无。

最喜澹湖操场走，十八坊口脚停步。

少年旧事虽可笑，人性稚真不算愚。

这首诗需要注解，外人难懂。澹湖，是澹湖小学的简称，也是那位女同学的住地。她当时寄住在一位当小学教员的亲戚处。有时我会去这个小学的操场走走，希望能偶遇她；也会从窗外往里看看。"十八坊口脚停步"，十八坊是我的租屋所在地，是同学来往必经之路，占据有利地形。我经常站在门口，有意无意望着过往的同学。现在想起来可笑至极，可当时却是情不自禁，不觉得幼稚可笑。对方可能只有十五六岁，我当然也大不了多少。从不相识，也从无来往。既非同班也非同乡，可以说套不上任何近乎。连一句话也没有说过，对方根本不知道有这么一个傻瓜为了多看她一眼会在小学操场溜达，会站在租屋门口看着来往的同学。现在回想起来实在有点可笑，可当时是生活中一件难以释怀的大事。

我是一个重感情的人，我的内心世界远比我外在的东西丰富。我当时的内心世界，这位同学永远不知道，即使感觉有点异常，也会认为是中学生的胡闹。当时她只是初中二年级的学生。这种起哄调皮捣蛋的事，在中学里并不奇怪。这位同学不久就转学到外地去了。对我来说，这种"激情迸发"的时间也只有半年多。我很快告别中学时代，参加高考。"浪漫狂想曲"的独奏，就此落下帷幕。

人生年龄段不同，情感也随着生理、心理、人生经历变

化而不同。少年人无激情和老年人不合理的情痴，都有悖常
理。"少年旧事虽可笑，人性稚真不算愚"，说的是少年心态，
这是为当时"灵台中矢"所做的辩解。时过半个世纪，有时
会想起这件旧事，觉得甚为可笑，"去时悄悄睹面难，少年痴
迷几近狂。云英已嫁孙绕膝，岁月满脸老裴郎"。

后来这位女同学离开鄱阳中学转到外地继续上中学，之
后考入一所著名大学的中文系，毕业后曾在文学研究所读研
究生，在现代文学的教学、学术上很有成就，家庭生活也很
美满。我曾收到一位朋友的赠书，其中间接有一些提到我这
位同学的经历，我才知道她从中学开始到退休后的人生历
程。她中学时父亲去世，家庭贫困，完全靠自己顽强奋斗的
不屈精神，成为著名的现代文学教授。读完后，我曾记下我
的感受，写了一首小诗：

岁月无痕亦有痕，凄婉艰辛倍感人。

读罢掩卷赞五巧，晚霞映照镶飘云。

常言童言无忌，老人也可倚老卖老。如果有机会再见，
我真想问问这位老同学："你当时一点也不知道有个傻瓜经
常站在十八坊住屋门口盯着你看？"现在彼此都是翁妪，各
有幸福家庭，儿孙绕膝，没有任何禁忌，这种问题料无大
碍。只是它能解开我六十多年前心头之谜，也可作为老年时
的笑谈。

四　考入复旦历史系

应该说，考入复旦是我第二次参加高考。第一次是在1948年，当时我高中还没有毕业，已被无锡国学专修科正式录取。无锡国学专修科是什么样的学校，校长唐文治是何许人，国学是什么，我一无所知。报考完全是偶然的。我与当时一位中学好友看到招生广告，就报考了，因为我们都喜欢文学，以为国学就是文学，考一考试试。考试报名要高中毕业文凭，我们没有。我那位同学不知道用何妙法搞了两个假高中毕业文凭，有模有样，有校长印章，有照片，不知花了几斗米——当时米就是计价的标准和货币。1949年前，谁查真假，毕业文凭这种除了报考以外一文不值的东西，更不会有人查。前几年，我每次走过校门口看着抱孩子的妇女招揽顾客兜售假证，就会联想起这桩往事。

我俩居然被无锡国学专修科录取了。可是去不了，当时正值解放战争期间，打得很激烈，人心浮动，何况当时我年龄还小，无锡又远，家里不让去。人生充满了偶然性。如果当时上了无锡国学专修科，我现在干的是什么行当？在哪里？可能是另一种情况。历史不可能假设，人生也是如此。你的一生，就是你现在的一生。第二条路已被你已经走过的和现在正在走的路堵死了。我，就是现在的我，是唯一现实的我。设想另一个我，只能跌入烦恼的深渊。人生之路的车票永远是单程票，没有回程。任何人都必须注意脚下的每一步。

那位与我同时报考无锡国学专修科的同学，很有文学才能。他父亲1949年前当过我们县的公安局长，新中国成立后被捕，瘐死狱中。他考上北京大学东语系，学的是越南文。

毕业后，曾在语言文字改革委员会工作，住在沙滩附近原北大红楼的宿舍里。我在人民大学工作时有时会去他家。他高度近视，看书如同与书接吻，可写诗写文章还都行。后来他调到南宁准备成立一个什么学校，最后学校没有办成，他被重新分配到南宁一所高校教书。有次他来北京办事，我们畅谈终日，都是一些陈谷子烂芝麻的旧事。从此以后，我们再也没有见过面。听朋友说，他晚景还不错，生活安定，前些年已经告别人世。

当年，"红五类""黑五类"界限分明，是"文化大革命"时极左思潮影响下"血统论"的怪胎，并非党的政策。"文化大革命"前家庭出身并不是分界线。我这位同学的父亲属于"历史反革命"，当时正在服刑期间，他同样考取北大，同样得到组织信任，原准备调到南宁担任越南语教员。我们有些年轻人误信一些人的谗言，以为从新中国成立开始，出身不好就得不到党的信任，在任何领域都会受到歧视。就我所知这绝非事实。绝对保密单位我不敢说，因为我不了解情况，至少考大学、分配、就业，没有任何歧视。不信，你看看在新中国成立后由共产党一手培养起来的大学教员和各类高级知识分子中，所谓"黑五类"有多少！改革开放前三十年我们在科学技术领域中取得的成就，离不开一批批从国外回来的"黑五类"、一批批从高校毕业的"黑五类"，他们得到党的信任和重用，如此卖力地为社会主义新中国忘我工作，又该如何解释？我说这个问题，是要告诉现在的年轻人，不要轻易把改革开放之前的中国共产党领导描绘成白衣秀士王伦那样的人物。实际上，他们心胸很宽广。

我是1950年高中毕业正式参加高考的。我的考点是浙江大学，我记得当时浙江大学在求是桥。我有个中学同学的哥哥正在浙大读书，读机电系。他代我弄了个住的地方。我一个多月没有出过门，窝在借住的宿舍里备考。杭州的美景，不管是西湖还是灵隐寺，对我来说都不存在。唯一存在的就是校舍与食堂。考试一完，当晚我就坐火车赶回南昌，参加南昌大学的考试。那时不像现在全国统考，只要时间不冲突就可以多头报考，录取概率会大一些。我报考的是复旦大学新闻系和历史系。新闻系没考上，被录取在历史系。南昌大学录取的是第一志愿文史系。复旦是在报纸公布录取名单，南昌大学是通知书。看到报纸录取名单在前，接到通知书在后。如果接到通知书在前，我也可能会在南昌上大学。我们那一届毕业生，出省上大学的好像并不多。谁考上谁没考上也弄不清，当时考大学没有现在这样大的压力，找个普通工作谋生很正常。

复旦大学在邯郸路，离北四川路虹口公园还有一段路。从北四川路口到复旦，有段时期没有公交车，只能坐"二等"。"二等"者，指的是坐在自行车的后座上，用现在的话来说就是骑车带人。不同的是要付费，这是一种谋生职业。后来有了烧木炭的公交，车顶上背着一个大鼓包。复旦，按现在标准看校园不大，当时最吸引人的建筑是登辉堂（现改名相辉堂），其实也只是二层小楼。登辉堂与图书馆之间有一片绿地，草色茵茵，是复旦校园的一处美景。因为四周建筑不多，这片小小的绿地，更是耀眼。历史系有没有办公室，我没有印象，如果有，也只是一个小小的房间。没有听说过系主任办公室或教学秘书之类的设置。全校学生不多，估计不会超过一千人。我所读的历史系，我们那届最后可能只有二十多人，我记不清了，反正很少。还有更少的，我的上一届、上两届的师哥师姐们只有十几个人。据说数学系有的年级一个班只有一人。当时也不觉得奇怪。像现在小校万人，大校十万大军，在当时不可想象。

尽管从现在看，当时的复旦校园不大，学生不多，可名气却不小。我从小小的县城突然走入大上海，进入复旦，仿佛小鱼掉入大海。我是个外乡人，当时上海人一般瞧不起外地人，一律称之为"乡下人"。即使上海本地人，如果来自浦东或者离城区较远的地方，仍然被视为"乡下人"。这并不奇怪。新中国成立前，上海是全中国最繁荣最发达的商业城市、国际都市。十里洋场，不夜之城，扩大了上海人的眼界，也连带给有些上海人带来地区性的骄傲。这种地区性的骄傲北京人也有，不过不是上海人那种洋气，而是"北京大爷"气，这是久居天子脚下留下的"贵族气"。过去所谓的"海派"和"京派"文人，大概就是这两种气的不同表现。

我读历史系时，同班同学中上海人居多，即使外地人也是附近城市的学生。终究是新中国成立了，而且处在政治气氛浓厚的转折时期，轻视外地人肯定会被归入旧思想。像我这样来自江西小县的学生，在班里仅我一人。同学关系都不错，他们都叫我"老表"。至今，我与一些同学仍然有联系，他们见面仍然是称呼我"老表"。即使我的真实姓名他们一时记不起，叫不出，"老表"这个称呼他们不会忘记。

我读历史系时，我们的宿舍在淞庄和德庄。这两个地方我都住过，住淞庄的时间长点。淞庄，听说是日本人留下的房子改建的，都是毗连的二层楼房，有厕所和洗脸的设备。楼上楼下都住学生，上下铺，不太挤，也不宽。吃饭不用交钱，全体学生都是每月发一张饭卡，有日期，就餐时像部队一样拿着餐具，由大师傅打菜。吃饭不成问题，对我来说最困难的是洗衣服。我从来没有干过这种"营生"，从小都是家里管。不洗也得洗，总不能三年不换衣服。我洗衣服最省力的方法是泡衣服，先把衣服放在洗脸盆里浸泡几天，然后用水漂洗再捞起晾晒，就算完成了洗衣大业。三年，都是这样混过来的。

我读书时，淞庄门前的马路很热闹。对门是苏北来的两兄弟开的老虎灶，可以打开水，兼带可以洗澡。学校没有公共浴室。洗澡设备简单极了，就是几个彼此隔开的狭小房间，可以安放一个木澡盆。盆底有一个木栓塞住，洗完澡拔塞放水。门口还有一溜商店，也有小餐馆。我最喜欢的是阳春面。大概当时大学生的最高消费就是阳春面。出淞庄转到直对校门还有条马路，叫国权路，比淞庄门前那条路宽大，也更热闹，有书店，还有一家高级餐馆，至今我还记得它的名称是"来喜饭店"。三年，我就是在这条路上来来回回，留下了足迹，也留下了对母校的怀念。

五　大师云集的历史系

我一辈子都在读书、教书。我有种感觉，学生对老师的感情与印象，小学深于中学，中学深于大学。我在复旦三年，老师都是大师级人物，可我对此印象模糊。我这个从乡下来的学生，对历史学，对历史领域的著名学者一无所知。这些老师对我而言，只是老师而已，根本不知道他们都是历史学界响当当的大师级人物。可能是因为当时正处在新旧交替的历史转折时期，无论多著名的知识分子，都是思想改造的对象。作为改造对象的老师在学生中的威信，可想而知。何况我们并不知道什么叫学问，也不知道他们有多大学问。到我这个年龄才知道，要知道别人有多大学问不容易。正如量米的桶，桶的大小，不能说明米的多少。中国人说"海水不可斗量"，就是这个道理。从我这个刚进入大学的无知学生的视角，怎么能知道我们面对的都是名师名人。

历史系并不大，可能只有十几位教员。主讲的都是教授，没有听说谁是讲师，或者副教授。可能当时不是教授，就没有学校会聘用。当时给我们上过课的老师有周谷城、周予同、谭其骧、陈守实、胡厚宣、马长寿，还有位教日本史的姓苏的老师，教世界史的姓潘的老师，名字记不起来了。现在任何历史系的学生都知道他们的大名，放在世界上也是"誉满全球"的人物。可"大师无名"，对当时的我来说他们只是普通教员，没有什么特殊感觉。

周谷老给我们讲过世界史；予同先生教的不是他最专门的经学史，而是历史文献选读；谭先生也不是讲历史地理，而是教魏晋南北朝；陈守老不是讲中国土地制度史，而是教中国近代史；厚宣先生既非讲考古学，也非讲甲骨文，而是讲古代史。说句实在话，对于讲课内容我印象不深。因为当时正在搞思想改造，几乎每一门课都有头无尾，甚至连中段都没有。经常停课，一个学期下来，上不了几次课。印象最深的是，周先生有次说，人生无宴饮，如同长途跋涉没有中间休息站。他说他们有几个朋友就经常聚会小酌。予同先生有次讲到与五四运动有关的一个问题，在课堂上号啕大哭，

29

我们也弄不清是什么突然触动了他。可能是因为他学生时代参加过五四运动，是火烧赵家楼的学生代表，有今昔之感。我们那个年龄，怎么可能理解他呢！守老的脾气急躁，也很直很倔。在一次别的教授做思想检查时，他靠在椅子上两眼朝天，爱听不听的样子。别人批评他态度不好，他回答说，你也可以这样嘛！守老1974年死于肺癌，留下有关中国土地关系史的著述、札记、史料摘录，不下一百万字。他的《中国古代土地关系史稿》是在他去世后由上海人民出版社出版的。

胡厚宣老师调到中国社会科学院历史所后，我和另一位同学曾经去看望过他。谭先生来北京编历史地理图册，我们也见过面，他还请我们几个同学上过一次小馆子，好像是在东四附近。我20世纪80年代去上海时，曾看望过谭先生，他当时住在复旦招待所，可能是学校的特殊安排。他似乎曾经中风，见面时已经行动不便，语言迟滞，说不出一个完整的句子，大概不久之后就去世了。

我们虽然是大一的学生，可教课的老师都是国宝级的人物。当时他们都正值壮年，中华人民共和国成立之初，二周先生、守老最多也就是五十刚出头，谭先生、厚宣先生可能还不到四十岁，正是有为之年。我们这些人，四五十岁时还为职称的事烦心，属于所谓中青年教师。与我们的老师相比，的确惭愧得很。这些老师如果生逢其时，有我们现在这个条件和安定环境，凭他们的学术造诣可以为中国学术界做出更大的贡献。人一生各不相同，有得时、逢时，有失时、背时。有个别到我家求助于我的来客，动不动就封我为"哲学大师"，甚至"泰斗"。我听了浑身不舒服，起鸡皮疙瘩。

我当然知道这是客气话，有的是奉承话，我绝不会无知到连
自己姓什么都不知道。现在学术界大师帽子满天飞，都是廉
价的，甚至是假冒伪劣的，与我的这些大学老师无法相比。
听到现在大师之名不胫而走，往往会令我产生"黄钟毁弃，
瓦釜雷鸣"的联想。

当时历史系只有一位年轻教员，就是胡绳武老师。他刚
毕业不久，好像是在 1948 年，我们进校前两年留系任教的，
1949 年前能留系很不简单，没有突出才能是不可能的。我在
历史系时与胡先生没有接触。"文化大革命"后期，他调到《历
史研究》编辑部，后又转到国家文物出版社，最后在中国人
民大学历史系任教。到人民大学后，我们接触多了，在校园
里也经常碰面。胡先生对中国近代史，尤其是晚清史、辛亥
革命史的研究有突出成就。他和金冲及先生合作的关于辛亥
革命的专著，影响很大。他长期和冲及先生合作。冲及是我
历史系的学长。虽然我们是同年生人，但他成熟早，比同龄
人高出一头，不像我这个来自穷乡僻壤的乡下人。他在复旦
当团委书记时，我是团员，是他的"治下"，在登辉堂听过他
做报告。他在近代史、辛亥革命史方面的研究成就卓著。他
主编的领袖传记问世后，一时洛阳纸贵。冲及是知名学者，
是复旦历史系 20 世纪 50 年代初我们同学中的佼佼者。

我在复旦历史系读书，没有上多少课。既没有教科书，
也没有讲义，没有一门课有头有尾。老师们忙于思想改造，
不断深挖自己的旧思想；我们学生们也有自己的"忙"，忙于
到市内一些中学去控诉美国在朝鲜的战争暴行。当时抗美援
朝战争开始，全国都投入支援中国人民志愿军入朝抗美的活
动中。大学生也不例外。历史系组织了一个宣讲队，到中学

宣传。刚好，我们系高年级有位姓尹的朝鲜同学，是朝鲜籍还是中国朝鲜族，我也分不清，反正他会朝鲜语。我们系有个女同学为他当"翻译"，当然是打引号的，先弄个中文稿，尹说几句，女同学就宣读几句，仿佛在译，其实是读。效果还是很好的。大学生正处在热血沸腾、最容易接受爱国主义和国际主义教育的年龄。我们还参加了"镇反"和"肃反"的宣传，是到上海一些里弄向居民宣传。有的同学还临时调到公安局去工作。

在大一期间，我们班由胡厚宣老师带队到南京进行考古实习。说是考古实习，实际上是参观南京新发掘的南唐二陵，即五代十国时期南唐先主李昇及其妻宋氏的钦陵和中主李璟及其妻钟氏的顺陵。我们住在南京博物馆，在中山陵附近。我们当时什么也不懂，只是看了看新发掘的陵墓，出土文物已移走，空空的；参观了博物馆陈列的展品，对着陶瓷瓦罐，也看不出子丑寅卯。对一些刚入历史系大门几个月的学生来说，一切是那样新奇但又不可理解。考古没有学到什么，陶瓷瓦罐的意义和价值也不懂，倒是对南京城有点印象。号称虎踞龙盘的国民党首都，当时是那样破旧，我脑子里只记得两样东西。一个是马车，从城里到中山陵博物馆没有公交，只有马车。不仅郊外，城里也只有马车。第一次坐马车很有趣，两排长椅子，相对而坐，每排只可以坐三个人。赶车的马夫坐在辕上，戴着一种旧毡帽，挥着鞭子，嘴里喊着大概只有他的马才能听懂的命令。到站有人上下，时走时停。一股扑鼻的马粪味，也无所谓。这种马车与莫泊桑《羊脂球》中那种六驾马车，自然无法相比。另一个印象是南京到处都有卖的大饼，大如锅盖，称为锅盔。这个称呼，可能言其大而结实，宛如战士的头盔。这是南京卖苦力的人爱吃的，又大又抗饿。我买过一次，实在咬不动。可能现在已经不会再有这么大、这么粗的东西，要有，也已精加工，变为怀旧者的食品。前些年，我去过一次南京，与六十年前相比完全是两个城市。夜游秦淮河，各式灯笼挂满商家门脸儿，夜市如昼又霞光满天，确似人间天上。可惜，沿河排档连成一线，河水如墨，散发出一股臭气，有点煞风景。现在可能情况已发生变化。人们对古代诗词中描述的秦淮河，可能还会向往。

在大学时期，最重要的一次社会活动就是参加土改。我们是在1951年10月底去皖北的，同去的有系里的老师，也有我们班的学生。我们先到五河县，坐一只小木船，女生在船舱里，男生在上面甲板上。一共就十几个人，船在淮河走了一夜，到五河上了岸。第一夜，是在一个大房子里住下的，大概是大地主的房子，有像模像样的玻璃门窗。院子里有猪自由散步，我们感到很奇怪。谭先生没有带过冬的东西，写信叫夫人寄来，结果夫人寄来的是化妆品，让他哭笑不得。我们同学阿秀家里寄来了棉鞋，是她父亲的棉鞋，不好穿，她就给了谭先生。后来，女生住到了庙旁的一间空屋子里，地上铺了草。男生也住在附近。老师们住在街上的房子里，也是打地铺。予同先生是复旦土改工作队的大队长，余开祥是副大队长。复旦同学上岸后，在街上看到炸丸子，一哄而上，予同先生开大会批评大家说："我想起了美国兵到上海的样子。"说得大家都不好意思地笑了，以后就再没有人去了。经过短期集训以后，复旦同学就和苏北土改工作团合并了。在一起听报告，进行政策学习。学习完以后，就分配到村子里去。每位同学搭配一位苏北土改工作团的工农干部。

在五河土改时，我与一位苏北土改工作团的成员分配在一个村子。村名我记不起来了。主角是他，他是真正的土改干部，我只不过是个大学一年级的学生。我一个人住在一个农民家里，这是我生平第一次感受到农民的贫困，以前从来没有想到世界上还有这样穷的人。这家没有被子，全家挤在一张床上。没有各自的洗脸毛巾，全家共用一条破烂的擦桌布一样的东西。一年四季都没有热水，要用热水就用一种泥制的罐子塞在做饭的炉灶里烧。我有自己的铺盖，因为天冷，垫被下面加了一层稻草。从来没有米饭，餐餐吃白薯。我是交饭费的，为了改善我的生活，这家男人会推个独轮车到蚌埠去买点面条，不是白面的，是绿豆或杂豆面。可他自己仍然吃白薯，小孩子会哭。有次他对我说，你们大学的饭真好吃。我说，你怎么知道？他说，我们这里的人，春天播下种就不管了，到上海去谋生，有的在桥上帮车夫推车上坡，有的当苦力。没有办法的人就会手提一个小桶，把你们学生倒掉的剩菜剩饭掏回来，非常好吃。秋天回来，有收成就收点，没有收成开春后又去上海。当时淮河经常发水，非旱即涝，农民真是穷极了。我从来没有接触过中国农村，更没有见过皖北五河这样穷的农村。我也不知道当时地主有多少地、生活如何。这种事，只有当地土改干部知道，我一窍不通。我只看见过一个地主家的女人，手里托着一簸箕混着稗子的稻谷去推磨脱皮，碰见我，口中像是自言自语又像是对我说，家里有孩子，什么吃的都没有。她认为我是年轻学生，不是正经八百的土改干部，说几句也不怕。我没有搭话，各走各的路。

第一期土改结束，我们会合的地点是霸王城，据说就是项羽自刎的地方。在那里集训了一个阶段，开始第二期土改时，已经是冬天了。土改地点是在灵璧县。我们坐了马车，在月光下连夜赶路。一路上见到河畔的大石头，一堆连着一堆，起初还以为是许多人群，后来才明白是石头。到灵璧后，我与同班其他三位同学分到乡公所。因为没有下村子，没有多少事情做，整天就是看书。住在乡公所，自己做饭，吃的是咸菜。乡公所旁边有个小店卖咸菜。有次我好奇跑到这家后院里，看到院里有几口咸菜缸，缸边四周有蛆在爬，真恶心。我从小到大没有见过这种"阵势"，从此不再去买咸菜。

第二期土改结束了，我们就从灵璧回到上海。这时候，好像春节已经过去了。没怎么休息，就开始互相交流土改体会，大会小会，天天开。然后，很自然地就过渡到思想改造。思想改造怎么搞的我已经记不起来了。有位女同学后来说："土改时我曾经向你借了《共产党宣言》，读得非常认真，做了笔记，回到学校，在思想改造的小组会上，我谈了自己的共产主义理想，受到你的批评，说我讲的是假话，害得我哭了好几天。"我听了很是吃惊，还有这档子事，自己可是一点印象也没有。我当时多幼稚呀，女同学心细，情感细腻，不像我们这些男生大大咧咧，尤其是像我这样从小城来的"乡巴佬"，更不懂不能伤女同学的心。年轻时多蠢。

中华人民共和国成立之初，各学科之间并无"冷""热"之分。文史学科不像现在这样乏人问津，会计、经管、法律也不像现在这样挤破门槛。历史系当时不冷也不热，其他各系学生也不多。我们班起初有三十四个同学，参军参干运动中走了五位，中途退学的有五位，转系的有四位，转到外语系、物理系或新闻系。也有从外系转来的，当时就有一位同学特别爱好历史，从化学系转到历史系。按照现在的标准是从米箩跳到糠箩里，从火炉钻进了冰箱。当时可没有这个概念，都是按照自己的兴趣和爱好而不是纯功利主义目的选择专业。这样，可能对一个人的人生之路会更有益。我们当时是自己选择专业，现在主要是父母和市场决定自己选择的专业。我们当时是自己走路，现在是各种因素推着自己走路。

上海，是我走出县城的第一大站；复旦，是我人生转折的重要节点。虽然只有三年，但记忆是终生的。校园登辉堂前的绿草地、淞庄、德庄、国权路，以及阳春面的鲜美，仍不时会浮现在我脑际。我感谢母校的教育，怀念已经作古的老师，怀念仍在复旦和上海的老同学，"但愿人长久，千里共互联"，在互联网时代，距离再远也近。

我最终没有走上历史研究之路，这只能算是破碎的历史梦。

第二章　从复旦大学到中国人民大学

　　我在老家只有十九年；上海上大学三年；从复旦毕业分配来北京，至今已六十年。人生旅途中，北京占几近四分之三。而北京六十年，从学习到教书基本上都是在中国人民大学的校园中度过的。

　　北京六十年，是我人生经历中比较有意思的阶段。有过顺利时期，也有过曲折；有过非常努力的日子，也有过看淡人生的低谷期。我的人生说不上跌宕起伏，但平静的湖水中也有过漩涡。我喜欢读书，但生活给我的教育更具价值。我许多文章尤其是随笔都融入了我的生命体验。我可以毫不夸张地说，北京的六十年是我人生中比较五光十色的一段。

一　叩击哲学之门

　　从复旦历史系毕业后，我被分配到中国人民大学，分配到马列主义研究班，对此我事先都一无所知，一切都是服从组织安排。按照当代青年的说法，叫没有自我选择，没有主动性，没有自由，可我当时认为这一切都是理所当然的，从来不问为什么，只知道，组织安排就是国家的需要，没有二话。

与复旦相比，当时的中国人民大学可以说是真正在北京郊区。西直门是一座残破不堪的旧城门，出西直门外就是一片农田，一眼望过去没有任何建筑，更不用说高楼大厦。人民大学对面什么商店也没有，只有一个草窝式的房子，一对夫妻在那里卖馄饨。甚至在20世纪70年代末，人民大学复校的时候，当代商城一带仍然只有种菜养猪的农户。

1953年，人民大学招的研究生特别多，过千人。当时我们马列主义研究班住宿和上课都在现今的中央财经大学。当然，当时还没有中央财经大学，其校址是人民大学的地方。第二年我们搬到西郊本部，住在六处平房里，方位大概是现在的品园一带。

当时不是导师制，而是研究生班，整天课程满满的。学员主要是从全国各地来的大学毕业生，也有一些调干生。我们班，是1953—1956年马列主义研究班哲学分班，年龄最大的一位老大姐徐鸿来自延安，她原是上海纱厂的女工，参加过地下党组织，后来到延安，是个"三八式"。还有路逸，也是大姐，不过比我们大不了多少，也是老革命。人特好，总是面带微笑。她是回民，有一次一个女生在她宿舍里炖猪肉，她二话没说，只是到外面避避，半句重话都没有，她知道这批刚毕业的大学生根本不懂什么叫民族政策，什么叫尊重不同民族的风俗习惯，唯一知道的是我们都是同学，都是同志，没有任何界限。这两位大姐是我的入党介绍人，对我很爱护很关怀。

最小的一位同学是福州大学的应届毕业生李月英，我们管她叫"小麻雀"。她是南方那种娇小秀气的姑娘，学习特别用功，胆子也特小。毕业后分配在北京师范大学哲学系当教员，可能是因为妈妈不习惯北方的生活，怀念家乡，他们举家调到福州一个师范学院工作。20 世纪 80 年代在福州开全国社会科学规划会，我曾到她家去过，老同学见面特别亲热。前些年，说是因癌症不治逝世。我们同班中年纪最小的一个走了。

从专业学习的角度看，当时我们班的同学中，没有一个原来是学哲学的。著名的红学家李希凡原来是山东大学中文系的。我对他印象最深的是每次上俄语课，他总坐在后排，躲得远远的，最怕老师提问。他当时的全部心思可能都在贾宝玉、林黛玉身上，正专注于《红楼梦》的研究。岂止是俄语课，其他课程对他来说也是一种干扰。他纸面上的考试分数可能不如其他同学，但学有专长，比我们强。他一鸣惊人，发表了关于《红楼梦》的文章，得到毛泽东的支持，没过多久，人就不见了，据说是调到《人民日报》还是别的什么单位，专搞他的红学去了。

汪永祥是经济系的，和我是复旦同学，不过当时彼此不认识。我们是同一趟车拉到北京的，都分配在哲学班。在复旦我虽然不是经济系的，可与经济系有点关系。我曾选修经济系的《资本论》课程，共三个学期，讲课的是著名的经济学家，一位姓漆的教授。说是《资本论》课，实际上讲的是马克思主义经济学原理，对我之后学哲学很有帮助。永祥是我们哲学研究班的党支部书记。他很能干，善于团结人、帮助人。我们关系很好。毕业后，我们留在哲学系共事，可以说是终生朋友。

我还有个同学，说同学是就人民大学马列主义研究班说的，实际上他的级别比我们高得多，是调干生，也曾是地下党，工作能力和学习成绩都出类拔萃。毕业后，他曾担任高校领导，是独当一面的人物。可他一个出入有车，有高级住房，有地位，说话有人听，事情有人办，在旁人看来处于求之不得的地位的人，却选择定居国外，多年后埋骨异域，不知为什么。难道真如古人所说，"英雄到老都归佛，将军解甲不言兵"？突然看破人生，悟透一切，让青年时代的理想化作一缕青烟吗？人有得意、有失意，有的自以为失意，实际上在旁人看来处境非常不错，人的内心世界真是一个复杂的黑箱。不过想想也不奇怪，不是也有外国人久居中国，死后埋骨于此吗？为什么中国人就不能这样呢？现在是经济全球化时代，一个离退休人员，即使是革命者，离休后选择与儿女在一起，在他国养老，死后把骨灰留在儿女所在国，免除儿女每逢清明时的遥奠或回国扫墓，也不失为一种归宿，我们应该能理解。

我们研究班的同学来自不同系科，偏偏没有哲学系的毕业生。中华人民共和国成立前哲学系很少，只有北大、武大有哲学系。我对哲学一窍不通，中学时都没有听过"哲学"这个词，在复旦读的是历史系，对哲学也一无所知。虽然现在上哲学研究班，实际上是一张白纸。研究班是我的哲学启蒙班。当时给我们上课的主要是苏联专家，比较著名的一位叫凯列，来中国时是一个年轻讲师。后来还有几位专家，除了巴尔道林、伊奥尼基外，其他的名字都记不起来了。他们都是教授，但似乎讲课效果都不如凯列。我们的翻译都是高水平的，男男女女都是人民大学俄语速成班自己培养的。当时的哲学翻译是钟宇人，温文儒雅，一表人才，俄语特别棒，翻译起来从不磕巴。我们的课程主要是辩证唯物主义和历史唯物主义。此外还学习中共党史、政治经济学、联共(布)党史。除教党史的何干之、胡华外，其他教员都是华北大学自己培养的，都很年轻。我们也学点自然科学，如物理学、心理学、生物学，教师是从中国科学院请来的，都是大专家。大专家教普通课，现在认为是了不起的创举，在当时却极为平常。一些入门的、普及性的知识，对我们学哲学来说终生有用，可惜太少。我们这批人一个最大的短板是只懂点社会科学，而自然科学知识非常欠缺。一条腿走路，大大妨碍了我们在哲学领域的发展。

三年研究生班学习，我最大的收获是学到了一些马克思主义哲学的基本观点，读了几本经典著作。尽管当时理解并不深，但总算打下了一点儿基础。就我个人的体会来说，这些基本理论和原著的学习的确使人终身受益，特别是马克思、恩格斯的著作。我们当时的理论水平、学习的课程、我们的哲学史知识，可能无法和现在的哲学系学生相比，可我们学习的热情、执着的理想和追求，不客气地说，要比现在不少哲学专业的学生强。我们学习马克思主义哲学的热情高，目的明确，因为我们知道我们出去是当教员，是要去传播马克思主义哲学火种的。

与复旦时期的三年相比，人民大学研究班这三年大为不同。基本上没有各种运动，任务就是学习、学习、学习。一天课都没有停过，天天就是学习。星期六晚上有交谊舞会，这是教员或少数活跃分子的事，也与我们无关。我从来没有上过舞场。所谓舞场，就是现在最老的图书馆前面一块小小的水泥地。没有乐队，也很少有成对的男女舞伴，大都是男的与男的跳，女的与女的跳。

刚来北京时，我们的宿舍在现在的中央财经大学校园里。那时还没有财大，地方属于人民大学。只有四座楼，排列成一个口字形，一千多名研究生都住在那里。班主任是聂真，副主任我记得是张腾宵，总支部书记是陆迅。没过多久，我们搬到了现在的校园里，不过那时的校园可没有现在这么气派，都是平房，没有高楼，唯一的高大建筑就是现在面对东校门的一座楼，当时叫灰楼，而且没有现在这样高，最高层是后来加盖的，也没有后面的附属建筑。整个校园就这么一座楼，是人民大学的标志性建筑。学生每人发一个马扎，是开会用的。无论大小会都是坐马扎。一人一个，平时就放在自己的睡铺底下。

三年学习的费用完全是国家供给。我们是应届大学毕业生，每人25元，调干生27元。当时25元完全够用，大灶餐费每月8元。八人一桌，坐齐吃饭，吃完走人。冬天的棉衣是灰布的上下装。不用买书，不同课程该看什么参考书，都是学习班长去图书馆按人头领回来发给我们，考试完毕交回去。我曾看到当年研究班时的一张旧照片，年青的面容，青春焕发的笑脸，勾起了昔日的记忆：

八路棉服赤子心，天南海北分外亲。
满脸灿烂阳光照，沐浴真理向光明。

马克思主义研究班的三年，是我和我的同学思想解放的狂飙时期。我们政治热情高涨、学习热情高涨，同学之间团结友爱，无忧无虑，一心就是学习。没有经历过我们那个年代的人，是无法理解的。

二　他们叫我"傻小"

在我们班，同学都管我叫"傻小"。这是昵称、爱称，绝无贬义。我傻吗？当然不傻。叫我傻小的同学也知道我不傻。研究班三年学习，我几乎全部课程都是优，只有一门党史考试得了良。当时学习方式是学苏联的，每讲后都有讨论课，由专门的辅导老师主持。学生踊跃发言，实际上每次讨论都像是一次辩论会，最后由主持教员做结论，指出哪些说法对，哪些说法不对。当时考试全部是口试，也是学苏联的。口试比笔试紧张，主要是心理紧张，不仅考题是抽答，而且主考教员可以追问，甚至多次追问，一次口试仿佛过堂。我从来不怕考试。有些同学总想往后排，我则自告奋勇往前挤，考完了就轻松了。现在课堂讨论、口试全取消了，我总觉得有点"玉石俱焚"。每章课后的讨论，对加强理解、巩固成果、纠正错误很有效。如果教科书用完就卖掉，也从来没有过讨论、答疑，这种课往往收获不大。口试也不能全部否定。笔试仿佛是远距离放枪，而口试是面对面的搏斗，有来有往，水平如何容易看出来。现在笔试分数高的学生，不一定是水平高的学生，高分低能的不少，口试就很难蒙混过关。这个问题在当前无法解决，一个班的学生太多，每个课堂都有讨论、口试的话，时间成本太高。

我的绰号叫傻小，有点冤。第一个发明这绰号的是谁，不知道，反正没有恶意。叫开了，就成为关系较近的同学对我的通用称呼。凭什么叫我傻小？我们班确实出过一件傻事，但主犯可不是我。当时，我们住在六处平房，冬天，每间宿舍生个大炉子取暖，烧煤球，特别暖和。有年过春节，宿舍凑钱买了只鸡，打算改善改善，也热闹热闹。我们把打水的铁皮桶盛水当锅，把鸡放在炉子上炖，准备美餐一顿。鸡倒是炖烂了，谁知根本不能吃，因为没有开膛，鸡肚子里的脏东西没有掏尽：

> 囫囵入桶水沸腾，香气臭味满室闻。
>
> 原是肚内藏宝物，笑倒床上互骂声。

吃没有吃成，留下一个大笑话。这是谁之过？不清楚。六十多年前的这件案子，至今没有破，也用不着破。炉火通红，满室生温，相互笑骂，留下多美好的记忆！

凭学习成绩没有人会叫我傻小。可能是因为我生活自理能力确实不如我的那些同学。我也从不计较什么，没有多少心眼，与全班同学都相处得很好，有点傻乎乎的。傻小就傻小，我欣然接受，从不以为是一种冒犯，反而觉得很亲切。至今有些已经是爷爷奶奶、太爷爷太奶奶辈的老同学，见面仍然叫我这个昵称。

我们班还有几个特别的绰号。有位女同学叫"蛮姑娘"，是南开大学历史系的毕业生，皮肤有点黑。在我看来，她一点也不蛮，非常善良，也非常开朗，从来没有扭捏作态的样子。我对她印象很好，因为性格相近，都有点马马虎虎，不计较什么。她有什么不明白的地方经常会问我，好像我是她的辅导员，其实，我的水平并不比她高。她是南开的应届毕业生，也是历史系的，出身大知识分子家庭，父亲是留美的，是大学教授。她虚心好学，"不耻下问"，我一点也不觉得她蛮。可绰号叫开了，想改太难，除非发脾气，可谁会为绰号发脾气呢，除非是真正的傻瓜！据我的观察，凡是同学中当面称呼绰号的人，都是大家愿意交往人缘好的人；凡是背后称绰号而不敢当面称呼的人，都是令人讨厌或害怕的人。这一点判断力我还是有的。

我对这位蛮姑娘同学印象很深，是我同班女同学中印象最深的一个。她的遭遇不算好。她从人民大学毕业后好像换过几个单位，工作似乎都与学术无关。她的女儿生下不久，放在人民大学的幼儿园。有天晚上她不知从哪里赶来看女儿，是我陪她去看的。孩子都已入睡，她站在窗外朝里看，然后又匆匆忙忙走了。人民大学复校后，她调入人民大学历史系，算是回到高校从事教学。因为长期脱离高校，急需追赶，非常用功，可以说是拼老命。没有几年，正值壮年的她得了乳腺癌。她重病时，我到她家看过她。她看见我嘴角微动，眼中有泪，勉强微笑。我这个人嘴笨，不善于安慰别人，更不会说些明明无用的骗人话，相对无言，坐了一会儿，我就离开了。没有多久，她就去世了。她可能是我的同学中走得最早的一个，也是我仍然会常常记起的一个：

> 灰飞烟散三十年，花落匆匆实堪怜。
> 夜半梦回惊起坐，笑语依稀似生前。

蛮姑娘不蛮，可小二黑真黑。"小二黑"是我们班同学李武林的绰号。他肤色明显有点黑，绰号名副其实。他是四川南充人，好像是四川大学毕业的，读的也是历史系。他在班上学习成绩很好，也很能干，人很善良，我们关系非常好。他毕业后曾在人民大学哲学系当教员多年，教西方哲学史。20世纪60年代，他调到山东大学，当过山东大学哲学系主任、山东哲学学会会长，在西方哲学史方面的研究很有成就。20世纪60年代，人民大学哲学系调到山东大学的不只武林一个人，而是半个哲学系。当时山东大学校长成仿吾与人民大学的领导胡锡奎都是老革命，更是老相识、老交情。成老提出要人，当然没有二话，一挑就是一大帮。问题是除了校长同意，还要教员愿意。按现在一些人的想法怎么可能调得动呢？由北京调到济南，由首都调到省会，谁愿意去？能不讲价钱？不会。当时的教员非常明确，自己属于国家，国家需要的地方就是我们应该去的地方。不像现在，人才要挖。所谓人才引进，其实是重金礼聘。不过我想不通：你挖走一个，原来的学校就少一个，中国的人才，能够因为你挖我挖而增加吗？这又不是开矿挖煤或者开采稀有元素。除非引进海外人才，在国内挖来挖去，一个也不增加，不过挪了个地方而已。除增强了被挖者的名气、薪金、地位以外，什么才能也没有增加。我对此种挖人才的做法，多年心存腹议。这种意见，在有关会上也发表过。有本事培养人才才叫办学，办学不仅培养学生，也包括培养一批教员。如果他们在这所学校由少及壮，由壮及大，没有多少长进，那么这个学校的学术氛围和学术风气就很成问题。彼此挖人才只能是旧戏班的"挖角"。

或许有人会说，你这是旧思想，况且你老了，谁要你。

的确，人老珠黄，打蔫的白菜，没人要。可我对我最亲近的人也明确说过，不管别的学校出多少钱，都不能见异思迁。出外讲讲课可以，这是学术交流，资源共享，但"老九不能走"。中国人民大学培养了我们，我们在此工作多年，应该为办好人民大学出力。此外，既能完成学校任务，同时能为有需要的学校出点力，这是好事，不能一概反对，但天天跑场子，并不好。一摞讲稿，到处跑场，结果把自己的学术跑空了，名气跑坏了，学风跑糟了，这种风气不能提倡。

三　我的哲学启蒙老师萧前

萧老师是 2007 年 8 月 9 日逝世的，享年八十四岁，如果不是身患当代仍无法医治的绝症，八十四岁并不算太老。萧老师的逝世是中国哲学界的损失，更是人民大学哲学系的重大损失。我失去了一位哲学启蒙的恩师，也失去了一位长期的同事。他的逝世，把我带回了当年的研究生时代。

我们听过几位苏联专家讲辩证唯物主义与历史唯物主义，但大部分哲学原理课还是萧前老师讲的。当时老师风华正茂，刚刚三十岁出头。一表人才，口才又特好，讲课生动机智，每节课都有思想火花，很受学生们的欢迎。萧前老师是中华人民共和国成立后马克思主义哲学学科的奠基者，为社会主义新中国培养了大批马克思主义哲学人才，他也是我走上哲学之路的引路人。在当今中国哲学界或各大学哲学系，很多学术骨干都是萧老师的学生，萧老师可称得上是桃李满天下，至于再传、三传乃至四传弟子，更是遍及全中国，甚至海外。萧老师对中国版的辩证唯物主义和历史唯物主义教科书的建设也是功不可没。他不仅是艾思奇主编哲学教科书的重要参与者，而且亲自主编了多个版本的教科书。这些教科书是全国同类教材的母本，在中国马克思主义哲学教学中发挥了重要作用。饮水思源，中国哲学界永远不会忘记萧老师的贡献。

萧老师一生并非一帆风顺，遭遇过不少坎坷。20世纪60年代家庭的不幸，对萧老师是一个沉重打击，后来他的个人生活也频遭变故。在"文化大革命"中，他因两派派性斗争，身心受到摧残。一直到改革开放以后，萧老师才真正发挥他的作用，担任辩证唯物主义学会的执行会长、历史唯物主义学会的顾问、国务院学科评议组哲学组的召集人，对全国哲学学科的建设起了重要的推动作用。这时，他的个人生活也幸福美满，过了几年舒心安稳的日子。可好景不长，不久他连续遭受疾病的重创，是从死亡线上抢救回来的。

我和萧老师个人关系很好，我得到了他的教育和提携。1956年从研究生班毕业以后，我留在哲学系工作，那年哲学系刚建系。我刚开始留下来，是当1956年入校的哲学研究班的辅导教员。萧前老师讲课，我和李秀林辅导，每人担任两个班的辅导员。萧老师对我非常器重。

晚年，我们师生之间可能生出了一点嫌隙，其实是因为缺乏沟通产生的误解。萧老师倡导实践唯物主义，但他非常明确，他倡导的实践唯物主义与辩证唯物主义并非对立的。实践性是针对旧唯物主义说的，而唯物主义是针对唯心主义说的，因此实践唯物主义既反对旧唯物主义又反对唯心主义。这我完全同意。但我不主张用实践唯物主义作为马克思主义哲学的唯一合理名称而取代辩证唯物主义和历史唯物主义，把辩证唯物主义和历史唯物主义视为斯大林主义的哲学模式。我曾多次就这个问题发表文章，包括哲学论坛上的发言，都主张马克思主义哲学可以多名并称，重要的不在名称而在实质，即承不承认世界的物质统一性，承不承认自然界在人类以前仍然存在，在人的实践范围之外仍然存在一个无限的物质世界等待人们去实践、去认识。不能说实践范围之外的存在是无。存在问题是本体论问题，它和认识论问题、价值论问题既有关联又有区别。没有进入实践范围内的物质世界，不可能成为认识对象和价值对象，但不能说它不存在，更不可以抽象地说，它的存在没有意义。如果人类产生之前、进入实践范围之前的自在自然没有意义，现存感性世界从何而来？自然界的优先地位、自在自然的意义，正在于它为人化自然、为人类感性世界提供了物质前提和条件。我们应该重视人化自然，重视人的实践，但巧妇难为无米之炊这个简单道理不能否认，否则唯物主义的存在就失去了事实和理论论据。其实，我与萧老师的观点并无对立，我很赞赏我们哲学系的专家们在构建实践唯物主义体系中取得的新成果。虽然对其中个别观点持保留意见，但我们在马克思主义哲学应该是实践性、辩证性和唯物主义统一的观点上是完全一致的。这种实践唯物主义的倡导者与摒弃世界的物质性，专注于主体性和实践观点而从根本上背离唯物主义是不同的。实践观点在全部马克思主义哲学中有重要地位，它的本体论功能、认识论功能、价值论功能，尤其是在历史观中的地位应该被充分估计，但实践观点的强调不能以牺牲唯物主义、牺牲客观规律、牺牲自在自然对人化自然的优先地位为代价。

我相信，如果我向萧老师坦陈我的观点，他肯定会同意的。可惜，萧老师声望正隆、如日中天时，我没法向他解释；待我有可能向他解释时，萧老师多次病危，我更不愿意打扰他。在这个学术问题上，我们师生都没有打开心扉，最终让他带着对我的误解离开了人世。天人远隔，再无解释的可能了，我至今仍深感遗憾。回想起当年我读研究生时的萧老师：

> 白头学子耋龄师，犹忆当年受教时。
>
> 玉树临风多仰慕，西装革履显英姿。
>
> 境高旨远讲经典，智慧泉涌育新枝。
>
> 历经寒暑犹在耳，师恩如山敢忘之。

四　我与李秀林

在我研究班同学中，秀林是最优秀的。他是我们的学习班长，个子高高的，喜欢打篮球，与外班赛球，是主力；人也长得帅。按照现代姑娘找对象的标准，肯定是上等的。他的妻子却是一个普通的农村姑娘，文化水平不高，长得也远不如秀林，在外人看来不般配，可是他们夫妻相依相守，不离不弃。我记得在研究班时，有位姑娘相中了秀林，倾心于他。当时他已经结婚，妻子在农村老家，可他没有任何动摇。光凭这一条，就够当代一些青年学习。后来他妻子户口迁入北京，安排在幼儿园工作，是普通工人。她是位贤妻良母，对秀林照顾得无微不至。秀林喜欢饮酒，每餐都得喝几口。偶尔买只烧鸡，好的全给秀林，她吃一些鸡头鸡屁股。秀林去世后，他妻子虽然孤单，但生活还不错，因为秀林的儿女都很有出息。儿子在美国定居，是农学博士，女儿也是博士，长期在日本、加拿大、美国等地居住，经常会将妈妈接到自己家里去住。秀林来不及得到的享受和子女之爱，全都留给妻子，是对这位苦了一生的女人的最好回报。他妻子2013年春节期间因肺癌去世，我去他家设立的灵堂吊唁，看着他的照片，我想起许多往事。当年我与秀林合作写文章，到深夜就在他家喝玉米粥，热气腾腾，香味扑鼻，现在任何美食都吃不出这种滋味。我刚结婚那年暑假，妻子来北京探亲，我们没有房子，就住在秀林家。他在另一间屋子里的地上铺上厚厚的棉垫作为床，热情招待我们。至今，我老伴还会唠起这件事。我老伴与秀林的妻子关系极好，见面亲亲热热像姐妹。这两位女人性格差不多，都是心里只有丈夫、儿女，没有自己的人。

秀林和我是同班同学、同事，又是最好的朋友。我们都是1953年大学毕业后分配到人民大学马列主义研究班哲学分班学习的。他来自山西大学，我来自复旦大学。都不是科班出身，他读的是教育，我学的是历史。在研究班学习期间，每当学期考试结束，我们总是要自我犒劳一下，下小馆子撮一顿。他自斟自饮，我吃菜相陪。1955年他提前留在哲学教研室，我于1956年毕业后留系。哲学系就是在那年建系的，我们又成为同事，相知相交三十多年。

秀林是我们哲学系优秀的教员，更是马克思主义哲学原理教研室的学科带头人。他对哲学教研室学科领先地位的确立功劳很大。20世纪60年代他曾参加过艾思奇主编的全国通用哲学教材的编写。人大复校以后，他又陆续参与主编适用于哲学专业和普通文科的两种《辩证唯物主义和历史唯物主义原理》教材。这两种教材，不断加印，一版再版，不仅我们系用，全国许多学校都用，印数之多，影响之大，在同类教材中是绝无仅有的，确实是"洛阳纸贵"。

一提到秀林，我们就会想到他参与主编的教材；一提到哲学原理教材，我们就会想到秀林。这种联想是很自然的，不仅是因为秀林对这两部教材的编写贡献最大，而且是因为教材的影响大。一本好的教材，不仅对学生学习十分重要，而且代表了哲学系的总体水平，表现的是这个教研室全体教员的凝聚力和学术造诣。可以说，一本好的教材就是这个系的标志。我就亲耳听见有外校的青年教师对秀林说："您的教材是我的领路人。"这不是客气话，在很大程度上反映了这两本教材的巨大作用。

秀林有段时期遭遇并不好。"文化大革命"时期，他被当作"修正主义黑苗子"挨斗。后来在江西"五七"干校，又被当作"五一六"分子审查，吃尽了苦头。我们在路上相遇，只能相对注目，后来情况好转，我曾到锦江他家去看过他，还在他家吃过饭。"文化大革命"结束后，特别是粉碎"四人帮"以后，才华横溢的秀林才有了出头之日。

秀林为人厚道，讲交情，对朋友很信任。在我人生最困难的时候，秀林正处在事业辉煌时期。他出席各种重要会议，也是学校的理论红人。而我正在接受审查，人人见我绕着走。我们是两种处境，可秀林没有嫌弃我。审查期没有假，只有洗澡或理发可以请一两个小时的假，我总是借这个机会偷偷到他家坐一坐。虽然相对无言，但从眼神里可以看出我们感情上并不疏远。天道不公，秀林好日子开始没多久就死于癌症。他生病期间我多次看望他，他最后一次住院是在很远的一个地方，试验性的大剂量的化疗很快就摧毁了他残存的一点体力。秀林逝世时只有五十六岁，正是有为之年。同事们无不悲痛万分，我更是如此。我曾写过一首诗寄托我对他的哀思：

> 生也艰难死亦难，幽明路隔两茫茫。
> 上天忌才欺人老，摧尽鬓毛骨肉伤。
> 风雨坎坷识马力，涸鲋濡沫见肝肠。
> 托体山阿君已去，我与何人论文章。

我这一生来往过的人不少，见过的人也不少。中国人说，一死一生，交情乃见。一富一穷，一贵一贱，同样如此。从"文化大革命"中他遭遇不幸到我被审查，我们之间的相互信任、相互同情，从未动摇。我们彼此坚信对方不是坏人。这种信任，就是交情，就是感情。

我记起一件往事。当我们集中在北大红楼学习班时，春节前一天，宣布我们除夕晚上可以回家过年。有位北大的教师"待遇"比我们高点，是属于隔离性质的，不能回去。他上厕所时在走廊里碰见我，偷偷地说："你告诉我爱人，我过年回不去。"我回家时绕路匆匆忙忙赶到他家，对他爱人说了一句就连忙回家。没有这种经历的人，很难理解此时对于想回家的我，一分钟都是宝贵的。就这件事，这位朋友多少年后都没有忘记。人啊，对困难之中微不足道的一点点帮助都会终生铭记。漂母一饭之恩，韩信终生不忘，非一饭有千金之贵，而是济人之难，急人之急，比平常宴请更使人感恩不已。

五 马克思主义哲学的"鹅湖会"

1960年春，在现在的中央党校校内举行了哲学教科书的讨论会。全国共送审六本：北京有三本，党校本、人大本、北大本；武汉一本，上海一本，吉林一本。这是新中国成立以来第一次哲学教科书的讨论会，规模不小，档次也很高。中宣部理论局局长洪禹出席会议，全国送审单位有五十来人参加，主持人是著名哲学家艾思奇。我是个小小的讲师，是跟随萧老师和教研室其他同志与会的，主要是去学习、听会。这个会很长，是马拉松式的，共开了两个多月，如果要讨论，仍然可以开下去，因为哲学问题是个无底洞。会议结束时，当时中央两位"大领导"康生和陈伯达都来了，还讲了话。陈伯达的话仿佛是外国话，无人能懂，居然要有人翻译，真是奇谈。一辈子在外，仍然改不了闽南腔，不可思议。

从那次会议以后，我此生参加过多次教科书的编写，也当过主编，至今仍不时会参加此类讨论。我有一个体会，马克思主义哲学的内容和体系会随时代变化而变化，会增加新内容，会更具时代特色、民族特色。可是谁要试图推翻马克思主义哲学基本原理，否定马克思、恩格斯、列宁、毛泽东已经取得的成就，另起炉灶，没有一个成功的。如果教科书编写的重点是把辩证法放在前面或是后面，历史唯物主义是打散穿插论述或是集中论述，唯物主义是只讲历史唯物主义而把世界物质性、物质第一性和意识第二性视为旧唯物主义的残余而摒弃，这样编写教科书，就是瞎子点灯白费蜡。我积六十年经验证明，马克思主义哲学中凡属规律性的内容，只能根据新条件运用和发展，可以结合中国实际，结合科学发展充实新内容、新材料，而不可能任意删除、主观处理。我至今读到多种新编、新新编、再新新编的教科书，都不可能在根本规律性的论述上出新花样。除非完全脱离马克思主义哲学范围，把西方哲学、中国哲学、马克思主义哲学的内容全部捣碎掺和在一起弄一个四不像的东西，然而如果这样，你就无权称其为马克思主义哲学教科书，可以称为专著，称为某某体系，但绝不能把它作为马克思主义哲学教科书。

我把这次六本书的讨论会称为"鹅湖会"，是比喻的意思，而不是不同学派的辩论，分歧是有的，讨论很激烈，但都属于马克思主义哲学中的争论，而不是不同学派的辩论。

在这个会上，我很荣幸地认识了武汉大学的陶德麟。他比我小十个月，当时正是年轻有为的年龄，他是李达的助手，是武大本教科书的主要编写者。当时我们不熟，没有交往，后来因为社科基金评审会上我们经常见面，有时也会同时出席一些会，慢慢成为朋友。他原来是学经济的，哲学造诣也很高，诗词都有功底。他八十华诞时，我曾贺以小诗：

贺德麟八十华诞

20世纪50年代末，全国六本马克思主义哲学教科书集中在中共中央党校讨论。艾思奇主持，为时二月。德麟为武大成员。我也躬逢盛会。当时我们均为青年教员，弹指五十年。值德麟八十大寿，忆往事以诗贺之。

> 不是鹅湖似鹅湖，湖畔盛会识荆初。
>
> 珞珈才子惊四座，江南俊秀冠群儒。
>
> 宝刀至今能削铁，笔有雷鸣道不孤。
>
> 人生百岁不为老，八十只算半征途。

贱寿八十时，德麟也以诗为我增色。抄录于下：

贺先达兄八十华诞

陶德麟

> 五十年前幸识君，当时英锐已超群。
>
> 胸罗正气常忧国，笔扫彤云只务真。
>
> 耿耿丹心昭皓月，拳拳厚德育芳林。
>
> 满园新叶皆才俊，犹待期颐引路人。

当年，参加六本教科书讨论时，我们都是青年人，刚三十岁，如今都已是耄耋之年。我们会面时谈起这件事，有不胜今昔之感。

还应该提到一个人，这就是艾思奇。他不认识我，我们也从无交往。他名声大，是马克思主义哲学大众化的开拓者，对马克思主义哲学在中国的传播有杰出贡献。我记得当时他五十上下，体态微胖，完全是一个学者的样子，不像党的高级干部，也不像是从青年时代起就声名卓著的人物，不显山露水，很朴素。我们这辈人中，五十岁时有他那样成就的人似乎还没有。

理论界对艾思奇有些看法，无非是因为对综合经济基础论与单一经济基础论、一分为二与合二而一的争论有不同见解，这不算什么。学术上有分歧是正常的，它不能成为评价一个人的标准。我认为艾思奇同志永远是马哲工作者的光辉榜样。

我没有直接听过艾思奇同志讲课，也没有机会当面求教，唯一一次接触就是在党校六本书的讨论会上多次听他发表意见，我对他非常敬仰，他的著作和文章就是我的老师，是中华人民共和国成立后我们党培养起来的全体马哲工作者的集体老师。艾思奇同志在马克思主义中国化和马克思主义哲学大众化相结合方面所取得的功绩，永远铭刻在马克思主义在中国的传播史和发展史上。

至少从三个方面来说，艾思奇同志都是我们中国全体马克思主义哲学工作者的光辉榜样。他是毛泽东倡导的马克思主义中国化的积极推动者、实践者。他以其著作为我们做出了马克思主义中国化的榜样。他是马克思主义哲学大众化的创造者。他的著作既深刻又通俗易懂，根本不同于我们时下见到的那种看不懂读不明的文章和著作。他是理论联系实际、有的放矢、真正发挥马克思主义哲学改造世界和认识世界功能的理论榜样。在中国特色社会主义道路的建设中，我们党特别需要像艾思奇同志这样高水平的马克思主义理论家。

要知其文，必知其人，要知其人，必知其时。《孟子·万章下》："颂其诗，读其书，不知其人，可乎？是以论其世也。"讲的就是这个道理。艾思奇同志的著作，尤其是他的《大众哲学》《哲学与生活》等著作，并不是一个哲学家居高临下，向世人宣扬自己的哲学构思或个人的奇思妙想，而是以一个马克思主义者的革命精神，在民族危难、青年人苦闷彷徨的时候，用生动的语言，结合社会实际和中国面临的问题，向他们宣传马克思主义哲学的基本道理，为他们指明了一条出路。我们可以说，艾思奇同志著作的理论和实际作用，是任何纯哲学思辨的皇皇巨著无法相比的。那种著作可能摆在图书馆一角，布满灰尘，无人问津，而艾思奇同志的著作却在现实生活中发挥了巨大的动员和教育作用。谁更有水平？道不同，不相为谋。标准可以完全不一样。

艾思奇同志是一位纯粹的马克思主义哲学家，是马克思主义坚定的信仰者、勇敢的实践者、热情的宣传者。他在民主革命时期对中国青年人的启蒙作用，在社会主义革命和社会主义建设时期对马克思主义哲学教科书的建设、对马克思主义哲学和毛泽东思想的积极宣传和创造性的推进作用，都使艾思奇同志在马克思主义中国化的历史上、在中国马克思主义哲学传播史上，留下了自己光辉的名字。

之后几年，我和其他一些同志集中在厂桥招待所汇编有关矛盾问题的文章。其中既包括苏联学者对矛盾的观点，也包括当时苏联的社会矛盾，据说是为撰写从哲学高度总结的评论性文章做准备。后来不知为什么这篇文章没有写。可能是因为赫鲁晓夫的下台，也可能是因为其他客观存在的原因。

厂桥招待所原来是中央办公厅的一个招待所，现在好像已改建为金台饭店。我没有进去过，只是路过时感觉金台饭店仿佛就是原来的中办招待所。说到这个招待所，是因为我在其中住过不短的时间，那几年构成了我理论生命中值得回忆的一小部分。

我不知道是如何被派去的，反正是组织上的决定，但由谁决定,我不知道。我们那个时代的共产党员,从来不打听这些事。组织决定就应该服从,没有人东问西问,讨价还价。报到以后才知道是搞点资料,为写"反修"文章做准备。当时,正是中国和苏联两国关系急剧恶化的时期,也就是所谓中苏大论战时期。当时有两个地方,一个是钓鱼台,另一个就是厂桥招待所,是写作和翻译人员的住地。我们这个组就住在厂桥招待所。每天吃饭时很热闹,写作人员、翻译人员济济一堂。可能其中有不少名人,我都不认识,我当时还是小小的教员,对他们不熟悉。

中苏两国关系、中共苏共两党关系,从苏共二十大以后就开始有点紧张,后来急剧恶化。这里的原因确实很复杂,既有国家利益之间的矛盾,也有意识形态上的分歧。再加上苏联一贯的大国沙文主义做法,引起中国共产党人的不满。事实上在大论战全面开始之前,1956年赫鲁晓夫全盘否定斯大林的秘密报告,就为大论战播下了种子。1956年《人民日报》连续发表《论无产阶级专政的历史经验》《再论无产阶级专政的历史经验》,实际上已拉开论战的帷幕。后来纪念列宁诞生90周年的《列宁主义万岁》等三篇文章,已经有浓浓的火药味。从1963年9月到第二年7月发表的若干评论文章,通称"一评""二评"直至"九评",完全是大张旗鼓的论战。那些在厂桥食堂就餐的人,可能就在文章的撰写者和翻译者之中。

我们这个组的组长听说是陈伯达,但从来没有见他来过。代组长据说是范若愚,也没有见到过。实际负责人是中央党校的一位老同志江流。他是一位理论修养极高、党性极强的马克思主义理论家。我记得还有上海华东师大的冯契、东北工学院的陈昌曙。昌曙和我是人民大学研究班的同学，他是一个很有才能的人，当时虽然年轻，但已发表多篇文章，现在已经是科学技术哲学领域中的领军人物，听说身体不太好，有点脑梗后遗症，但仍然在写东西。还有几位的名字已经忘记了。近半个世纪前的事，很难记全。

究竟如何评价当年的中苏大论战，这是个困难的问题。历史和现实条件都与半个世纪前不同。苏联已经解体，社会性质发生了根本变化。中国也在改革开放中调整了内外政策。我们无法以今日之是非判断当时之是非，也无法以当时的是非之争来衡量当今中国的变化。既不能此亦一是非，彼亦一是非，又不能思想僵化。这是个有待深入研究的理论问题。

第三章　哲学上的自我救赎

我分配到北大为期共六年。第二次进北大可没有第一次风光。第一次是站在哲学系的讲台上讲课，是外请教员；第二次，是站在审判台上，交代问题。不过并非一开始到北大，就运交华盖。我曾经考虑要不要写这段历史。写吧，实在不堪回首，这是我人生经历中最暗淡的一页；不写吧，就不是真实的我，知道的人也会说我隐瞒历史。人的一生，不可能一帆风顺，毫无挫折。写，应该写。真的写，写真的。写真的，既可彰显党的实事求是政策的正确性，又可说明一个人摔跤不要紧，最要紧的是不能一蹶不振，要站起来。孔子说，"三军可夺帅也，匹夫不可夺志也"，三十多年来，我尽了我的力量，日夜兼程，总算有点小小的回报。

一　掉进"梁效"

我是1973年初随同研究所整体分到北大的。我当时风光过一段，就是讲《反杜林论》，出了点名。我在长安大戏院讲过。那是个有三层座席的戏院，座无虚席。听众有多少人，我不知道，反正很红火，仿佛名角在唱戏。那时讲课没有分文报酬，也没有饭吃，只有一辆破旧的面包车来接。接我的人，不相信我就是要到长安大戏院做报告的"教授"。他问我的一位同事，"是他吗，怎么像一个农民?"这件事是后来同事告诉我的。这位司机看我像农民，一点也没有走眼。我就是这样。刚从干校回来，身上也没有像样的衣服，也不是那种器宇轩昂、眼睛朝上看的人。他怕接错了，问问别人，毫无贬损的意思。何况我那时根本不是教授，而是小小的讲师。

我还在更大的讲台上讲过课，就是中山公园音乐厅，这可是个大场子。有多少人，我说不清，只见人头攒动，座无虚席。有北京市的干部，也有中央机关的干部，据说还有从外地赶来听课的。不是我有多高水平，而是正逢其时。当时毛泽东正号召全党学习经典著作，我沾了这个光。蜀中无大将，廖化做先锋。讲完课，唇干舌燥，腹内空空，原样送回。没有一文钱，也没有一顿饭。现在的青年可能不太理解这种不讲报酬的劳动。

我还到学部，就是现在中国社会科学院近代史所系统讲过《反杜林论》。听课的是所内人员，有职员，更多的是研究人员。这次待遇好点，讲完课，留饭，是食堂里打的饭，比我在家里好不了多少。还有位我很熟悉的大姐一道去，她是一位名教授的夫人，也是近代史所的熟人，可她是听课者，连饭都不给打一份。

我是讲课出名惹的祸。我弄不清为什么党委会调我去写作组。后来有人告诉我，据说我在北大讲《反杜林论》时，写作组支书是党委常委，他也在听课。可能他以为我既然能讲课，当然也懂点马克思主义。当时，写作组基本上是由中文系和历史系的教员组成的，缺少熟悉马克思主义经典著作、能引经据典的人。1974年，大约是在4月，忘记是哪一天，我们所总支的组织委员刘同志通知我到北大人事处报到，说是有任务。他也不知道是什么任务，只是叫我去报到。我来到北大人事处，一位军宣队员对我宣布说，调你到写作组去工作，这是党的信任，好好工作。几句官腔式的交代话后，从此我就"交上好运"。老子说，"祸兮福之所倚，福兮祸之所伏"，一点不错。我由于讲课出名而中选，又因中选而调（掉）进"梁效"。这是近四十年前的旧事，年轻人可能不知道什么叫"梁效"。"梁效"就是北京大学、清华大学"两校"写作组的谐音。

周一良先生说自己"毕竟是书生"，还出过一本书，书名就是这句话。周先生是大学者，世界知名，他自称为书生，够格儿。我只能说我是白痴，政治白痴。在研究班，人家称我为傻小，我不承认，比读书，他们一点不比我聪明；可在政治上，我确实是傻小，或称白痴。当年，不知道什么机关为某重要领导找文字秘书，曾想调我去。我的领导张腾霄挡驾，说这个人不行，不会保密。这件事是后来他告诉我爱人的。腾霄是我的领导，也是我的朋友，对我十分了解，也十分照顾。他说我不会保密是婉言谢绝之意，因为他知道我不适合这种工作。说得好听些，我是个书生，直白点说就是个书呆子，我哪能弄清那些复杂多变的政治上的事。

我大概是1974年4月被派到两校写作组的。我去时这个写作组已经成立了一段时期。据说开始是从北大、清华调了一些人整理林彪的尊孔材料，编写《林彪与孔孟之道》。这似乎是1973年年底的事，1974年"批林批孔"在全国铺开后，这个组变成写作组。我去时，写作组分为两个组，一个是注释组，成员都是一些专攻古典文学和历史的名教授，开始我不知道他们是干什么工作的，后来才知道，他们是专门为上头指名要的某篇诗词或赋作注的。要标明读音，要解释原意，用的是毛笔蘸红墨水，字体端正，仿佛朱批。只有这些高水平的古典文学和历史学专家才能当此重任。他们都上了年纪，组里很照顾他们，每天可以回去睡觉，按时上下班。我分在写作组。写作组基本上是北大、清华的教员。清华教员，多半是从人民大学分配到清华的政治课教员。我们都是熟人。我在范达人小组，组员除范之外还有何芳川，他们都是北大历史系教员，比我小六七岁。

写作组住地是蔚秀园北京大学专家招待所，我住在二层的一间套房里。我住里间，清华一位教员住外间。他的老爸可是世界名人，"批孔"运动全面展开后，我这位室友不见了，据说是调回清华了。大概因为乃父是世界著名的新儒学家，又在台湾，由他担任"批孔"重任似不合适。他因父亲不受信任，又因父亲而得免，真是塞翁失马，焉知非福。在写作组我偶尔能见到迟群、谢静宜。他们有时会来，我无个人来往或私下接触。我们的直接领导是进驻北大的军宣队员，他是北大党委常委，又是写作组的支部书记。副书记一个是清华的，另一个是北大的。他们三人算是直接领导。

在写作组的两年半中，我曾经在集体场合四次见到过江青。第一次是到写作组不久，大概是6月上旬，在人民大会堂一个小厅里，江青主持什么"批儒评法"的座谈会。当时还有其他领导。我们一些人在后排边上，只是听听。接着不久，写作组一部分人，还有几位北大、山东大学的著名教授，随同江青去天津。开始我们不知道是去天津，只是要我们待命，用汽车运到火车站，上了专列，还是不知道去哪里，到站后才知道是天津。我们一行人住在天津市委招待所。在天津只有一次活动，就是江青在全市大会上讲儒法斗争，我们这些人随同天津市的干部坐在下面听。我们是高级跟班，是列宁曾说过的"有学问的奴仆"。不管当时是否自觉，实际作用就是这样。天津之行结束，还随同到小靳庄，据说这里是京剧之乡，样板戏人人能唱。除我们这些人，还有当时文化部的"头头"，包括演《红灯记》李玉和的浩亮，演芭蕾舞《红色娘子军》洪常青的刘庆棠。小靳庄完事，又到杨村一部队，江青又表演了一番。我始终没有弄懂，这是在干什么。还有一次就是写作组全体人员随同江青去大寨参观，听她在大寨公社一个礼堂中讲儒法斗争；唐山大地震时期，江青自称是代表毛主席来看看我们，还分别照过相，或一人或三三两两，连传达员、炊事员都一人来一张，无一遗漏。就是这次，我与江青有过一张合照。二寸大小，黑白的，早已收缴。也许这就是政治，是政治家的笼络人心，是拉近关系的"亲民秀"。反正当时我们这群书生，或者说白痴，面对这种玩弄人于股掌之间的野心家表演的"秀"术，毫无反感，反而沾沾自喜，引以为荣。

在写作组，我最主要的错误是写文章。我们组写的文章可能比较多，其中我参与的错误较重的文章是批"三项指示为纲"、批"翻案风"之类的文章，批判矛头直指小平同志。说句可以指天对日的话，我的确没有发现写作组有人反对周总理。总理逝世后，写作组内设有灵堂，我们都戴黑纱。灵堂前行三鞠躬礼，表示哀悼，灵堂大概只设了半天，下午就撤了，当时也没有想过为什么会撤。在写那些文章时，心中明确的批判对象是邓小平、周荣鑫、胡耀邦、李昌等，因为批教育领域中的所谓"翻案风"、批"科学技术汇报提纲"、批"三项指示为纲"的指向都很明确。当时我绝不以为错，我们的思想长期浸泡在"左"的思想染缸里，染出来的只能是这种颜色。"近墨者黑"，"人在鲍鱼之肆久而不闻其臭"，古人的话一点也不错。

我在写作组两年半，就我个人而言，全部文章都是《人民日报》《红旗》《光明日报》的约稿，或小组接受大组的任务。没有一篇是迟群、谢静宜直接布置的。其实，我当时根本不知道党内有个"四人帮"。这是粉碎"四人帮"之后揭批他们的罪行时我才知道的。据说当时不少人都知道，就我们不知道，这说明我们是不被群众信任的。我自己参与错误文章的写作不是偶然的。尽管调入写作组是党组织的决定，尽管我可以用各种客观理由为自己的错误辩护，但文章是自己写的，既不是高额奖金收买，也不是用枪逼着写的。如果自己不是长期受"左"的思想毒害，写出的文章口径不可能合拍。也就是说，写出的文章不可能符合当时的要求；能符合，说明自己对文章的错误负有主观责任。

对我们组来说，最要命的一篇文章就是《永远按既定方针办》。这是我们小组三人共同的责任，初稿完全是按《光明日报》提纲的要求，我们共同拟定、修改完成的。这篇稿子是《光明日报》的命题作文。约稿时间是9月16号毛泽东追悼会后的第二天，20号我们组三个人按约去《光明日报》社当面听取《光明日报》副主编提出的详细要求和写作提纲。24号交稿，此后我们再也没有接触过这篇文章。为什么10月4号突然在《光明日报》头条发表，我们一无所知。过去我对这篇文章的认识有着一种抱屈情绪，总觉得这是一篇约稿，而且提纲是由《光明日报》定的，文章早在9月24日即已交稿。这说明我没有从思想上真正认识自己的错误。实际上在毛泽东逝世后，我思想深处仍然是要继承毛泽东的革命路线，率由旧章，这本质上是一种"按既定方针办"的思想。即使没有《光明日报》的约稿和提纲，由我们自己拟题写这类纪念文章，调子也不会有多大变化。因为当时就是这种思想，就是这个认识水平，有无约稿，是否分配到我们三个人，这一切偶然性背后有一种必然性，即以当时的思想水平、认识水平，写出的就只能是这种调调的文章。虽然是《光明日报》的约稿和提纲，但具体的错误观点和行文出自我们之手。几个小人物的约稿之作，在中国政治中起了那样大的作用，当然是我们做梦也想不到的。

从历史的角度看，此事看似偶然，实际上体现着某种必然性。经过严格审查，我们写作此文的来龙去脉终究查清了。对我们来说真是不幸中之万幸。我们感谢党的实事求是政策。这时我已年过不惑，职为讲师。当时讲师似乎是不算太低的职称，实际上水平也不过尔尔。"文章千古事，得失寸心知"，这个古话我读过、听过。这只能是对个人为文而言。那种表面上"批儒评法"，实际上是在当枪手的文章，寸心难知。

粉碎"四人帮"后，"梁效"半夜被查封，当时我正在家睡觉，对此一无所知。第二天，我照常去北大招待所上班，走到半路才知道这件事。写作组房间里的一纸一字、任何与文字有关的东西都被查封，只有洗漱用具例外。从那天起，我就再也没有进过北大专家招待所。这是好事，便于彻底清查。我在写作组待了两年半，学习班办了两年多，我分配到北京大学六年多，这段时间基本上是在搞大批判和被批判中度过的。只有自己受批判时才能体会到被批判的滋味。虽然两种批判的性质不同，但内心感受到的压力是相同的。

在学习班期间，我们集体住在未名湖畔的红二楼二层。此时，未名湖的景色对我们来说似乎已经不存在，我们每天就是写检查、交代，或者接受各种形式的批判。最大的一次是在首都体育馆，大概有上万人吧，我们低头鱼贯而进，弯腰而立，低头而退，哪能知道确切有多少人。我们是幸运的。虽然免不了训斥、批斗，但从无逼供，也从无体罚，很文明，很讲道理，晓以利害，是教导和劝说。而且最后的处理是实事求是的。我至今仍然感谢党的实事求是政策。这么大的运动，这么猛烈的斗争，这么一个翻天覆地的变化，我们最后受到如此实事求是的对待，我内心是感激的。如果是在"文化大革命"时期，我们的命运简直无法想象。

我们这群人并没有辜负党的正确政策。学习班结束后，经过多年的努力，这批人中有不少在中国哲学、西方哲学、美学、古典文学、马克思主义哲学、印度问题研究等领域成为有相当知名度的学者，对中国学术界多少有点贡献。我想，如果当时采取"文化大革命"时期的处理方法，扫地出门很省事。在扫帚下，这些人都是一堆垃圾；而经过实事求是的处理，吹吹灰放在桌上，也可以成为一盘菜肴。当时，这群人正当壮年，仍然大有可为。后来这些人的成就，证明党的实事求是政策是正确的。中国古代求贤有"千金市马骨"的故事，既然能善待这些本来已经批臭的"落水狗"，更何况那些真正的千里马呢？对我们这些写过错误文章的作者能够予以实事求是的处理，这对于我们以后敢于接受上级委派的写作任务，大胆从事写作是有好处的。否则，有了这样的前车之鉴，我们都会把集体写文章、奉命写作、参加写作组视为畏途。这对于党的理论宣传和研究工作不一定有利。

由《永远按既定方针办》这篇文章，我想到何芳川，想到我自己。何芳川自学习班结束后回到历史系，曾担任过历史系主任，后任北大副校长、海外教育学院院长、校务委员会副主任以及各种社会职务和多校兼职教授，出版过不少著作。可以说，在事业和学术两方面都有建树，取得了史学界公认的成就。不幸的是，正当有为之年，他突然于2006年6月29日因急性白血病去世。我接到北大治丧委员会通知，惊愕不已。我深知他为人单纯，才华横溢。我辗转反侧，夜不能寐。我没有出席他的追悼会，我知道以他的地位和声誉，一定是死后哀荣，吊唁者冠盖云集。我只能在心中默默祝愿他安息，并以诗悼之：

> 犹记北招识君时，文采风流李杜诗。
>
> 落水幸喜未灭顶，翻身弹指痛仙逝。
>
> 祸福无常天难料，赤心不改世人知。
>
> 大才遽折应一哭，毁誉死后两由之。

我自己从北大学习班回来后，内心有过起伏，开始有点消极，但很快得以克服。回到人民大学时我已四十八岁，但随后也得到信任和重用，曾担任过两届哲学系主任，担任过校内外多种社会职务。这说明领导信任我，理论界同人理解我，并没有因为我的错误而嫌弃我。我从十一届三中全会以来所写的东西，是我在"文化大革命"期间的不知多少倍，有些文章和书，在哲学领域发生过一定的影响。我感谢党的信任，感谢中央的英明政策，没有实事求是政策，这些人只能成为"四人帮"的殉葬品。

可悲的是我们在粉碎"四人帮"之前，根本不知道党内有个"四人帮"。我在中华人民共和国成立后入团、入党，对党中央怀着无限信任，对党组织分配的任务从来不会有任何怀疑。虽然"四人帮"临近灭亡前，天怒人怨，我们还是稳稳坐在小楼里炮制文章，对此浑然不觉。我一辈子搞的是马克思主义哲学，实际上未能得其皮毛，连一点点政治嗅觉都没有，更何况辨别政治方向。我是跪着写作，不会站着思考。可话又说回来，就算我思考，以自己当时那种思想状态，能思考出什么名堂呢！

古人说，"少年处不得顺境，老年处不得逆境，中年处不得困境"。这种说法是正确的。少年得意往往忘形，老年则由于身体和精神衰弱，难以承受逆境。我们当时正处于中年，而党的政策又实事求是，因此结局是很圆满的。

我还想到我们小组的组长范达人。我看到过国内报纸海外版的一篇报道——《东方神医范达人》。我知道范在问题解决后曾到美国哈佛大学访学、教书，可不知道他一跃而成为神医。据报道他退休后开了一家按摩医疗所，还带了两个美国徒弟，生意还不错，被誉为"东方神医"。我不禁哑然失笑，看起来，美国人也"崇洋媚外"。崇东方之"洋"，媚异国神秘医疗之"外"。我不知道他有这个本领，可能是他早年在部队中当过卫生员，学过一点按摩，人又聪明，能"糊弄"外国人。当然也可能真有点什么祖传秘诀之类。人总是要生存的。他在美国以按摩为生，这是我从报纸上知道的一点点关于他的消息。

在写作组时，范比我小六七岁。当时可能只有三十出头，人很精干，也能写，听说是北大历史系的青年才俊。我们既入火坑，理应自责自省。说句实在话，我们的命运比起有些平白无故受冤受屈的老一代知识分子好多了。他能出国，能上哈佛访学，这说明现在究竟不同于极左的时代。他曾多次回国，我从未见过。这些往事，是人生中的一段遭遇。错误已经铸成，噬脐莫及。人到八十岁已属高龄，去日苦多，青春早已不再。去国日久，能无故国之思？

我们"左"的思想是特定时代的产物，我们"左"的错误是特定时代的产物，甚至像我们这种类型的人，也是特定时代的产物。我希望这种性质的错误永远成为历史，也肯定会成为历史。不仅我们的错误，连我们这些人的生命也即将成为历史。现在的青年理论工作者比我们幸运得多，他们能做出我们永远达不到的成绩。

二 哲学上的自我救赎

1978 年人民大学已经复校。当年 10 月审查结束后，我回到原单位——人民大学马克思主义发展史研究所。开始两年多是"靠边站"。总支对我似乎不知如何安排。原打算要我去资料室，因为在一般人眼中教员去资料室算是降格使用，可又无法公开说出我不能留在研究室的理由，因为我并没有受任何处分。结果我仍在马克思主义发展史研究所待着。当然，暂时是"冰冻"状态。全体普调工资，我们除外。这对我个人毫无影响，对我有影响的是我自己内心思想的矛盾和冲突，是内心灵魂的对话和反省。

人很有意思，生病时可能不觉得太难受，因为正在病中，而身体恢复时反而特别疲劳。我在北大办学习班时忙于写交代材料、接受批斗，在严词训斥下陷于麻木。回来后，心情反而起伏不定。我想到中国知识分子的命运。自古以来，似乎总有些知识分子在大政治变革中难逃噩运。或因为自觉附逆，或因被卷入政治急流之中，但他们都知道自己是在干什么，为什么。可我，究竟为了什么？关于知识分子，毛泽东说过，皮之不存，毛将焉附？知识分子的毛总得附在一张皮上。是呀，中华人民共和国成立以来，特别是入党以后，我要求进步，热爱社会主义，热爱共产党，我总以为我是附在共产党这张皮上，可结果变成附在"四人帮"这张臭皮上。列宁说过，历史往往会开玩笑，原以为进入一个房间，可结果进入的是另一个房间。人生可能也会如此。

清算"梁效"罪行时社会上流行一句话："小报看大报，大报看'梁效'。"这是事实。全国的小报看大报，各省大报看"梁效"，的确如此。"梁效"在当时搅乱全国的舆论中起了极坏的作用。尽管不少文章是"两报一刊"的约稿，但直接炮制者是作者。中央大报提供的只是一个舆论平台，而在这个舞台上演唱的主角是"梁效"。"四人帮"既掌握过"两报一刊"，也可通过迟群、谢静宜来实现他们的宣传意图。我自己在"梁效"两年半，不管主观意图如何，实际作用是充当了搅乱舆论的写手。四十年前受审查时，压力很大，但在涉及文章事实方面我没有说过一句假话；四十年后的今天，我对我当时承认过的文章中的"左"的错误，至今依然承认。因为现实证明，"左"的路线已经走到尽头。我们的文章为"左"的东西摇旗呐喊，鸣锣开道，理应受到批判。

周一良先生在《毕竟是书生》中说到"四人帮"垮台、自己受审查时，收到过骂自己没有气节"无耻之尤"的信。冯友兰、魏建功、林庚、周一良这四位名重一时的学者被封为"商山四皓"，并附有诗作。"商山四皓"是指秦始皇手下的四位博士，虽然自称隐者，实属御用。指责这四位著名学者没有骨气人品，可见全国人民对"四人帮"恨之入骨，因而一切与这伙人有丝毫牵连的都在无耻文人之列。这当然是对实情不太了解，是对"四人帮"的愤怒之火溅在他们身上的一点小小的火星。在当时情况下，群众的激愤之情可以理解。

"四人帮"粉碎之初，坊间传言，两校写作组的成员每人都打营养针。这当然不是事实，但我们的生活的确有照顾。我们只交10元左右的伙食费，每人每天补助三四角钱，而且每晚过12点备有夜宵。在当时，这是远远超过普通教员的生活水平的。不过我们失去很多自由。星期天晚上必须回去，过年也只休息几天。在集中审查期间，有时我请假回家看看孩子，沿途看见小商小贩，虽然苦点累点，但是自由自在，心中有种羡慕之感。我想要是我一字不识，不会舞文弄墨，现在何至于如此呢！说句实在话，我当时心中有股消极情绪，想起"人生识字忧患始"的话，很有点凄凉之感。

回来后"靠边站"两年多。《庄子》和《古文观止》是我灵魂的慰藉。我反复读《庄子》，几乎翻烂了；反复读《报任安书》《司马季主论卜》。我不断地想突破自己思想的围城，重新燃起几近熄灭的思想之火。我知道得意时拜孔子，失意时读《庄子》，这是不少中国知识分子的"命运"，也是中国独特的文化现象。其实孔子也不一味讲入世，讲立德、立功、立言。他也有一套自我保存的方法，"用之则行，舍之则藏"；"邦有道，不废；邦无道，免于杀戮"；"达则兼济天下，穷则独善其身"。儒者也不是一味往前冲，还是有进有退，但以进为主。庄子则不同，一部《庄子》全部是劝人远离官场，视相位如腐鼠，与其留骨庙堂，不如曳尾泥涂。"桂可食，故伐之；漆可用，故割之。人皆知有用之用，而莫知无用之用。"还说，"事若不成，则必有人道之患，事若成，则必有阴阳之患"。我读到这些，联系到自己在"梁效"无日无夜、无节假日地工作，结果变成千夫所指的御用笔杆，感到倒霉至极。我当时的思想认识很肤浅，把自己的遭遇归为偶然因素，如果写作组支书没听我讲课，或者我不通文字，不会舞文弄墨，可能会逃过一劫。其实，我们这些人在长期"左"的思想影响下，头脑中充满"无产阶级专政下继续革命""反修防修"诸如此类的东西，因此很容易适应写作组的写作要求，对自己写的东西不会有任何怀疑和反感。虽是报社约稿，可文章是自己写出来的。因此从思想根源来说，犯错误不是偶然的。如果能对当时的舆论导向和风向有所察觉，我也不致在"四人帮"被粉碎之前，对民意毫无所知。我不知"梁效"已在10月10日夜被查封，第二天早晨仍然从家里到写作组上班，这说明了自己是多么闭塞，多么无知。

　　我当时反复读《庄子》，留下了几首诗，反映我当时灵魂在彷徨、挣扎：

一

少小不才老大休，身无长技霜白头。

直木先伐人间世，鸣雁免烹理易求。

百岁光阴终弹指，死后虚名一荒丘。

书香醉人最为乐，每得佳句解千愁。

二

夜读《离骚》，记起《庄子·人间世》诸文，发现两种处世态度，各有其用。以出世之心做入世之事，难矣。

莫说无才虚此生，才高未必即有成。

林秀风摧难为栋，野草轻贱吹又生。

贾生沥血郁郁死，先生怀怨愤自沉。

无人愿买痴呆药，多读史书少弄文。

三

遇事最喜读《南华》，寓重庄谐笔生花。

望洋方知自身丑，伏案更感知无涯。

头白何须讳年老，枯树仍可着新花。

宁为夸父追日死，不作夏虫耻作蛙。

四

《南华》读罢掩卷思，人间何处觅真知。

药有真假多病识，情分冷暖遇难时。

生死无碍通大道，名利沉酣最为痴。

何必深山求佛法，阅尽沧桑自得之。

其时我的内心是矛盾的。一方面读庄子，另一方面反复诵读《报任安书》，想从中找到突破思想消极围城的良方。我特别喜爱司马迁给处于绝境的人以希望的、世代传诵的那段名言。司马迁是"刑余之人"，"身残处秽，动而见尤"，仍然以古人为例，毫不气馁，他历数文王、孔子、屈原、左丘明，直至孙子膑足、不韦迁蜀等以自励，终于完成被鲁迅称为"史家之绝唱，无韵之离骚"的《史记》。而我们无非是被严词训斥、审查、批斗，既无皮肉之苦，又没有任何处分。比起"文化大革命"中那些受冤屈的革命干部，我们这点算什么呢？何况我们得罪了全国人民，得罪了全党遭受过迫害的人。群情激愤，理该如此。回校后，我仍然继续从事理论研究工作，有什么理由消极呢？我不断地自我追问，不断地反驳自己。我站在自己内心的法庭上，是原告也是被告，是罪犯也是辩护律师。别人的批判可以口服心不服，可自责是灵魂无法逃遁的鞭笞。

我反复读刘基的《司马季主论卜》，懂得事物都有因果关系，有昔日才有今日，必须具有辩证的眼光，才能从困境中找到出路。暂时坐坐冷板凳，有好处，让自己有机会思考、总结。我终于找到了突破思想围城之路，再度奋起，绝不自甘下坠。我要从自己制造的思想困境中再度站起来。

三 我对"文化大革命"的反思

在"文化大革命"中，我应该属于"逍遥派"。我虽然也参加了一派群众组织，但实际只是挂名的。我没有写过大字报，基本上是随大流。人是麻木的，没有太大的震动，更没有思考。为什么许多的老革命被打成"走资派"，知名学者被打成"反动学术权威"，遭受摧残，有的被关进监狱，有的冤屈而死？这正常吗？当时我从来没有问过自己这个问题，也没有这样的敏锐观察力。我只不过是一个小小的教员，没有政治经验，可以说是懵懵懂懂。

多年以后，当我冷静下来反思这段历史时，我开始能够理解我亲眼所见的很多令人发指的事。"文化大革命"不是突然爆发的，而是经过了一段时间的理论和思想酝酿过程。从苏共二十大赫鲁晓夫的秘密报告全盘否定斯大林开始，到两论无产阶级专政的历史经验，到中苏大论战，再到"四清"运动，我们能够体会到毛泽东当时主观上考虑的是如何巩固社会主义、防止"资本主义复辟"。基于对当时国内国外形势的错误估计，毛泽东试图以这种动员群众的"大民主"方式来防止他担忧的所谓"资本主义复辟"。我以为在毛泽东的思想中，两种思路交织在一起，一个是"左"的思想和路线的主导，另一个是对社会主义纯而又纯的理想主义。他既心怀对巩固社会主义和防止资本主义复辟的忧虑，又找不到发扬党内民主、采取正确有效方法解决矛盾的正确途径。这两种思想错综复杂地纠缠在一起时，起主导作用的是"以阶级斗争为纲"。再加上个人被过度神化，怀有大野心的"四人帮"把持"中央文革小组"，终究酿成了社会主义历史上长达十年之久的动乱。

我猜想，在延安窑洞中与黄炎培的谈话一直萦绕在毛泽东的心头，历史周期率是他进城时考虑的重大问题。毛泽东精通历史，熟读史籍，尤其对李自成退出北京，一场席卷北方、最终推翻明王朝、把崇祯送上煤山的农民革命，终因进城后迅速腐化而彻底失败的历史十分了解。毛泽东在七届四中全会上的讲话，在进北京时一再强调的进京赶考不要考试不及格，都表明了这种担忧。这种担忧发展到极端，就是"文化大革命"。从他的思想发展的脉络来看，可以说是一脉相承的。不同的是，他原来仅仅着眼于国内干部进城的腐败，后来苏共二十大赫鲁晓夫的秘密报告，以及赫鲁晓夫提出的一系列缓和与西方关系的外交路线和观点，触动了毛泽东的敏感神经。毛泽东有一种危机感，他错误地估计了中国国内的阶级斗争状况，担心在中国出现赫鲁晓夫式的人物，同时对中国这种一穷二白的国家应该采取何种有效的措施建设社会主义，也还没有形成完整、明晰的路线图。

从原则上说，毛泽东知道不能照搬苏联的路，中国应该走自己的路，但这究竟是一条什么样的路，如何走，仍在摸索中。用民主方法来避免社会主义的历史周期率，这是毛泽东在与黄炎培的谈话中提出来的。可把社会主义"民主"，变为"文化大革命"的那种无政府主义"大民主"，变为"四大"，变为"群众说了算"，则是民主的恶性发展。这种"民主"不是社会主义民主，而是无政府主义。这种"民主"要不得，无政府主义的民主就会演变为"暴民"专政。

不仅在中国历史上，即使在世界历史上，也从来没有发生过一种所谓革命，像中国"文化大革命"这样，已经处于社会统治地位的领导者，把斗争矛头指向自己建立的党、自己从生死斗争中取得的政权、自己在长期斗争中生死与共的革命战友，这究竟是为什么？我是搞理论的，近些年我曾反复思考过这个问题。毛泽东是中国共产党的领袖，是中国社

会主义新政权的创建者，他有什么理由要亲手摧毁自己创建
的党，摧毁自己出生入死创造的新政权？这不可思议，也出
乎正常人的思维。我坚信毛泽东是基于巩固社会主义政权，
怀着对"资本主义复辟"的担忧甚至恐惧，以为把民主发展
为"大民主"就可以避免他担心的事发生。实际上"文化大
革命"的结果完全与他的愿望相反。全国武斗、打倒一切，
搅乱了全党，搅乱了全国，搅乱了军队，把一场席卷全国的
"革命"变为一场历史的悲剧。这不仅是那些受迫害的老革命
的悲剧，也是那些所谓"革命小将"的悲剧。我以为这也是
毛泽东自己晚年的悲剧。

历史发展的规律不以任何个人的主观动机为转移，不管
这种动机如何高尚、如何自以为正确。历史有自己的规律。
社会的本质是一个有组织的机体。人民群众在组织和领导下
才能充分发挥创造历史的作用。如果在共产党执政的社会主
义社会，号召踢开党委闹革命，无条件、无规则地发动群众
闹革命，必然使整个社会陷于无政府状态。而在无政府状态
下的群众，就会成为乌合之众，即使有看似组织严密的各种
自发的群众组织，实际上仍然是无政府状态。这种所谓群众
组织最容易受野心家的操纵和煽动，变为他们自己实现野心
的工具。

处于无政府状态下的自发的群众运动之中，非理性主义
的恶性发展是必然的。这种群众运动必然成为伤害社会自身
的盲目力量，而且是一时难以收拾善后的力量。以为无领导
的"大民主"能巩固社会主义，这是一种浪漫主义的政治幻
想。我是经历过"文化大革命"的人，你千万不要以为毛泽
东的威望已经达到顶点，真个"一句顶一万句"，真个"最

高指示不过夜"，实际上很多是形式主义的。无非是半夜敲锣打鼓，游行喊口号。毛泽东说，要文斗不要武斗，不要搞派性，不要打倒一切，要大团结。谁听？谁都不敢说不听，谁都是在高喊落实最高指示，高举手中的"红宝书"，继续沿着惯性滑行。最后，还是不得不派军宣队、工宣队，进驻工厂，进驻学校。"文化大革命"初，派工作组进校曾被批为反动路线，到最后还是依靠军宣队、工宣队进校进厂稳定局势。运动仿佛回到起点，历史真会开玩笑。这个起点和终点的圆圈式的运动说明，在中国任何涉及社会变革的大的运动，没有中国共产党的领导，没有正确的理论导向，仅凭自发的群众运动，往往有百害而无一利。

"文化大革命"有太多的经验教训可以总结。在中国搞社会主义，期望用砸烂各级政府组织，把整个社会推向无政府状态的方式达到巩固社会主义、防止资本主义复辟的目的，如同以为经过自焚能达到再生一样愚昧。全国当时都陷于疯狂或半疯狂状态。举国皆醉我独醒的人也有，终究是少数。而且当时越清醒，就越可能有把自己推向峭壁悬崖，甚至推入刀山火海的危险。

在当前错综复杂的国内外形势下，坚持正确的改革开放方向，巩固和建设中国特色社会主义，粉碎有些人复辟资本主义的幻想，的确是社会主义社会执政党应该关注的大问题。毛泽东晚年的一些说法、做法有不少可议之处。如引用列宁的话说，小生产者每时每刻产生资本主义，说商品生产、八级工资制是复辟资本主义的基础等，都不符合社会主义初级阶段的中国社会现实。按这种理论必然要根除产生"资本主义"的苗苗，这样只能使社会主义中国永远陷于贫困。

至于以"大民主"的方式发动群众斗干部，所有干部，大到上层领导，下到支部书记、班主任，都是"走资本主义道路的当权派"，要批倒斗倒，这样能改善干群关系吗？不可能。这实际上是从另一个角度激化干群矛盾。我如今反复思考这个理论问题，觉得毛泽东担忧的"大问题"值得重视，但他晚年解决这个"大问题"的思路和方式，不能采用。

苏联解体和苏联社会主义模式失败的教训是深刻的。改革开放以来，党中央领导不断提醒全党要坚持正确的改革方向，反对走思想僵化的老路，也反对走改旗易帜的邪路。党中央不断告诫全党要有忧患意识，强调贪污腐败会导致亡党失政。不断地敲警钟，说明党中央一直牢记毛泽东担心的"大问题"，但是也采取了完全不同的方式来解决这个问题。建设社会主义社会需要民主，需要适合中国国情的民主，而不能搬用西方的民主，也不能依靠无政府主义的所谓"大民主"。我们坚持中国特色社会主义理论和道路、不断完善中国特色社会主义制度和体制，纠正毛泽东晚年的错误，同时也以新的理论和新的实践来解决毛泽东所担心的"大问题"，解决社会主义的历史周期率问题。

我是个老百姓，是个无职无权的知识分子，但我入党已近六十年了，我对国家前途和历史周期率问题，无论从理论上还是从实践上都非常关心。我赞成"治党要严，治官要廉"。贪污腐败是附着在中国共产党身上的毒瘤，如不大力整治，必然后患无穷。我从新一代党中央领导集体的决心中看到了希望。苏联十月革命时仅靠几万党员就取得了政权，七十年后拥有几千万党员却丢掉了政权，这个教训是深刻的。苏联解体后，我曾写过一首诗表达这种担心：

暮年哪能不惜身，为解忧愁且满斟。

仓多硕鼠思良药，国有墨吏盼贤臣。

百年苦斗烈士血，美人侍宴席上珍。

北邻近事宜记取，红旗坠地悄无声。

回到当年。军宣队进校以后，学校相对平静了。当然各种清查运动还在进行。在"文化大革命"中，我基本上是个"逍遥派"，清查与我无关。我们就是不断地学习。我也替我们研究所宣传队写过署名"任大宣""任达"的评论文章，发表在《人民日报》上。学习一段时期后，到1969年上半年，我们去锻炼，在现在有名的燕山石油化工厂劳动。天天磨钢条上的铁锈，或做其他非技术性的体力活。劳动了多长时间，我记不清楚。到1969年12月29号，我第一批去江西干校劳动。我的生日是12月30号，去干校是我39岁生日的前一天。这年的生日是在火车上度过的。不像现在，小小的孩子过生日，又是吹蜡烛，又是唱生日歌，又是切蛋糕，当时无所谓生日，处在那种革命狂潮中，生日不生日根本不在乎。成年人如此，小孩子更甭提。

四　重返哲学讲台与第一次出版哲学专著

回到人民大学后的两年冷板凳，对我来说是一个极好的读书机会。我一心一意研究马克思的早期思想，尤其是研究《1844年经济学哲学手稿》(以下简称《手稿》)，在这个领域中多少取得了一点成就。我算是在高校比较早地系统讲授《手

稿》的教员。我写过两个讲稿，一个是总的讲授，分十多次
讲完，这是在课堂上讲的；另一个是领读，逐字逐句逐段解
释，是对几个研究生讲的，很随便，插话的、提问的都有，
像个传道授业的样子。这个课困难比较大，不能卡壳，事实
上，我对原文很多地方没有弄清楚，似懂非懂，含糊其词的
地方不少。反正刚开张的烧饼店，第一次卖炊饼，学生也不
挑剔。课堂上不同，不懂的我可以不讲，主动性比较大。我
还是想尽可能讲得好点。这是审查结束后我重返讲台的第一
次课，无论如何不能砸锅。我比较仔细地读《手稿》，还读了
点相关著作。不懂外文，有很大局限。但我还是克服困难，
写出了一个讲稿。

我意识到如何讲《手稿》，是一个重大理论问题，更是一
个有关如何引导学生今后方向的大问题。关于《手稿》的争
论很大。一位伟大的思想家去世之后，由于发现他没有发表
的著作引起争论这种事，在历史上是常见的，但像马克思《手
稿》这样引起世界范围持久争论的还是少见。

马克思一生写了很多书，给我们留下了许多宝贵著作。
但还没有一本书像《手稿》这样，虽然篇幅不太大，十几万
字，只有百十来页，然而发表半个世纪以来，竟引起了如此
激烈的争论。而且，这些争论一直延续到现在还没有休止。
这是为什么呢？一方面它反映了马克思主义在当代政治生活
中有着突出地位，另一方面也反映了各种不同观点和各种不
同学派，企图在马克思主义著作内部找到自己的观点和倾向
的根据。

我当时正在"靠边站"，有的是时间，我不断考虑，《手稿》
为什么会成为争论的中心呢？仅仅因为它是早期著作，或者

说因为它写作时间早，都不确切。1902 年梅林整理和发表的马克思的《博士论文》，以及后来 1972 年第一次公开发表的《黑格尔法哲学批判》，都比《手稿》写作时间早。可见"早"并不是引起争论的唯一原因。那是不是这书的不完全成熟引起了争论呢？也不完全是这样。如《博士论文》不比《手稿》成熟，那时马克思的基本观点还是黑格尔唯心主义的东西。那究竟是什么道理？除了客观原因之外，我个人认为主要在于《手稿》本身，在于《手稿》的理论特点。就是说，在于《手稿》的理论特点和阐述问题的方式，给各种不同的政治观点和理论观点留下了一些回旋的余地。《手稿》被整理之后公开发表，仿佛是在马克思主义理论的大海中投下一块巨石，引起了轩然大波，争论得波涛汹涌，至今仍然时起时伏，从未停止。有些学者，主张回归青年马克思，反对以《共产党宣言》《资本论》为代表的老年马克思。他们认为老年马克思不如青年马克思，已经倒退了、老化了，认为老年马克思已摒弃青年马克思的人道主义和异化的主题，摒弃以人性的异化和复归解释历史而转向具有机械论色彩的历史唯物主义。

虽然这个问题也具有政治性，但仍然是个学术问题，纵然有错也是学术观点上的错误，料无大碍。我全心投入这个问题的研究，我要以自己的研究成果正确阐述这个问题，不能推波助澜。我要对得起第一次重返讲台。我梳理了国内外开始出现的某些过分抬高早期著作而贬低晚期成熟著作的错误观点，对《手稿》中一些关键问题，包括人本主义和自然主义、异化和异化劳动、私有制和异化的关系、关于人性异化和复归、关于《手稿》中包含的历史唯物主义天才萌芽的闪光，以及它如何体现经济学、哲学和社会主义三者结合的问题，做了一些探讨。我的理解虽然肤浅、不深刻，但打下了我继续研究马克思主义思想史和马克思主义哲学的基础。在学术研究上，没有白费的劳动。这不像我在写作组写的那种强词夺理、以势压人的大批判文章，那不仅是做虚功、白费功，而且是为虎作伥。

我在讲授《手稿》时深感自己经济学知识太少，虽然我在复旦历史系读书时选修过三个学期的《资本论》，但实际上只相当于现在大学里普通的政治经济学原理的水平，根本不够用。我意识到，《手稿》实际上也是一本经济学笔记，其中关于哲学、关于共产主义的观点都取决于经济学研究的成果。但马克思主义经济学研究当时仍在起步阶段，因此《手稿》中两种思维方法并存：一种是以经济学分析为基础的包含历史唯物主义萌芽的方法；另一种是思辨的方法，以人的本性为基础，讲人的本质的异化和复归。这便构成了这本早期著作的特色。两种方法交叉使用，而且互相矛盾，所以才出现了围绕它所展开的争论。

马克思当时的思想得益于经济学的研究，可同时对经济学的研究同样得益于正在形成中的历史唯物主义思想。这一点在如何对待庸俗经济学，对待亚当·斯密、李嘉图的劳动价值论中可以看出。马克思说过，他是从国民经济学的各个前提出发的，从对国民经济学"工资、利润、地租"的分析出发的。马克思采用了斯密、李嘉图的语言和规律，因为他当时还没有自己的经济学，还未形成自己特有的范畴。所谓"劳动、资本、土地的相互分离"，实际上就是私有财产，因为私有财产的特点就是劳动、资本、土地的相互分离。

马克思与古典经济学所使用的前提相同，但得出的结论却不同。英国古典经济学派从这些前提出发，认为这些前提是合理的，马克思也从这些前提出发，但他认为这些作为前提的东西是不合理的。英国古典经济学派对私有财产当然是赞同的，认为工人依靠工资为生是合理的。马克思也运用了古典经济学派的概念、规律和前提，但马克思并没有停留在英国古典经济学派为私有财产做辩护的水平。相反，马克思从这些前提出发，利用了他们的前提，利用他们自己的话来反对他们。英国古典政治经济学从私有财产这个事实出发，但是，它没有说明私有财产是怎样产生的，而是把私有财产当作一个既成事实的前提，并且认为人类自始至终就有私有财产，把私有财产看成是合理的、天经地义的、合乎人性的永恒事实。

英国古典经济学从资本、土地、劳动的分离这个既成事实出发，它并没有给人提供一把钥匙去理解为什么人类社会中会产生出资本、土地、劳动相分离这个事实，为什么有的人劳动却没有资本，有的人有资本却可以不劳动，有的人可以占有土地地租等。并不是人类与生俱来便是如此的。马克思从对于这些问题的思考中，逐步发现剩余价值，创立了历史唯物主义。

我首先在中国人民大学哲学系开设《手稿》课，这也是我们哲学系建系以来第一次开设这门课。效果还不错。听课的是学生，也有少数教员。后来，我又被请到河北大学、北京师范大学系统讲授。讲稿的翻印本流传很广。最值得怀念的是中山大学哲学系叶汝贤请我到广州，为他举办的全国马克思主义哲学史讲习班讲授《手稿》。听课的都是全国高校讲授马克思主义哲学史的同行，当时这门课正处于起步阶段。

这是我第一次去广州，也是我第一次见到汝贤。他比我小六岁。我住在中山大学，住房是一座小楼，据说有什么名人住过，是中西合璧的建筑。不过我住的时候，这里似乎已不复昔日风貌。上楼时楼梯"咯咯"作响，房间也很一般。至于吃饭，我与学生一道在食堂排队凭饭票买饭，毫无特殊。汝贤尽其所能地接待我，他陪我逛过一次佛山。天公不作美，那天大雨倾盆，我们被淋成落汤鸡。他自己掏钱请我在一家小店里吃了一碗面条。这都是我终生难忘的。可惜，前几年，汝贤突然因脑血管瘤破裂医治无效逝世，当时只有七十多岁。汝贤的去世，是中大哲学系的损失，也是我们中国马克思主义哲学界的损失。对于我，则是失去了一个同道、挚友。

士不可以不弘毅，任重而道远。这个标准要求太高，我没有这个水平。但我多少读过点书，懂得一个简单的道理：被不幸击倒，有人怜悯；自作可怜相，躺倒不起来，只会被世人嘲笑。我不能成为被嘲笑者。党的实事求是政策，给我以机会，我重新返回讲台并获得掌声，这给我以力量。虽然不再有长安大戏院、五一公园、中山音乐厅那样人头攒动的热烈场景，可这次不同。那种场景是一种政治力量，是自上而下号召学习的推动，而这次听课的人虽然不太多，却是不远千里来自四面八方自愿听课的，掌声也不是礼节。我获得再度站起、奋然前行的推动力。而且对我自己来说，通过《手稿》的研究和讲授，我形成了一个牢固的看法——马克思主义是一个整体，三个组成部分不可分。我们不可能成为全面的行家，但至少不能割裂。一个根本不懂经济学，也不关心社会主义命运，除了自己的那些抽象哲学概念以外，对其他一概不感兴趣的马克思主义哲学研究者是徒有其名的。对经济学、科学社会主义研究者来说，轻视马克思主义哲学，只守住自己那一小块园地，也不会有太大的后劲。研究本专业的同时，对另外两门也应略知一二。完全跛脚，走不远。这是我终生的信条，也是我反复向我的研究生强调的。可惜他们不少人连本学科都自顾不暇，何谈其他。这大大降低了我们马克思主义研究生的专业质量。

我从讲课中重新获得勇气，我深知不能自己躺倒。站起来，我可以成为受人尊重的大学教员；躺倒不干，就是一文不值的废物。我不能躺倒，必须日夜兼程，把失去的时间夺回来：

> 风光岂独艳色好，霜染枫林亦醉人。
> 休怨上天增白发，脱尽牙齿舌犹存。
> 往事不宜频回首，荒园勤锄尚可春。
> 况复柳媚山川绿，十年贻误日兼程。

我毫不羞愧地说，不管成绩如何，从这以后，我确实是日夜兼程，无休无止地读与写。大量著作和文章都是 20 世纪 80 年代以后写的。

我说的专著是指个人著作，即 1987 年第一次出版的《走向历史的深处》。在此之前，我参加过我所几本书的集体编写，一本是上海人民出版社出版的《马克思恩格斯思想史》。这是一本很有特色的书，据我所知在中国第一次把马克思主义作为一个整体，叙述马克思和恩格斯思想发展的历史。该书出版于 1982 年 11 月，全书四十三万多字。我执笔前三章，并对全书进行审读和润色。此外，还有我与靳辉明合著的《马克思早期思想研究》，是由北京出版社在 20 世纪 80 年代初出版的。这本书影响比较大，因为这是第一本全面阐述马克思早期思想的著作，其中特别对人道主义、异化等重要问题都有自己的看法。另外还有一本书，即全所大部分人参与合作的《马克思主义基本原理教程》，这也是全国首次把马克思主义三个组成部分作为统一整体来叙述的著作。现在很流行关于马克思主义整体性的问题，几十年前，我们马克思主义发展史研究所的同人就已按照这个思路著书立说了。

当然，其中还留下一个难题没有解决，即如何将三个部分真正统一而不是分成三个部分论述的问题。但无论如何，《马克思主义基本原理教程》是国内第一部马克思主义基本原理著作。由我主编，辛仲勤、靳辉明、奚广庆、郭继严任副主编。他们都是我们所的顶尖人才。辛仲勤已经逝世多年，当时可能只五十岁出头，英年早逝。辛仲勤的父亲当过西北农学院院长，是著名的农学家，可辛仲勤朴实无华，就是一位普普通通的教员，一点也看不出是名人之后。其他几位现在也已是耄耋之年。广庆当过司长，也早已退休。多年前我就听说郭继严生病了，现在已久无音信。辉明按辈分属我的学生，实际上我们是朋友，是同事，也是合作者。马克思主义发展史研究所初创时，人才济济，正是黄金时代。复校后，原来的教员开始退休，现在仍然健在的已寥若晨星。马克思主义发展史研究所早已合并到马克思主义学院，比原来的范围小多了。我有时很怀念初创时代，怀念旧日的同事。

1989 年，我和我的两位学生合作，出版了《马克思恩格斯哲学思想研究总览》一书。1990 年 8 月，《被肢解的马克思》出版。这本书我酝酿了很长一段时间，这是一本理论著作，也是一本历史著作，它对当代西方各种企图肢解马克思主义的学说进行了批判性的考察。我的几个学生协助我共同完成了这个工作。

真正属于我个人的第一本专著，就是1987年出版的这本《走向历史的深处》。这是我夜以继日的成果。这本书以人类对历史规律的探索历程为前导，着力研究马克思历史观的形成，论述马克思如何突破以往历史观的局限而走向历史的深处，即发现历史自身规律的过程，深刻揭示了马克思的历史观在人类历史观变革方面具有的划时代意义。其中特别对《手稿》的重要范畴和思想理论价值、内在矛盾和通向唯物主义历史观的必然性进行了有价值的探索。这本书在马克思主义哲学和马克思主义哲学史领域产生较大影响，被一些高校的马克思主义哲学、马克思主义哲学史学科指定为教学参考书，并有多篇书评对其予以高度评价。

《走向历史的深处》是一本具有历史特点的著作，必须尊重历史；它又是极具现实性的著作，必须立足现实。面对当代国内外，尤其是西方学者对历史唯物主义的曲解或挑战，它既要较真实地再现马克思创立唯物史观的历程，又要对近年来涉及马克思唯物史观的讨论所提出的一些重大理论问题做出自己的回答。作为对马克思主义探源的一本专著，我力求全面理清唯物史观的基本原理、基本观点、基本范畴的来龙去脉，力求对马克思有关历史观的著作，尤其是其中一些重要著作，做中肯而简明的评介。这本书通过对马克思历史观的精雕细镂，为读者提供了关于马克思创立唯物史观历程的一幅完整的图像。其中不仅清晰地提出了马克思创立唯物史观的过程，唯物史观的基本原理、基本观点和范畴的萌生和形成过程，而且，还为弄清涉及唯物史观的一些争论提供了比较明朗的背景。这本书 1994 年获北京市哲学社会科学奖特等奖，1995 年获国家教委（现教育部）优秀科研成果一等奖。此前，于 1988 年曾获中国人民大学优秀著作奖。书出版后，曾有多家刊物发表书评，如《唯物主义之光——读〈走向历史的深处〉》《着力揭示科学历史观的形成和发展的内在逻辑——评〈走向历史的深处〉》等，均对其予以高度肯定。有些学校将此书定为研究生必读书。此书是三十多年前出版的，成书则更早，现在有些学生或同行见到我仍然提到这本书，这对我是个极大的鞭策。

《走向历史的深处》是回校坐冷板凳坐出来的，以后又经过几年努力深化和加工，前后有六年之久。当时我还不会用电脑，无论寒暑，都只能一笔一画在稿纸上写。天道酬勤，此话不假。如果我回校后因"梁效"挫折而消极，结果就会完全是另一个样子。我感谢太史公的《报任安书》，感谢他为一个读书人遭受挫折后应该如何对待自己做出了不朽的榜样。庄子只能作为如何安时处顺、如何对待名利和生命的一种选择，而不能成为失意者安藏灵魂的洞穴。我从庄子影响的消极围城中走出来，迎着崎岖的无人路径艰难前行，甚至是爬行。我终于爬出了洞穴，看到了太阳，看到了光明，看到了希望。

五　关于人道主义、异化的讨论

这是我重返讲坛，再度执笔碰到的第一次大讨论。起因是 1983 年周扬在纪念马克思逝世 100 周年大会上做的关于人道主义与异化的报告。那次报告在中央党校大礼堂举行，座无虚席，我也是其中的一名听众。由广播员代念文稿，结束后掌声雷动，在会场上没有什么私下的议论。散会后的第二天，听到传说有不同意见，后继续开会。我不是应邀发言的人，具体情况我不知道。1984年胡乔木的《关于人道主义和异化问题》出版以后，理论探讨似有转向批判的趋向。但观点分歧并未弥合，对立由公开变为私下。

我也写过关于人道主义的文章，在这场争论中算是一个小小的参与者。1984年《哲学研究》发表过我的《评资产阶级人道主义的出发点》，这是一篇纯学术性文章，从理论上说明了为什么资产阶级革命时期提倡人是出发点的观点。此文被《哲学研究》评为优秀论文一等奖。后来，我又发表过《论人道主义的历史演变》《论现代西方哲学的人本主义趋向》等文章。我写这方面的文章不是为"参战"，而是因为我对这个问题多少有点看法。从北大学习班结束后，我用近三年时间钻研《手稿》，对讨论中的问题和分歧并非一无所知。现在回想起来，这原本应该是个学术问题，学术问题转变为学术批判，阻碍了理论问题的深入探讨。至今，什么是人道主义，什么是异化，人道主义和异化是什么关系，社会主义有没有异化、可不可能异化，这些至关重要的问题，还是没有讨论清楚，留下很多理论困惑。学术批判代替学术讨论有其负面作用，甚为可惜。学术问题应该通过学术讨论来解决，即使有争论，也应该充分展开，各抒己见。这有利于学术的发展，而将学术问题政治化，反而不利于分清是非，会使学术分歧成为永远解不开的理论死结。

1983年那场关于人道主义的讨论事出有因。"文化大革命"

中，确实发生了不少违背人道主义原则的事。人们需要总结经验，防止历史悲剧的重演，人道主义和异化成为理论关注的重要问题，这完全可以理解。周扬从"文化大革命"中大量存在的反人道主义行为出发，总结历史教训，强调人道主义的重要性，自有其积极方面。问题是当时苏联出现的抽象人道主义泛滥现象，20世纪70年代末和80年代初，中国理论界有些人以抽象人性论为出发点对社会主义制度发起了责难和控诉，人道主义这个理论问题在特殊背景下成为一个敏感的政治话题，以致正常的学术讨论难以展开。

从总结"文化大革命"反人道主义行为的教训角度说，对广大群众尤其是青少年宣传社会主义人道主义，反对对人的非人道主义行为是完全应该的。尤其是经历过"文化大革命"的浩劫，这种宣传尤其必要。但如果仅停留在对人道主义本身的分析上，不可能解决问题。这不仅是因为世界上形形色色的人道主义名目繁多，包括资产阶级人道主义、小资产阶级人道主义、宗教人道主义、基督教的救世主义等，而且以人道主义为思想武器，只能进行谴责、控诉，或者是收获眼泪、同情，而不能说明反人道主义行为产生的原因，也无法采取有效防止此类行为再度重演的措施。"文化大革命"中大量非法的、残暴的、令人发指的行为，其原因并不在于人性恶，也不是人性的异化，而是有其深层的社会原因。这个深层社会原因的分析，应该诉诸历史唯物主义，而不能归为人性与反人性、人道主义与反人道主义的浅层分析。对我来说，这种看法与对周扬报告的批判无关，而是此前我在研究《手稿》时就形成的，并在1981年和1989年分别发表在《哲学研究》和《中国社会科学》的文章中表达过的。

在 1984 年发表于《哲学研究》的《评资产阶级人道主义的出发点》是讨论"人是马克思主义的出发点"的。我不同意这个命题，我认为由于它的抽象性，这个命题容易成为一切哲学和社会科学理论错误的哲学前提。不错，在《德意志意识形态》中，马克思、恩格斯强调他们考察历史的方法不是没有前提的。"它的前提是人。"似乎是为了避免误解，他们立即加上但书："但不是处在某种虚幻的离群索居和固定不变状态中的人，而是处在现实的、可以通过经验观察到的、在一定条件下进行的发展过程中的人。"①他们批评说，"费尔巴哈设定的是'人'，而不是'现实的历史的人'"②。马克思反复强调，"人不是抽象的蛰居于世界之外的存在物。人就是人的世界，就是国家，社会"③。根据贯穿《马克思恩格斯全集》中关于人的全部论述，我们可以看到"人是马克思主义的出发点"的命题，很容易掉入抽象人道主义的陷阱。

我这篇文章的缺点是对人道主义作为一种理想和价值追求，在人类文化史中起着十分重要的作用这一点没有给予论述。在世界文学史上，不少作家的作品由于包含人道主义的思想，包含对社会不合理现实的控诉、对人类苦难的同情和人与人之间以诚相待的合理关系的憧憬而被广为传颂。例如，俄国伟大作家列夫·托尔斯泰的《安娜·卡列尼娜》《复活》《战争与和平》等作品，永远是世界人民的宝贵遗产。人们不会忘记《复活》中的聂赫留道夫的忏悔和对妓女卡秋莎·玛斯洛娃的人道关怀。可是托尔斯泰的伟大人道主义理

---

① 《马克思恩格斯文集》第 1 卷，525 页，北京，人民出版社，2009。

② 同上书，528 页。

③ 同上书，3 页。

想与悲天悯人的宗教情怀，无法改变沙皇时代俄罗斯农奴制的丑恶现实。这位伟大的人道主义者最终梦想破灭，自己也高龄出走，死在小小的火车站上，留给世人永远的缅怀。

马克思和恩格斯并没否定人道主义的历史进步性，更没有否定伟大文学家、艺术家们的人道主义情怀。但他们从当时资本主义制度下资产阶级与无产阶级对立的角度出发，批判以费尔巴哈人本主义为哲学依据的德国"真正社会主义"和克利盖以"爱"为解放手段的社会主义学说。以爱和抽象人性为核心的人道主义，不可能像曾经为历史上的资产阶级革命服务那样，原封不动地为无产阶级革命服务。无产阶级需要马克思主义，需要以阶级斗争理论为指导的革命学说。资产阶级与无产阶级两大阶级利益的对立，决定了无产阶级不可能以"我们都是人"的人道主义作为解放斗争的旗帜。

异化问题，是周扬报告中的另一重大理论问题，也是争论的重点，对于当时的中国理论界来说，异化是比人道主义更为陌生、更难理解的问题。

从历史上看，人道主义和异化原是两个问题。人道主义问题早于异化问题。古希腊和中国古代思想家都曾以各种方式表达过有关人道主义的某些思想，这在西方被称为人文主义和人本主义，在中国被称为民本主义。当时并没有出现异化概念。人道主义和异化成为相关的问题始于卢卡奇提出物化问题，特别是马克思《手稿》的出版，其中关于人的本质的异化和复归，使人道主义和异化联系起来，人道主义的实现与消灭异化成为一个问题的两个方面。在西方理论界，尤其是西方马克思主义中，人道主义和异化是一个争论已久的老问题。1983年它开始也成为中国哲学界包括理论界争论的问题。

关于异化问题，我在 1983 年那场争论之前曾写过文章，这就是发表在《中国社会科学》1982 年第 2 期的《马克思异化理论的两次转折》，这篇文章与争论无关，因为它早于周扬的报告，但它决定了我对异化问题争论的立场。另外，1984 年我在《中国社会科学》发表《评西方马克思主义的新发现》，专门评论西方关于异化的观点，还在当时的《红旗》杂志发表过关于社会主义异化的文章。

我对异化问题所持的观点，是强调马克思关于异化的理论是动态的，而不是静态的；是复合的，而不是单一的。《手稿》中关于异化劳动的理论，是对异化问题最完备的论述，但它既不是起点也不是终点，至少从《黑格尔法哲学批判》起有一个演变过程，其中经历了两次重大转折。第一次重大转折是从异化到异化劳动。我充分肯定异化劳动的理论价值，强调《手稿》中的异化劳动研究的不是一般商品生产，而是资本主义的商品生产；剖析的不是两个私有者的交换关系，而是无产者和资产者在生产中的关系，《手稿》中的异化劳动不是一般的商品生产劳动，而是雇佣劳动。马克思在论述了工资、利润、地租之后，集中地阐述了异化劳动，深刻揭示了其中包含的阶级对抗。马克思在《手稿》中对异化劳动的种种分析，如工人同自己产品的关系、同自己劳动的关系、同其他不生产的人的关系等，实质上是对资本主义生产方式的解剖。异化劳动在马克思早期思想中有着重要的地位和作用。如果说《手稿》是创立包括哲学、政治经济学和科学社会主义在内的完整的马克思主义体系的开端，那么异化劳动的理论则是当时把这三者统一起来的集结点。

我虽然重视异化劳动理论，把它视为通向历史唯物主义的必经之路，但也论述了异化劳动理论的缺点，因而产生了第二次转折，这就是从"个体和类的矛盾"到发现"生产力和生产关系的冲突"的转折。这个转折比前一个转折更为深刻。从异化到异化劳动，是马克思朝这个方向迈出的决定性的一步，但并没有完全摆脱费尔巴哈从人自身、从人的个体和类的矛盾来论述异化的影响。

从我当时对费尔巴哈哲学的肤浅认识来说，我认为个体和类的矛盾是费尔巴哈人本主义异化观的核心。他正是用人的类本质同人相异化这一点来批判宗教，反对思辨哲学，并把解决类本质同人相异化的矛盾看作消除社会弊病的途径。马克思在欢呼费尔巴哈思想的解放作用时，接受了费尔巴哈的影响，马克思的异化理论就是从这里起步的。马克思在《德法年鉴》上的两篇著名论文中关于政治解放和人类解放的论述，其中一个主导思想就是沿着解决个体和类的矛盾这一思路展开的。马克思认为，政治解放，即资产阶级革命并不是彻底的解放，因为它并没有解决个体和类的矛盾，相反却加深了这个矛盾。在资产阶级革命中获得胜利的国家，一方面把人变成公民，即人在政治领域中成为有主权的人；另一方面把人变成市民社会的成员，变成利己主义的、独立的个人。这种人是无教化的、非社会的人，是失掉了自身的、自我排斥的人，是被非人的关系和势力控制了的人，一句话，还不是真正的类存在物。

马克思把资产阶级的人权分为两部分：一部分是政治权利，即公民权，这是参加国家共同体的权利，是同别人一起才能行使的权利；另一部分是同公民权不同的所谓人权，即作为市民社会成员的权利，如财产权，这是脱离了人的本质和共同体的利己主义的人的权利。这两种权利的区分正是个体和类的矛盾的反映，只有人类解放才能解决这个矛盾。人类解放不仅在政治生活中使人成为类存在物，而且在经济生活中也使人成为类存在物。正如马克思所概括的，只有当现实的个人同时也是抽象的公民，并且作为个人，在自己的经验生活、自己的个人劳动、自己的个人关系中间，成为类存在物的时候，人类解放才能完成。正是在寻求解决个体和类的矛盾时，马克思的思想发生了远远超出费尔巴哈的重大变化。他不仅突破了费尔巴哈的民主主义局限，提出了人类解放问题，而且发现，要使人类解放，必须解决市民社会的问题，使人从私有财产和金钱下解放出来。马克思的《手稿》就是沿着这个方向前进的。

《手稿》的突出成就，就是不再从人自身、从个体和类的矛盾中探求异化，而开始把着眼点转移到经济分析、转移到对资本主义生产方式剖析的基础上。马克思把私有制看成是共产主义的理论和经验的基础，把各阶级利益的敌对看成是阶级社会结构的基础，把劳动和资本对立的激化看成是私有制必然灭亡的内在根据。无论是对异化劳动的根源、表现的分析，还是对异化的扬弃的预言，都是以经济分析为依据的。年轻的马克思虽然思维敏捷、才智过人，但他并不是先知，而是殚精竭虑的探索者，他要不断消化和清洗从历史传统中吸取的东西。事实上在《手稿》中，仍然残留着费尔巴哈关于个体和类的矛盾这一观点的痕迹。

我当时对异化作为一种哲学范畴，对它的方法论和认识论价值的重要性缺乏认识，尤其是对社会主义制度下是否可以使用异化范畴持否定态度，对西方学者关于异化问题的研究更多的是持批判态度，较少发现其中的合理因素。1984 年我在《中国社会科学》发表的《西方马克思主义的新发现》，就主要是批判，对其中是否有值得思考的问题一字未提，这反映了我当时仍处于批判异化问题的气氛中。

按我当时的认识来说，我通过对马克思思想的初步研究，发现自从以雇佣劳动取代异化劳动，剩余价值转化为资本成为再压迫工人的力量以后，马克思已经产生了产品异化的思想。马克思在著作中的确不太使用异化这个词，因为当时德国有些学者因为马克思与黑格尔、费尔巴哈使用相同的概念，而把他的思想视为旧思想的翻版。马克思不太用这个词，不表示异化作为一个哲学范畴不再具有价值。这个哲学表述应该被视为一个概念而不是一个用语，它表达的是一种哲学观点，主体自身的活动会创造出一种与自身相对立的力量，反转来压迫主体自身。

异化问题本来可以是个学术问题，为什么在当时会如此敏感呢？因为它与人们最关切的"社会主义异化论"相关。似乎承认社会主义中有异化现象，就是主张社会主义会异化，就是反对社会主义。我自己当时也持这种看法。1983 年我发表在《红旗》上的《为什么说社会主义异化论是错误的？》反映的就是这种思想。按照当时的实际情况，主张社会主义异化论者认为社会主义社会消灭异化，但仍存在异化现象，除自然的异化外，在思想上、政治上、经济上都有异化现象。社会主义社会中存在着不符合社会主义本质的社会性现象，这是不能否认的，但这些现象是否可称为异化，可以见仁见智，各持一说。但当时把以异化来概括这种现象称为"社会主义异化论"，并对其持批判立场，这与其说源于异化概念不如说是源于政治考虑，认为凡主张社会主义存在异化现象的论者都是主张社会主义必然发生异化。三十年以后再来看这个问题，特别在当代生态恶化、苏联早已解体的情况下再来回顾这个问题，的确有许多有关社会主义社会中异化现象的理论问题仍有待研究。可在当时的政治情况下，不可能进行这种研究。

苏联社会主义模式的失败可以视为社会主义制度的蜕化或异化，因为它向相反的社会转化。原因并不是苏联人民建设社会主义的创造性活动，也就是说并不是由于对象化，而是源于与社会主义本质相对立的因素不断膨胀，并最终压倒了社会主义因素。异化不是社会主义社会的历史宿命，否则，任何社会主义建设都将会是毫无指望的乌托邦。但异化确实是社会主义社会中存在的危险，只要社会主义社会中与社会主义本质相异的因素无限发展，就可能导致社会制度的异化。从这个角度来分析异化问题，提出社会主义社会存在异化现象和异化危险，我认为具有警示作用。但在当时，异化问题根本没有展开讨论的条件，因此社会主义存在异化、社会主义社会中的异化现象究竟是主体活动的必然结果还是在特定条件下对象化的产物、社会主义对象化是否必然导致社会主义异化、社会主义应该如何对待社会中存在的异化现象，这些问题都没有触及，更不用说深入讨论。1983年那场关于异化问题的争论，更是草草收场。事情已经过去三十多年，周扬和胡乔木两位主要当事人都已离开人世。许多重大理论问题仍是悬案，可在理论领域中，重大理论问题是无法绕过的。只要没有清晰明确的理论答案，这个问题就总会以不同的方式不断出现。

六 应邀到北戴河度假

北戴河度假，我以前也去过。人民大学在那边有个休养所，那是吴玉章老校长的专用疗养所。吴老将其交给学校，变成全校教师暑期度假的地方，工会每年都会组织学校教工轮流去度假。可 2001 年这次不同，这是中央组织部人才办专门组织的全国国防科技和社会科学专家代表的休假，是一项极大的荣誉。我有幸得到这次机会。这是我从北大回到人大以后，放下包袱，日夜兼程，埋头工作的一次奖励，也是政治上不计前嫌的认可。我自然感到高兴。这次度假可以带家属，我和老伴一道住在国务院一个招待所里，我叫不出名称，反正居住条件不错，没有那种喧哗的感觉，很清静。

就是在这次北戴河度假时，江泽民总书记在与全体应邀参加休养的专家座谈会上，发表了著名的"八七"讲话，提出了哲学社会科学与自然科学技术"四个同样重要"的论断，为推动全国哲学社会科学的发展和创新注入了新的力量。这是一次有关社会主义国家如何对待哲学社会科学的具有全局性、战略性和前瞻性的讲话。我作为一个一生从事哲学教学和研究的教员，从讲话中获得了一生忠诚于马克思主义信仰和与时俱进的力量。除了座谈会外，在休养期间，每晚都有演出，白天会组织一些参观活动。这是我一生难忘的一周。

北戴河度假后，我对哲学社会科学的作用和我们的任务做过一点思考。我连续发表过几篇关于哲学社会科学与自然科学"四个同样重要"的文章，包括刊载于《中国人民大学学报》2003 年第 3 期的《论哲学社会科学的地位和作用》、《广东社会科学》2003 年第 6 期的《论哲学社会科学重要性的社会制约性和理论依据》，以及发表于《中国社会科学》2004 年第 4 期的《哲学社会科学的作用和学者的责任》等论文，为重视哲学社会科学鼓与呼。

我们当然知道，哲学社会科学与自然科学发展不平衡，是人类历史中存在的普遍现象，只是情况依国情和传统不同而不同。在西方资产阶级革命前，资本主义的产生和发展也要借助哲学社会科学的力量。恩格斯称赞文艺复兴时期的那些思想家是给现代资产阶级统治打下基础的人物。此外，法国的"百科全书派"、伏尔泰、孟德斯鸠、卢梭，英国古典经济学家亚当·斯密和李嘉图等，都是为资本主义诞生，为资本主义经济制度、政治制度的确立和完善在思想理论方面发挥过重大作用的功勋性人物。可是当资本主义制度确立以后，资本主义工业化的需要把对自然科学和技术的发展要求提到了首要地位，以便最有效、最迅速地增强资产阶级的国力并增加有产者的财富。

在资产阶级取得政权以后，哲学社会科学的地位发生了变化，整个社会的发展重心逐步向自然科学和技术倾斜。这是任何力量都无法阻止的趋势，因为它最深刻的根源在于资本主义生产方式本身。如果说，在 18、19 世纪这种倾斜还只是开始，到了 20 世纪，特别是它的下半叶，当科学技术成为第一生产力，成为资产阶级和它的大垄断集团与跨国企业获得高额利润、在国际竞争中击败对手的决定性力量时，这种倾斜就不断增强。毫无疑问，西方发达资本主义国家需要各种各样的智库，而智库的主要成员是哲学社会科学方面的顶级专家。但就社会全体而言，哲学社会科学与自然科学技术相比，仍然不如后者那样受到重视。

按中国传统来说，自然科学技术在封建社会中并不被重视。中国重视文人而轻视"匠人"。虽然古代中国的科学和技术都有伟大的发明家和新的创造，但农业生产方式决定了其发展有着无法越过的障碍。没有大生产需要的推动，没有资本和市场，自然科学和技术革新发展的动力是不足的。相反，读书做官、科举功名成为士人的毕生追求，学而优则仕的传统不利于自然科学和技术的发展。中国唐宋八大名家，多半是集官员、文人为一身的人，可集科技专家与官员为一身的人，在中国历史上很少见。

中国共产党领导的革命的胜利，当然是依靠马克思主义，依靠哲学社会科学取得的。但在革命取得胜利后，为了建设新中国，我们当然要注意培养自然科学和各种技术人才。否则，就不会有"两弹一星"的突破，不会有我们社会主义工业的现代化，不会有当代中国经济迅速发展为世界第二大经济实体的成就。可是对于社会主义国家来说，哲学社会科学关系到国家的命运和前途。科学技术包括军事力量，对保卫社会主义国家而言非常重要。但是再强大的科学技术也不能保证社会主义不变颜色。卫星可以上天，红旗并不会因此就不落地。不能用军事力量、科学技术力量迫使人从内心深处确立对社会主义基本制度的认同。对社会主义基本制度的价值认同，尤其是对社会主义核心价值的认同，既要靠社会主义制度自身优越性的充分发挥，也要靠思想、理论、信仰的教育。没有价值认同的社会制度，是不可能稳固的。社会主义在苏联的失败，不是因为没有原子弹、没有航母、没有航天飞机。从赫鲁晓夫打开全盘否定斯大林的潘多拉魔盒起，苏联在意识形态和理论阵地上就被撕开了一个缺口。

这个缺口没有及时堵住而是不断扩大，波及全部哲学社会科学领域。历史学领域弥漫的是否定苏联革命和社会主义成就的虚无主义；文学领域流行的是攻击社会主义、鼓吹抽象人性和抽象人道主义的作品；新闻媒介则是热衷于制造各种各样丑化社会主义和苏联共产党的小道消息和谣言：只要指导思想一倒，哲学社会科学各个领域中的错误思潮就会随之而起。如果社会主义国家的哲学社会科学出现这样的状况，社会主义怎么能不垮台？

苏联社会主义模式的失败，在一定意义上可以说是以哲学社会科学为代表的社会主义意识形态的失败。苏联一位持不同政见的哲学家季诺维也夫在他的著作《俄罗斯共产主义的悲剧》中，把苏联的解体视为"意识形态的大溃败"。他说，在西方生活方式的迷惑下，西方的价值体系得到了巩固，以前所未有的力量向人类发起攻击，苏联也被纳入其影响范围。他们从一个极端走向另一个极端，成为来自西方的意识形态、心理攻击最软弱的目标。他还说，苏联的官方意识形态完全不能坚持自己社会制度的正面成就、批评西方的缺陷，对于来自西方的、集中的意识形态攻击缺乏准备；国家在意识形态方面惊慌失措，出现了意识形态逃兵、叛徒和反复无常者。意识形态的领导者们开始投奔敌人一方，开始了一场涉及一切苏联历史、苏联社会制度和整个共产主义的聚会。苏联解体前夕，哲学社会科学领域的混乱状态达到了极其严重的地步。这种思想理论混乱的结果是众所周知的。

自江泽民在北戴河提出"四个同样重要"的"八七"讲话后，就我所知，中央有关部门对哲学社会科学的发展和创新非常重视。我参加全国社会科学基金的评审工作多年，眼见国家投入的资金持续增加。各种资助，以及各种有利于哲学社会科学发展的投入不断增加，确实有利于我国哲学社会科学的繁荣与发展。

除了国家的投入外，我以为最重要的是，在这个领域中工作的人对自己使命和任务的认识。我们往往容易把自己从事的专业，仅仅看成是属于个人的。这是我的专业，这是我的著作，这是我的文章，总而言之，我所做出的一切成绩都属于我个人，都只与我有关。确实，这一切都是个人在做，这是脑力劳动个体化的一种方式。可从更高的层面来看，我们所做的一切都只是社会分工的一个领域。我们的著作和文章是整个社会精神生产的一部分，是写给别人看的，是在用这种方式影响社会。哲学社会科学的任何一个专业，既是个人的专业，又是社会的分工。

德国哲学家费希特在其《论学者的使命》中，论述了一个学者对人类承担的任务。他提出了几个尖锐的问题：学者的使命是什么？学者同整个人类及其他各个阶层的关系怎样？他们用什么手段才能稳妥地完成自己崇高的使命？他明确回答：每个学者都必须真正运用自己的文化来造福社会。谁也没有权利单纯为自己过得舒适而工作，没有权利与自己的同胞隔绝，没有权利使自己的文化于他们无益；因为学者正是靠社会的工作才使自己获得文化，从一定意义上说，文化就是社会产物、社会所有物；如果学者不愿由此给社会带来利益，那么他就是从社会中攫取了社会所有物。这是何等的胸怀！

我想到我自己的一生。我从事哲学工作至今快六十年，最缺少的是什么？是理论自觉。"文化大革命"前我没有这种认识，基本上就是教书，从来没有考虑过作为一个哲学工作者的社会使命问题。写作组审查结束后，我从消极方面看待自己的工作领域，认为这是一个危险的领域，稍有不慎就有可能掉入陷阱，"弄文罹文网"，对写作怀有一种恐惧感，最好远离政治、远离现实。经过重上讲台，重新执笔，我慢慢恢复了自信，但对于一个马克思主义理论工作者的重要性，对自己工作的社会使命，认识仍然不足。北戴河度假聆听"八七"讲话，隔年即 2002 年又在中国人民大学再次聆听江泽民的"4·28"讲话，我对哲学社会科学的重要性，对我们自身的社会使命感的认识开始有所提高。哲学社会科学确实需要创新，需要发挥具有中国特色的智库作用。除政府加大投入、领导重视以外，特别重要的是我们这些在这个领域的人应强化对自己的工作性质和使命的认识。"四个同样重要"，是对政府说的，对有关领导部门说的，也是对我们这些在这个领域中工作的人说的。如果我们自己没有对哲学社会科学重要性的自觉、自信的认识，是产生不出第一流学者、第一流著作的。

在度假期间，我傍晚就在海边散步。望着山边渐渐沉下去的太阳，迎着轻轻拂面的海风，想着自己从学习班结束后这二十年的变化，生出无限感慨。北戴河也发生了很大变化。20 世纪 50 年代末，我曾去过一次。那时，游人很少，只有少数度假疗养的人，人民大学的休养所只有一处面海的小房子，附近基本上没有商业设施，没有小贩，也没有游人。这次去大不一样。北戴河变成一个旅游城市，排档到处都是，游人如织，热闹非凡；海水污染很严重，刚捞上的螃蟹也很难买到。发展旅游与保护环境存在很大的矛盾。对比前后两次在北戴河看到的自然风景，我有点失落：

> 二十年后又重游，涛声依旧不胜忧。
> 螃蟹难觅似绝迹，鱼虾悭缘也难求。
> 小楼毗邻城市景，排档摊贩满街头。
> 迷人风光但剩海，浪花如泪水诉愁。

从 2001 年至今，又过了二十年。我想北戴河的环境治理一定会变得更好，不会再"迷人风光但剩海，浪花如泪水诉愁"。因为年事已高，我再也没有去过北戴河。真希望再去看看。

第四章　晚年生活与理论晚节

如果六十岁是老年的起点，我早已进入老年；如果从六十五岁开始算老年，我也早已进入老年。我现在是超老年，按中国古代传统属耄耋之年。老不一定就朽，老也不一定就衰，从北大回来时我说过，十年贻误日兼程。老年是我一生中最有意义的一段。我的绝大部分著作、文章都是这个时期自己在键盘上敲出来的，尤其是晚年的六本随笔，是我的最爱。

一　我和老伴

"执子之手，与子偕老"，极富诗意和深情。这是中国传统夫妇关系最和谐美满的写照。我高兴的是我与老伴已过金婚，正在走向钻石婚。我写过几首金婚纪念诗赠老伴：

一

一世夫妻百世缘，头白依依两相怜。

闲聊对坐话旧事，语淡情深每忘年。

二

已过金婚盼钻期，而今期颐不为奇。
虽少耳语缠绵话，两情恰似水入泥。

三

醇香不溢酒易藏，真情岂在话语间。
看似平淡五十载，风雨相依苦共尝。

四

屈指未伸五十年，人间可有再生缘？
休对菱镜悲白发，蔗近蔸根味尤甜。

"似水入泥"，这是我近六十年婚姻的体会。此处的水与泥，并非《红楼梦》中宝二爷说的女人是水做的，清纯、高洁；男人是泥做的，混浊、肮脏。我这里说的是老年情深，似水入泥，无法分开，泥中有水，水中有泥。到年老相依时才能体会"老伴"一词的含义，相伴相存，谁也离不了谁。

提起金婚，我想起当年在南昌结婚时的情景。我参加过外甥即我三妹孩子的婚礼。那个排场，我是第一次见识。婚宴地点是北京有名的大酒店，有专门的主持、大银幕、摄像，还有扮演领袖的特型演员助兴。时代真是不同。我是1958年春节在南昌结婚的。当时正是家里经济最拮据的时期，没有婚房，没有婚礼，没有娘家人，没有婆家人，只有从区政府领的结婚证和两斤水果糖。那时的水果糖现在肯定已经绝迹，只是用粗纸包裹的一个个小小的糖粒子。没有新被子，我姐姐给的一床新棉絮，算是婚房中唯一的新东西。

所谓婚房，就是我爱人在单位住的一间小房子，也就是一间斗室。这种"新房"可能是现在年轻一代根本无法接受的。从我与我外甥各自婚礼的变化，就可以看到中国的进步。我与老伴结婚是在春节期间，南昌多雨雪，记得那晚飘雪了，南方无取暖设备，只有一个小火盆，婚房虽小，满室生春，至今未忘：

> 对镜凝视眼昏昏，依稀白发又新增。
> 犹记婚初大雪夜，炭盆红火满室春。
> 儿女不觉成父母，岁月如驰听有声。
> 浮名伤身催人老，淡定自然最宜生。

我感谢我老伴，她为我做了最大的牺牲。她在南昌肯定比调来北京有发展前途。她当时在南昌担任过一个中心小学的副校长，手下管的人不少。后来调到一个小学当校长。我们结婚就是在她当小学校长期间。婚后一年，她调来中国人民大学，安排在人民大学报卡中心，就是现在的书报资料中心。先在发行组，后在编辑组工作。由管几百人的领导变为一般工作人员，而且是在一个当时不大起眼的单位。她毫无怨言，勤勤恳恳，任劳任怨，她的同事对她都很肯定。事情都是有得有失，如果她在南昌不在北京，"文化大革命"期间可能会难逃批斗，因为大小是个"头儿"。小学生，尤其是五六年级半大不大的孩子，正是爱瞎起哄的年龄，那可能就要吃苦头。我说幸喜调来北京，做一个小干部，平平安安。

我最感惭愧的是，两个孩子出生时我都不在身边。男孩是在南昌出生的，出生后一个月随母亲调来北京。后来她告诉我，生男孩可受罪了，因为当时她是校长，很忙，临产前仍在工作，等到上医院，羊水都快流完了，再不上医院，会胎死腹中，母子都危险。折腾了两天两夜，儿子终于来到这个世界。我儿子长大后可能从来没有听他妈妈说过这些，我也是后来才知道。女儿出生时，我正在湖南搞"四清"运动。我爱人一句话都没有告诉我，或要我回来一趟。女儿出生是由我们教研室的同事刘炎大姐照顾，送医院，买坐月子的营养品，全是她帮忙。刘炎是著名史学家戴逸的夫人。我们住在城里同一栋楼的上下层，两家关系很好。刘炎大姐对我特别好。她重病时我去医院看她，她已在弥留之际，几天后去世了。我失去了一位可敬可亲的大姐。两个孩子出生时我都不在身边，现在的年轻人可能不太理解。在我们那个年代，这种事极为平常，工作始终是第一位的。

我家的主事人就是我的老伴，从年轻到年老都是如此。我全部放权。我封她为总理，她说，我是你家的炊事员、采买、保姆、出纳、"不管部"部长（我不管的事老伴都管）。我笑称她可以登在《中国妇女》杂志的封面，作为中国妇女的模范。我看在眼里，记在心里。

穷家难当。我们刚在北京安家时，工资不高，可负担不轻。我家中有母亲，有个上大学的妹妹，我父亲无力负担，坚决不同意她上大学，我支持她读书。我要给母亲和妹妹寄生活费，我爱人一点意见都没有，总是精打细算，把这个家维持下来。她过惯了苦日子，在南昌，她一人工作，赡养母亲，扶持两个弟弟，经常到月底就赊账，月初发工资再还钱。她对过苦日子很习惯，可过富日子，对她倒是个难题。吃水果先吃坏的，等好的变坏了又吃坏的，菜先吃剩菜后吃好菜，我笑她蠢，可她过惯了这种生活，思想方法改不过来。虽然自己节俭，可她对我的学生或亲戚，总是热情招待，从不怠慢：

> 相濡以沫五十秋，也有欢乐也有愁。
> 儿女成长赖母力，一日三餐卿为谋。
> 清贫持家劳心计，亲朋往来热心酬。
> 而今一切成旧事，衣食无忧双白头。

我们从来没有红过脸，更不用说大吵大闹。矛盾有没有？有，主要是抢地盘。我的书多，到处都堆着，她见缝插针，把粮食、油塞在我的书堆边。还有一条，她老要我下厨房学做饭，理由是"我不在了，你可以自己照顾自己"。说句实在的，我对做饭确实不感兴趣，何况一辈子没有下过厨房，不知如何下手。有次我老伴住院，我自己一人在家，煮面条还凑合，太复杂的就没辙。我也想下下厨，但总离不开我的书和电脑。中国古人说，会之不如好之，好之不如乐之。我对下厨房实在难做到好之、乐之。算了，一辈子就是这样过来的，临到"总清算"时刻还要改变生活方式，很难。我曾嘲笑自己：

> 此生未为衣食愁，愧对老伴早白头。
> 也想厨下帮帮手，谁料豆油当酱油。

可她坚持要我学做饭，总是说，"我死了，你怎么办？"我说，一道走。她说，蠢话，到女儿家去。年老了，她总是想到这个问题，可以理解。我想起元稹悼亡诗"昔日戏言身

113

后意，今朝都到眼前来"，总有一种凄凉之感。不想它啦，这个年纪，顺其自然而已。

工资改革前，我们手头都不宽裕。我们总觉得亏待了儿女。儿子 1978 年上大学，每月只给 20 元生活费。女儿 20 世纪 80 年代上大学，生活费涨了 5 元，变成 25 元。他们生活都很节省，与我们的孙女、外孙女相比简直是两重天。我儿子结婚，只买了一个手提的双卡收音机，就是一大件啦！女儿结婚，什么陪嫁物件都没有。我们亏待了儿女，特别疼爱孙女、外孙女。孙女，从小是我老伴一手带大的，我特别疼爱。有一点小病，就着急得不得了。孙女从小不好好吃饭，我就天天给她喝娃哈哈。因为电视天天播广告，喝了娃哈哈，吃饭就是香，但好像也没有什么效果，照样挑食。有人问我，你是怎样戒烟的？我说，为了爱，爱孙女。当时，我们住在静园，房子小，住着一家五口，我抽烟必然要让小孙女吸二手烟，就下决心把烟戒掉。抽烟的人都知道，戒烟可不容易。何况我是老烟枪，从小学开始抽烟，已经是四十年的老烟民。1958 年在沙河劳动，没有烟抽，我把茶叶卷在破报纸里过瘾。我曾经发誓戒烟，把半包烟揉烂以示决心，后来烟瘾发了，从烟缸里找烟头、半夜敲门找同事要烟，趣事或说丑事不少，这次可动真格的，因为有了孙女，第一次当爷爷，这个烟非戒不可，结果真戒成了，从 1986 年我孙女出生至今，我再也没有抽过一口烟。

孙女结婚，自立家门，我有很长一段时间不习惯，总觉得少了点什么。每次只要孙女回来，老伴绝不会让她空手走，总得塞点吃的、用的，不要也得要。孙女小时候我们嫌她吃少了，挑食；可外孙女我们又嫌她吃多了，发胖。老人真怪，对第三代特别疼爱。我嘲笑自己：

> 这个老头真正贱，爱孙更比爱儿强。
> 爱儿尚可求回报，爱孙如同水投钱。

往水里投硬币图听个响声，爱孙辈图听个笑声。

我们不算空巢，但儿女们各自筑巢，见面总不如共巢方便。孙女懂事，每晚必来个电话。就是外孙女特忙，星期六、星期天，有各种各样的学习班。我开玩笑说，你什么时候能接见？见你要预约，好像见大人物。我明知这种教育制度剥夺了她的童年之乐，可也无法改变。我多次反对，女儿说："爸，都这样！"我当然懂。要想改变这种状况，不转变社会风气不可能。要知道，这个班，那个班，有多少利益链条，有多少利益相关者在推动，而家长们彼此比着，相互盯着。各种力量的合力不可阻挡，仿佛泥石流，任何家长都无法抵挡，只能成为被泥石流冲走的小小沙石。

二 我和学生

我最亲近的人除自己的亲人外，当数学生。这是当教员的好处。在社会人际关系中，利益矛盾和冲突最少的是师生，不像上下级关系、正副关系，或其他利益攸关者，当教员的很少有人不愿意看到自己的学生有出息。

我1956年毕业后当过研究班的辅导员，也为本科1957级讲过"唯物主义与经验批判主义"。有次批评马赫关于物是感觉的复合时，课间一位学生同我辩论起来。他问我："老师，这块黑板是黑色的吗？"当然。"你怎么知道它是黑色的？"通过视觉器官。"那么，如果不通过视觉器官，它是什么颜色？在电灯下它是黑色，关掉灯它还是黑色吗？光线强它是黑色，如果光线弱，又会是什么颜色？"一连串的问题弄得我哑口无言，无法回答。我刚毕业，哲学水平本来就不高，怎么能回答这样的问题？伯克莱的"存在就是被感知"，我也说不清。到现在我也说不清，颜色是个大学问，感觉是认识的入门，也是哲学最大的难题。我现在明白，唯物主义与唯心主义的区分绝不是那么简单明了、一清二楚的。如果是这样，世界上就没有人会相信唯心主义，也没有哲学家会继续以各种方式坚持唯心主义。

1957级的学生和1956级一样，特别优秀。他们是人民大学哲学系第二届自主招生的学生。当时能考入哲学系可不容易。哲学系当年的价码很高，不像现在这样"掉价"。那届学生中不少早已成名，像陈晏清、方克立、唐凯麟、陈瑛、余品华等，都是著名学者。还有很多我不知道或者忘记了名字的学生。我想起有个学生叫霍伟光，很有才华，原来在中国人民大学马克思主义发展史研究所工作，和我是同事。中国人民大学下放后，他到他爱人的单位工作，一路高升，仕途看好，当了一个大的国营电子厂厂长，后来当了一个市的副市长、政协主席，现已退休。我总是想：究竟是步入仕途，一呼百诺好，还是指挥书本，潜心学问好。如果霍不是步入仕途而是像方克立、唐凯麟他们一样从事教学，继续留在人民大学，虽然清苦点，可能贡献会更大。这当然只是一个"如果"。

2007 年，1957 级学生曾经回到母校集会，庆祝入校五十周年。当年的青春学子均已成白头翁媪。风风雨雨，际遇各不相同。我参加他们的座谈会，听他们各自出自肺腑的发言，怀旧中有着一丝伤感，回忆中又不时发出笑声。不少人都说，五十年重逢有隔世之感。我曾赠给他们一首诗，祝贺团聚：

> 别时容易见时难，五十寒暑路漫漫。
> 儿婚女嫁孙绕膝，执手问年发斑斑。
> 征途岂能无风雨，最喜神州展新颜。
> 今日不谈伤心事，共诉离情高举觞。

"文化大革命"前学生上课是大班，很多学生我叫不上名字，也不认识。人民大学复校，我开始招博士研究生后，学生的情况就不同了，学生少，经常见面，比较熟。学生经常到我家里来，如同自己的家人一样。人民大学博士研究生名额少，每位导师至多两个。我最多时招两个，大多数年份只招一人。因此学生不算多，但感情都不错。每年教师节，或者是我生日，他们都要为我设宴祝贺。我总是回绝，不愿学生花钱。但盛情难却，不能总是拒绝，显得不通情理。我曾写过《谢诸生》，并序其事：

教师足可自慰者有学生。我与学生关系亲密，如同家人。不少学生毕业多年，每逢生日仍然致信致电寄物以示师生之情。我写有多首诗以表师生情谊：

一

莫笑无花空剩枝，菊残犹有傲霜时。

庙堂留骨何足贵，泥涂曳尾我心知。

半世文章多废纸，毕生功名只书痴。

唯有一事最得意，弟子才高压倒师。

二

寒冬易冷老易悲，岁月如水去不回。

曹操横槊咏朝露，李白放歌莫空杯。

才高未尽嫌寿短，俗子无聊心早衰。

诸君年少正当时，青春纵马满载归。

三

又是一年庆生辰，手捧鲜花轻叩门。

满室青春映白发，恰似甘雨洒枯藤。

官高位退茶变冷，红颜易老星渐沉。

莫看讲台三尺小，天涯海角多亲人。

"唯有一事最得意，弟子才高压倒师。"我说的是真心话。我的学生中，现在有些是著名学者、长江学者，或是万人大学的校长。他们的成就是我的骄傲。我相信任何一位老师，都会为学生比老师强感到自豪而不会惭愧。

我最有体会的还有："莫看讲台三尺小，天涯海角多亲人。"因为我到外地，只要有学生的地方他们都是热情接待，不会因为老师无职无权而怠慢。这与官员不同。在位时随从如云，前呼后拥，可一旦离位，手中无权，就会有天壤之别。这是"官"

与"学"的最大不同，也是不少教师能安心工作的"灵丹妙药"。

我的学生为我八十岁生日忙碌多日。杨耕等人鼎力资助，沈江平、周秀菊、李云霞、周文莲和其他研究生们精心筹备，制作视频，在宴会厅放映，使宴会厅充满欢乐气氛；不少学生不远千里，前来为我贺寿。党委原书记马绍孟来了。他在我眼中不是党委书记，算是学生，更是相交多年、共事多年的老朋友。欧阳康、林剑从武汉来，王福民从泉州来，任平从徐州来，许俊达从安徽来，杨洁公务繁忙仍从郑州赶来。即使是本市的学生，胜三、建梓、爱兰、德中、任洁、童莘也都是放下手中工作赶来祝贺，还有不少我叫不上来名字的学生。学生们纷纷发表热情洋溢的祝贺词，使我非常感动。这一刻我更体会到当教员的价值。

"老夫聊发少年狂"，我不自量力，在热闹的庆寿会上朗读了我自己写的一首白话诗，表达我对学生们的感谢。我在中学时喜欢新诗，但自从高中毕业后再也没有写过新诗。《白发颂》是激情之作，是六十多年沉睡诗魂的惊醒。它已没有多少诗味，但却是一个老年人发自心灵的呐喊：

白发颂

不要嫌弃，你头上的白发，

它是生命的年轮，岁月的步伐。

多少人羡慕的目光投向它，

因为它是一生劳累长出的洁白之花！

不要嫌弃，你头上的白发，

它是历史隧道中行进的列车。

是祖国从屈辱到崛起的见证，

装载着亲人、友人、师生的深情无价。

不要嫌弃，你头上的白发，

丝丝白发仿佛根根琴弦。

它会哭、会唱、会诉说。

它是生命的精灵，是永不停息的纺车。

在漫长的人生旅途中，

白发是记录，是书写。

它会有跋涉的疲惫和风风雨雨，

也有人生的旭光与晚霞。

从幼年到老年，从青丝到白发，

是一个完美的圆圈。

读懂白发，才能读懂人生，

读懂人生，才能读懂白发。

白发呀，白发，我怎能嫌弃你，

你是冬日迷人的雪景，是深秋悦目的金黄，

你给友谊增加长度，给家庭增加温暖，

向你致敬，我的白发！

2010 年 10 月 14 日，哲学院又在中国人民大学世纪馆北厅举办了"走向历史的深处——暨陈先达教授从教五十五周年学术研讨会"。这是又一次的八十贱寿的祝贺会，不过方式不同，规格也不同。学生们为我祝贺是家宴，是为长者祝寿。这次不同，有点官方色彩，也可以说是有点学术色彩。我的学生，中国人民大学校长助理、哲学院院长郝立新教授主持会议。教育部部长袁贵仁发来贺电，中国人民大学副校长杨慧林、国家行政学院原副院长周文彰也都赏脸光临。国内一些高校、科研机构和新闻媒体的百余位专家学者及部分学生出席。袁贵仁部长在贺信中，对我这个老头子给予极大的鼓励。从全国高校来的著名学者，有年轻的，也有年老的，我的不太年轻的老友张奎良就从哈尔滨远道而来，孙正聿从长春来。陈建中、李景源、贺耀敏、孙麾、鉴传今、李亚彬等也都来捧场。他们的发言都给足了面子。按照中国的传统，祝贺生日的会是喜庆的会、友情的会。会场喜气洋洋，发言多溢美之词。我当然不会如饮醇醲，醉醺醺地以为自己真有什么了不起。但我仍然感谢他们对我这个八十岁老头子的鼓劲、加油、打气。否则，开了八十年的旧车会产生驾驶疲劳，或因零件高度磨损而抛锚。

我以诗作答，感谢领导和朋友的厚爱：

> 人生百味未尽尝，八十年华一瞬间。
> 老去岂敢忘忧国，头白仍以笔作枪。
> 爱读诗书不泥古，喜逐新潮耻媚尚。
> 不叹天晚嗟日暮，落晖尚可有余光。

在人生旅途中我已走过了八十年。夕阳西照，落日余晖，我还在缓步前行，这也算人生一大快事。

三　我的养生之道

总有人问我，你有什么养生之道？八十多岁，能敲电脑，能上网发邮件，还能开个会，不时从报上见到你写的东西，有何妙法？我说，我也不知道"上帝"何以眷顾我。活到这个年龄，似乎还有点"余勇可贾"，经常忘记了自己的年龄，要不是老伴的絮絮叨叨，不断亮黄牌，我真不知道自己是老几。

我也试图总结点什么，但弄不出来，因为我实在没有什么养生之"道"。我记起《庄子·大宗师》中的一个故事，南伯子葵问一个叫女禹的人，你年龄老大，可"色若孺子，何也？"曰："吾闻道矣。"又问："道可得学邪？"曰："恶可！"我养生无道，自然说不出个道道，但我生活有一套自定的不成文法。

一是动静结合。动是运动，运动是强身之路。当然，我这个运动不是竞技式的运动，而是不要让身体待着不动。我认为，这就是保养。一部不动的机器会生锈。我年轻时也是夜猫子，晚上不睡早上不起，生活极无规律。我从北大回来以后，逐步改变了这个方式，坚持散步。每天差不多走一万步，不管天晴下雨，酷热严寒。只有下大雪后地面结冰，老伴怕我摔跤，禁止外出，才作罢。开始是不自觉的，有一搭无一搭，时间长了，走出兴趣来了，也走出味道来了。活动，活动，活着，就要动，动，才能活得健康。当然，散步时也会思考，偶有所得，回家赶紧记下来．日积月累就成了《漫步遐思》。我说，这本书是走出来的书，这话有些言过其实，但确实与走有关。边走边思考，有好处——无干扰；有危险——车太多。解决矛盾的方法，是尽量找个安全的地方走，不在马路上大摇大摆：

如果说走是动的话，我每天都有静静坐着的时候，仿佛无思无虑放下一切，不让自己的思想老像奔驰的马。再好的骏马也要歇歇脚，何况是我辈凡人。有人说这叫气功，我说我不会气功，我这是无师自通功，是静心功。这不是学来的，是逼出来的。我从读大学时起就长期失眠，研究生时情况更加严重。心里烦躁、睡不着的滋味是无法言说的，只有失眠的人才能体会。我在研究班时，睡不着翻来覆去，头倒来倒去。越想睡着就越睡不着。生理失眠的时候并不多，大多是心理的，把睡觉视为生命头等大事，一到天黑，就开始害怕，宁愿时时刻刻是白天。这种心理怎能不失眠呢？三年困难时期在北京市委党校编哲学教科书时，我尝试静坐，一开始难以静下来，不到十分钟就坐不住，脑子里如跑马。后来我摸出个道道，思想这个东西越不要它想它就越想，制止它想，就是在想"不要想"，等于是两次思想。我干脆放开，随便你东想西想，我不管，你爱想不想，任其自由，反而慢慢能静下来。现在坐半个小时，不成问题。这个方便，不管刮风下雨，不管在家还是外出，静坐，是最便宜的，无须一文；也是容易做到的，无须场地。有时，我写东西实在太累了，就在电脑桌边静静坐十分钟，精力立刻恢复了，可以继续工作。我坚持了四十多年，自己觉得受益良多，睡觉好多了，遇到烦心事，就静静坐一会儿，有效。我越来越体会到庄子说的"静然可以补病""宁可以止遽"。能够使自己处于心态安静平和的状态，对身体肯定有好处。

二是忘死忘年。这是个哲学道理。忘死，老年人不易做到，因为死神正在门口徘徊。可太看重生命、太注重身体的人，反而会身体不好。把生命放在生命之外的人，反而活得长。

生命是很脆弱的。到了老年，死亡时刻逼近。我有次住院，差点见马克思。不是因为病重，而是因为药物过敏。在住院检查心脏病期间，我有点发烧，医生开了中药点滴。刚点滴没多久，我感到不对劲，全身发热，不舒服。我立刻告诉老伴找医生。护士来看了一眼，说没有关系，这是中药，不会过敏。他话音刚落，我就对老伴说，不行，找医生。那天刚好是星期天，干部病房二层只有一个值班医生。等找到医生，我已全身发抖，呼吸困难，几近窒息。医生马上进行抢救，折腾了半天才慢慢稳定。医生说，幸好喉咙没有水肿，否则会有生命危险。从那次以后，我更坚定地相信，医生的话不能不听，也不能全听。因为生病的是我，我的感受、我身体给予的信号，他并无感受。

这次与死亡擦肩而过，使我对死亡有了比书本上得到的更多的个人体悟。没有死亡，就没有宗教。宗教的全部教义可以归结为一句话：如何从死亡恐惧中解脱。没有死亡，就没有对神的信仰和崇拜。没有死亡，也不存在人生观的问题。人生观就是人既然要死，活着有什么意义。雨果在《死囚末日记》中有句自我安慰的话：人人都是判处死刑缓期执行的死囚。人都是向死而生的，因为有死，才产生了生命的意义问题。人若与天地同寿，何必讨论生死呢！出院后，我把自己对生死的体悟，写成诗，并序其因：

　　"生不可却，死不可止。"新世纪元年夏初因病住院月余。其中因药物过敏，面临死境，幸及时抢救，得以生还。

一

　　　　智者何劳忧死生，世间无物可永存。
　　　　寿数岂独长为贵，体用不二最上乘。

王勃早逝名千古，庾信文章老更成。

休嗟枝头春色杳，落花尚可香泥尘。

二

少壮青丝暮白头，倚马才情空白蹄。

晚年多病平常事，休寻旧梦莫回眸。

为文喜读风雷笔，处世最敬雨同舟。

书生老矣难荷戟，闻道犹应以身求。

人的出生，不是自愿的；死亡也不是自愿的。生与死是任何人的意志不可能左右的客观规律。人如果能在思想上超越生死，不知悦生，不知恶死，就是一个大智者。我根本做不到。但有一点我是明白的：我们每个人都在向死而生。不要老想到死，应该想到的是未死之前，如何活得更有意义些。有这种"外生而生"的心态，就可以忘掉死的恐惧，享受人生。到了老年，还有一个对养生极其重要的思想，就是忘年。忘年，不是做把头钻进沙堆的鸵鸟。忘年，同时必须知年。我知道我已八十有三，因此我做我力所能及的工作，敲字久了，太累，就停下来不勉强。但更重要的是忘年，不要老想到自己去日无多。

我这种忘死忘年的养生之道，曾在一本书中总结为八个字：顺其自然，为所当为。顺其自然，把死视为必然归宿；为所当为，做自己这个年龄能够做、可以做的事情。这个道理我在此不再重复。

三是淡泊名利。与淡泊名利相对的是追名逐利。名是虚名，而非实至名归之名；利非正当之利，而是不当之利，是暴利、巧取豪夺之利。有一次和朋友交谈时谈到这个问题，他说，"你还有什么争的，该有的你都有了"，意思说你这是高调。我说，确实，我得过各种奖，是博导、教授，还是一级教授，也有各种社会学术头衔。但是我对他说，你我同在一个系半个多世纪，我哪一次为自己的利益争过，伸手要过？没有。都是领导的信任、学术委员的评审。我从来没有为自己的事和同事闹过矛盾，也没有向组织找过麻烦。我的原则是，给我的，我要；不给的，我不争。我的境界不高，只是安分守己而已。

我问过我自己，有没有名利思想？当然有。但我不贪虚名、假名。特别是到了老年，更爱惜自己的名声。

我不是不关心自己的个人利益，不喜欢得到别人的赞扬。但我总觉得我这一生，对名与利没有孜孜以求过。读大学时，只知读书，从来没有想过成名成家的事。现在有句话，不想当元帅的士兵不是好士兵，可我们那个年代根本没有这种意识。到中国人民大学读研究班也是国家分配的，只知道学习，没有多少个人前途的考虑，因为当时的思想是一切都有组织考虑，根本用不着自己操心，反正毕业后工资一样多，地方也无可挑选，服从国家分配。教书就是教书，当然也认真备课，谁也不愿意被轰下台，能得到学生的尊重当然高兴。这一切都与争名逐利思想无关，应该说，这是一个正常人的正常心理。

我们究竟需要一个什么样的人生境界，需要一个什么样的人生动力？是不是淡泊名利一定要当木头人、当木偶，而奉行丛林法则，千方百计不择手段追名逐利反而有利于个人成长呢？我不这样认为。个人主义动力论是否有理？淡泊名利能否作为人生哲学？不少人倒在名利场上，猝死在争名夺利之中，我认为这是个值得注意的问题。

我并非因为两校写作组的问题受挫折而开始看淡名利，我本来就不是追名逐利的人。我虽然也喜欢写文章，为此也会出点小名，得点小利，但绝不是因此而写作。这是一种职业习惯，积习日久，此生难改。虽经折翅，仍不能忘情于飞翔。这是知识分子的命，西西弗斯推石上山的命。

四是读书养生。读书人，爱书、喜欢读书，这是本分，无可夸口之处。我自己也是一样。我喜欢买书，书不多，因为改革开放前工资低。我的一些书大部分是马克思主义方面的书，也有一些小说。通知我们下干校前，红楼门口收购旧书的车前排了长队，都是准备下干校的教员，难以把书运到干校，而且当时不知道此生还能不能重操旧业，书成为累赘，不如卖了省事。时隔四十多年，当时的情景仍历历在目。八分钱一斤，硬皮还得撕掉以减轻分量。有些机灵的学生就等在排队教员的边上，看到自己喜欢的书就向教员要，没有问题，谁要谁拿，反正不值一文。我也卖了几车书，只剩下我最喜欢的鲁迅的书和《史记》等很少几本。复校以后，书又慢慢增加，以至于和老伴抢地盘，她塞粮油我塞书。有次我手里拎了几本刚买的书，在电梯里碰见一位同楼的教员，他非常惊讶："这个年龄还买书！"我无言以对，只是嘴角动了动，真是"此时无声胜有声"。他至少比我小十岁，七十来岁。我就不懂，为什么这个年龄就不能买书。读书人不读书，就不是读书人，正如不打家具的木匠就不再是木匠，解甲归田无一兵一卒的统帅就不再是统帅一样。过去做过的事表明你的过去，只有正在继续做的事才表明你现在是什么人。我仍然是读书人，因为我每天都在读书。我在不同时期写过几首关于读书的小诗，录此存照：

一

老去凭谁说忧愁，斗室书海任遨游。
洗却尘心读《庄子》，悟到妙处搔白头。

这是我从北大回到人民大学后，思想处于自我突围寻找出路的困顿时，想通过读《庄子》自我安慰的情景。当发现我有可能掉入自我挖掘的哲学泥淖时，我及时止步。

二

少年子弟书房老，终年为文总是平。
幸喜世人怜白发，无须掩面背对人。

我这一生都在学校，是名副其实的"二门干部"。从家到学校，此后一生都在学校。如果没有"四清"、干校，以及"文化大革命"偶尔下乡劳动，几乎与社会隔绝。说句实在话，这对我们这些哲学社会科学工作者极为不利。我知道这个道理，事已至此，只能安于这种情况。

三

半床布被半床书，不是蜗居似蜗居。
屋比天大眠八尺，心中有书最宽余。

我的睡床，一半为书占领。中午休息我可以随时拿本书翻翻。我对生活没有过高的要求，能有床放平身体就行。我老伴嫌乱，经常为我收拾一下。我行我素，积习难改。

四

大红大紫非我有，满床满架复何求。

人生百样各有得，一世平安抵封侯。

从读的角度说，书对我来说无好坏之分，无鲜花毒草之分。坏书，我读后知道它坏在哪里，应该如何评价，能说出个一二三来，就算有收获。这种书对我并不算坏。反之，好书，我读后说不出好在哪里，没有体会，不能从中得到启发，则算是白读。我把读坏书比为吃砒霜，得其法能治病；读好书，如食人参、虫草，如不能吸收，等于白费。

读书，除专业需要外，还对我养生有好处。培根有篇《论读书》说，"读书使人充实"，并列举读各种书的好处，如读史使人明智，读诗使人聪慧，演算使人精密，哲理使人深刻，道德使人高尚，逻辑修辞使人善辩。但我更认同培根说的，"知识能塑造人的性格"，"精神上的各种缺陷，都可以通过求知来改善——正如身体上的缺陷，可以通过适当的运动来改善一样"。读书不仅能提高文化素质，还可以养性、可以移情，使人的精神世界得到充实。我有这个经验，有时心里不安，有点焦虑、急躁时，我就拿一本自己喜欢的书来读，开始读不下去，思想会跑马，慢慢心就安静下来了。回过来一看，原来那些焦虑急躁全是庸人自扰。当我有点生气，或为某事不愉快时，也是找本书来读，消消怒气，过一会儿就好了。制怒最好的方法就是先别发怒，暂停一分钟，一分钟过去，怒气已经消失了。这个一分钟制怒法最为有效。一个读书人手中有书，心情就会平静。浮躁、坐不住的人，我总对他们说，你们读书吧，能把一本书从头到尾读下来，你就能静下来。与其来回踱步，团团转，终日内心如万马奔腾，不如安心读点书。一个把阅读当作生活方式、当作生命的一部分的人，能够长寿、健康。书是一味最好的保健药。

你们可以看看周围的情况，老年人中凡是喜欢读书、以读书为乐的，凡是勤于用脑的，都比终日无所事事的人活得健康，活得明白。不用脑、不读书，一旦退休，人就会迅速衰老。当然，可以搓麻将、遛狗，但我认为总不如阅读。书与其能记而不能用，远不如能用而不能记，不记能用是了然于心，融入血液，此为读书之最高境界。而不用只能记，最多是谈话时显得有点"学问"。如此而已，岂有他哉！

四 六十五岁学电脑

1995 年我已六十有五，理应是含饴弄孙、牵狗遛鸟的年岁，可我却偏偏不服老，开始学电脑，向新技术进军，真有点忘乎所以。我又不会拼音，南方人咬字不准，常常出错。我下决心学五笔打字法。五笔快，不必挑来挑去。

我们家乡有句话，四十不学艺。人到中年，再学新玩意儿确实不易。林语堂引施耐庵《水浒》中的话，"人生三十未娶，不应再娶；四十未仕，不应再仕"。这话语堂先生当然不同意，但他也无法否认，人到中年是一大关。他说，人到中年，有两件事使你不能不注意——讣闻不断地来，有些性急的朋友已先走一步，同时眼前又会出现一大批青年小伙子。自己的伙伴一个个逝去了，把世界交给青年人，眼前但见少年多，这正是一般中年人的写照。中年人尚且如此，何况我已经是标准的老年人了。以现代六十五岁为老年人标准，我也够格了。我居然要学电脑。可我就是学了。

只要有决心，做学问对年龄的要求不那么严格。还是语堂先生说得对，如果年届不惑，再学习溜冰、踢毽子、放风筝，偷闲学少年，那自然是秋行春令，有点勉强。半老徐娘，留着刘海，躲在茅房里穿着高跟鞋踩高跷般练习走路，那也是惨事。中年的妙趣，在于认识人生，认识自己，从而做自己能做的事，享受自己能享受的生活。语堂先生的态度是积极的，但他的标准并不高，是指年届不惑，不应消极。在我们这个时代，女到四十一枝花，男到四十正当家。不过我早过四十，已是耳顺之年，比语堂先生中年人的标准超出了一小半。可我还是学半老徐娘穿高跟鞋踩高跷，硬是学会了电脑。

世上无难事，只怕有心人。苦是苦点，我各种方法都用过，键盘上贴字，背字根，家人手把着手教。最终还得靠自己。整天整天在键盘上泡着，一来二去，慢慢会了一些，能打点东西，高兴得很。由不会到初会的乐趣，与完全纯熟时的乐趣完全不同。开始时常出事故。费了牛劲写了点东西，不懂应随时保存，门外有人敲门，随手一关计算机，东西丢了，找不回来。电脑这东西，不讲人情，只讲规律。你服它，它服你，你不服它，要它服你，没门儿。我丢过很多次，得了教训，写一点马上保存不让它跑掉。再则，不懂，不能乱按键。不知触犯了它哪根神经，不高兴，罢工，我一点辙没有，只有打电话求教，或找人来救急。这种情况，发生过多次。现在快二十年了，我仍然只能打打字，发发邮件，看个新闻，其他太复杂的活儿还是不会干，也不准备学。前些年流行博客，我的学生要我也开个博客。我问他，开博客干吗，他说，有粉丝，我说我要粉丝干吗，能吃吗？粉丝越多越有名，我不需要这个名，我只需要安静，没有干扰。其他粉丝、粉条一概与我无关。

我很自豪的是从1995年以后的全部著作、文章，都是我一字一字敲出来的。我没有走自己口授、别人打字的路。我感到文字不从自己手下流出来，就不是自己的风格。别人打，自己说，省点劲，但嚼不出味道来。与别人联系，也是通过邮件，电子邮件速度快，省邮票，也省得跑邮局。我吃了苦头，也尝到了甜头。

1996年以后，我从"笔墨"生活中解放出来，但被绑在电脑的键盘上。眼睛累，而且手腕肌腱发炎，时时作痛。更大的缺点是从此没有了真正意义的手稿，也不知道原来是如何考虑的，为什么会修改成最后定稿，无迹可查。只有打印的定稿，没有手写的草稿，没有几经修改的笔迹，总是一种缺憾。好在我不是名人，今生今世也不可能成为名人，不必为有无手稿操心。

没有办法，看起来凡事都有两面性。新科技的运用也是如此。电脑加快信息的搜集、交流、积累，有利于学术研究，但也可能带来学术质量的下降、学术垃圾的制造。写文章叫攒文章，把下载的各种文章拼凑在一起，这种文章和著作的质量可想而知。这当然不能怪电脑，而是学风问题。在坏的学风下，一种新技术手段的出现可能使学风更加恶化。

可在好的学风下，一种新技术的应用可以如虎添翼，有利于学术的发展。

五　痴迷哲学随笔

我这一生在马克思主义研究领域中有两次变化。一次是从北大回到人大以后，由马克思主义基本原理的研究转向马克思主义发展史，特别是马克思早期思想的研究。当然对我来说，这两者的研究是互相结合的。我通过历史研究强化基本理论研究，使基本理论研究有历史基础，而对马哲史的研究以基本理论为主导，使文本学研究有助于理解基本理论。第二次转变是写作方式的转变，这就是从长文转向随笔。我到晚年逐步意识到，长文有长文的长处，可以展开论述，但也有缺点，就是长文章或书中所论述的问题来自书本，我对此往往并无真知灼见。我想，能不能有另外一种写法，写自己稍微熟悉的、在实际生活中摸得着的、有真情实感的东西？我想可以。于是我尝试写短的、自己有点真实感受的、小块的东西。虽然仍不时写点长文，但更痴迷于随笔。

我的第一本随笔是《漫步遐思》，1997年12月由中国青年出版社出版，1998年再次印刷。两次共一万本，作为哲学读物，看起来销路还可以。中国人民大学出版社出版我的六卷本文集时，将这本书收入其中，再度印刷。第三次收入北京师范大学出版社出版的四卷本随笔。这次又增加两本新随笔，重新装帧，成为六卷本随笔。

《漫步遐思》出版后曾看到几篇评论：《广东社会科学》

1988 年第 5 期载有署名评论《溶哲史文于一炉的佳作》；《教学与研究》1998 年第 4 期发表署名评论《〈漫步遐思：哲学随想录〉出版》；《高校理论战线》1988 年第 4 期载有署名评论《让哲学从哲学家的书斋中解放出来——读陈先达教授的〈漫步遐思〉一书有感》等文章。我还收到一些读者来信给予鼓励。

这出乎我的意料。这是我继《漫步遐思》之后，在十五年的时间内，能陆续出版《静园夜语》《哲学心语》《回归生活》《宜园杂谈》《史学拾零》的动力。读者的鼓励是对作者最大的奖赏。《静园夜语》出版后我曾收到一位不知名的读者来信，现把信附于此。

尊敬的陈教授：

您好！

我怀着崇敬的心情很冒昧地给您写这封信。我既不是您的学生，也不是您所认识的人，我是您的忠实的读者。生活中的困惑、社会中的问题、宇宙中的一些未解事情使我对哲学很感兴趣，我一直想从哲学体系中探求生活的意义、人生的价值、社会自然等各方面的问题，但是由于现实的生活压力和中国教育体系的原因，我阴差阳错地学习了别的专业，接触的也只有马克思主义哲学，其中我曾困顿于马克思主义哲学为什么没有对个体的论述，我认为对于每个人来讲，虽然应该关注客观世界，但更重要的是自己精神家园的营造，但在马克思哲学里我找不到答案。后来在忙忙碌碌的工作生活中，我只能在业余时间读点有关哲学的书籍，慰藉我困顿、疲惫的心灵。在一次偶尔逛书店时，无意中看到了您的《静园夜语》这本哲学随想录，这使我如获珍宝，我如痴如醉地阅读起来。书中对历史、宗教、宇宙、自然、社会等有关人类社会的各个方面进行了精辟的阐述，道出了其中的本质。我一直在懵懵懂懂地思考这些问题，但一直困惑于没有明确的认识、清晰的思路，这也许是由于自己的认知范围太窄。通过阅读这本书，我的思想有了一种豁然开朗的感觉，一些想不通的人生、社会、宗教等方面的问题，都在这本书里找到了答案。从书中我也感受到了您知识的渊博、思想的深邃、认识的透彻，对您的崇敬油然而生。在阅读时，我感觉好像在聆听一位智者的谈话，从而产生了一种想和智者交流的愿望。我也从网上看到了您近期的一些文章，但只是寥寥几篇，热切盼望看到您更多的佳作。

　　谢谢！

一位忠实的读者
2007 年 1 月 17 日

　　《哲学心语》出版后，曾得到我们的党委书记程天权的亲笔表扬信。2013 年六卷随笔出版后，天权同志又专门致信赞赏。我过去也写过一些长文和著作，但还没有一本书像这些原以为不起眼的东西一样，得到如此强烈的反响。我从中得出一点体会，文章不在长，更不是以势吓人，而在于真正与读者交心，让人读懂，读明白，能说出他们心里有，想说又没有说出的东西。

　　我所有随笔中的短文和我的论文一样，都是着眼于现实，不是纯概念式的文章，但写法不同，风格也不同。论文着重说理，随笔则往往是灵感式的，注重感悟。从我自己读过的书中的话，报纸上的新闻，日常生活中听到、见到的事中，悟出一点自己的哲学道理，或者说哲学智慧。这种文字往往是心得，对读者有点启发，在作者与读者之间能有一种心灵上的对话，而不是像论文那样自说自话，仿佛是硬塞给读者的。

我这一生可以说是以哲学为业，当然对哲学情有独钟。我喜爱哲学，也得益于哲学。在中国人民大学哲学系建系五十周年庆祝会上我曾发表过一次演说。我说，我可以说是与哲学系血肉相连，是在哲学系的怀抱中生长的。哲学系建系是在1956年，我是1956年刚从哲学研究班毕业留系任助教的。当时我是年轻教员，哲学系是新建的系。我现在是老年人，但哲学院仍然很年轻，朝气蓬勃，蒸蒸日上。因为哲学院不断有新鲜血液，每年有新学生、新教员，因而能永葆青春，而个人作为生物机体，只能日渐衰老。这是两种规律的作用，个人越来越老是自然规律；而哲学院的繁荣是社会规律。中国特色社会主义事业繁荣，我们哲学院也必然繁荣。

有些人不理解哲学，总认为哲学无用，哲学只是学，有学无术。其他学科则有学有术：医学可以治病，有医术；自然科学，都可以转化为技术；法学，可以当律师；商业可以有营销，有管理。唯独哲学，有学无术，什么用都没有。我不这样认为。我一直认为哲学有用，无用是因为你不用，不用之物就是无用。正如家中的东西，最好的东西，长年不用，当然也是无用之物，要用，一把扫帚都有用。哲学，这个人类世世代代思想家和人类实践经验积累的智慧，怎会没有用？最近我遇到一件事，更坚定了我多年的信仰：哲学有用，有学有术。有一位非常有成就的艺术家，画画非常好，可就是家庭关系不好，闹离婚，并非有外遇，就是思想方法上的问题。男的是艺术家，说在家里，妻子从来没有赞扬过他的艺术成就，而在社会上谁都赞扬他；女的信佛教，总是用佛教的仪轨要求男的，不准这不准那，一切按佛教规矩办。一个要对方赞扬自己的艺术成就，另一个要对方言行符合佛法。在一起就吵。我对他们说，你们都弄错了自己的角色。在家里男的是丈夫、父亲，女的是妻子、母亲。你们在家里是夫妻关系，不是艺术家和佛教徒的关系。回到家，就要放下你的社会角色。如果一个部长回到家仍然端着架子，要老婆儿女把他当部长供着，还能有亲情吗？家里还有温暖吗？毛主席再伟大，在儿子女儿面前仍然是父亲，不是领袖，不是主席。我说你们思维方法有两个错误：一是不会转换角色，把社会角色变为家庭角色，把夫妻关系变为艺术家和佛教徒关系；二是不会换位思考，艺术家不能只站在艺术家位置上思考，要求别人都只能赞美你，否则就是俗人，佛教信仰者不能用佛法要求别人，否则其他不信佛的都是异教徒，都是罪人，都是凡人。这样永远处理不好人际关系，处理不好夫妻关系。我的劝解只有一次，就调整了双方的关系。

或许有人会说，这算什么哲学？当然，这很平凡很普通。但它说明一个道理，哲学要用，可大用，可小用。我上面说的是小用，大用则是处理更大的事，包括治国理政。哲学绝不应变为不能用的屠龙之术，而应该是庖丁解牛的解牛术。由术入道，由道变术。如果哲学就是抠概念，是不着边际的空谈，争论一些毫无意义的东西，即使很热闹，实际上也是骗外行的。没有用。

哲学是有用的、能用的，我们教育学生，一定要让他们树立这个观念，哲学只有在实际应用中才能显示它的作用。无论在什么岗位，哲学都是有用的。孔子说君子不器，不是像器具一样，一物一用；而哲学也是如此，它是万能钥匙，到处可用，但有一条，必须有锁，钥匙才有用，哲学要有用，也必须有锁，这个锁，就是问题。大至国家大事，小至个人生活中的苦恼，都能用哲学这把钥匙打开。我们就是解牛的庖丁，就是开锁的锁匠。一个不会解牛空有庖刀的庖丁、一个手中有钥匙不会开锁的锁匠，都只是徒有其名，哲学家也是如此，不要做一个空头哲学家，必须善于开锁，即面对现实，分析问题，真正发挥哲学作为望远镜、显微镜的作用，既高瞻远瞩又能察于未萌。

我还要从相反的方面说，哲学有用，但学哲学要树立正确的哲学观。在我的随笔中有篇文章《学哲学要防止走火入魔》。自古以来，哲学都富于思辨——谈玄论道，因此学哲学一定要防止"走火入魔"。我就没少收到此类走火入魔的信件或文章。那都是自称创造了某种体系或新发现的辉煌之作，画着各种符号，各种箭头，弯弯曲曲，不知所云。我自感惭愧，搞了一辈子哲学弄到看不懂哲学的地步。或许有人会反驳我，说这才叫哲学，哲学都能让人看懂那算什么哲学。不过我还是要说，哲学思想具有深刻性和思辨性，不是胡诌，更不是从头脑中拍出来的水货，而是具有丰富内涵的天才思想。那些胡说八道的体系或创造只能是一些不食人间烟火的疯话。

马克思生长在最具哲学思维的德国，但他也知道哲学转变为疯话的危险性和可能性。他在《青年在选择职业时的考虑》中说，那些主要不是干预生活本身，而是从事抽象真理的研究的职业，对于没有坚定的原则和牢固不可动摇的信念的青年来说是最危险的。它必定使那些不经考虑、凭一时冲动就仓促从事哲学的人毁灭。马克思不仅有这个认识，而且有这个亲身经历。他自己就走过一段小小的弯路。他到波恩大学以后不久，就一头扎入抽象的哲学思维，扎入创立体系的努力之中。他在写给他父亲的信中说："我写了一篇将近二十四印张的对话:《克莱安泰斯，或论哲学的起点和必然的发展》。彼此完全分离的科学和艺术在这里在一定程度上结合起来了。我这个不知疲倦的旅行者着手通过概念本身、宗教、自然、历史这些神性的表现从哲学上辩证地揭示神性。"[1] 当然这种构建体系的努力以失败而告终，可马克思由于这种走火入魔几乎陷于不能自拔的地步，"由于烦恼，我有几天完全不能思考问题，就象狂人一样在'冲洗灵魂，冲淡茶水'的肮脏的施普雷河水边的花园里乱跑"[2]。

当然，马克思在探索中摆脱了这种不着边际的创造抽象体系的狂想。他在柏林大学参与青年黑格尔运动以后，逐步摆脱了思辨哲学的束缚，开始面对现实、面对人类社会的现实问题，把哲学研究与经济学研究以及关于现实社会问题的研究结合在一起，既创造了一个新的哲学体系又为无产阶级和人类解放找到了道路。全部哲学史都证明，任何有作为的

---

[1] 《马克思恩格斯全集》第 40 卷，15 页，北京，人民出版社，1982。
[2] 同上书，15 页。

哲学家、任何有创见的思想体系都不是面壁虚构的产物。如果说在马克思主义以前的哲学和当代非马克思主义哲学中，有不少仍然以抽象思辨为特色的话，马克思主义哲学一直强调哲学要面对现实、联系实际，要关心人类的命运，而不能只缩在自己构筑的象牙之塔中织自己的思辨之网。马克思主义哲学家一定要有强烈的时代意识和使命感。马克思和恩格斯把自己的哲学称为新唯物主义。这个"新"，我看就新在重视实践，绝不能陷入抽象思辨。

我的随笔最大的特点是立足现实，着眼于智慧的启迪。哲学最重要的特点是包含智慧。可智慧是无法买到的。世界上有种种商店、各种市场，就是没有智慧商店和市场。老黑格尔早就说过，智慧并不是从一般市场上能买到的。在市场上只要付出足够的钱，人们就把东西出售给你，而智慧不可能用现金一手交钱一手交货。书中有智慧，那是别人的智慧，对你来说那是知识。知识不等于智慧。读书汗牛充栋但却胸无一策的书呆子多的是。因此，我写随笔注重体悟，以生活经验为底本，结合自己从书中得来的知识，使它变成自己的。《红楼梦》中贾宝玉在秦可卿房中看到过这样一副对联："世事洞明皆学问，人情练达即文章。"有点哲理。我常说，哲学应该是自己的。别人的哲学无论多高明，对你来说只是知识；学哲学应该学习哲学史，知道别人说过什么，但真正要成为哲学家必须知道自己在说什么。哲学成为自己的哲学，就不是简单记在心中，而是融化于血液中，真正变为自己的思维方式和人生态度。

我的随笔有不少是源于自身的经验，源于读书的触发，源于新闻以及对社会事件的观察，总之，没有纯粹从自己头脑中挤出的水货。我的随笔中有三篇短文《论后悔》《论命运》《论失败》，看标题是纯哲学的，看内容与我无关，但实际上它包含着我自己人生经历的体悟。在《论后悔》中我说，在人一生中，没有任何后悔，也没有做过后悔的事的人，是极为罕见的。后悔并不是绝对不好的。后悔是多种多样的。因为做了不好的、对不起人的事，感到后悔的，是良心发现，表明没有丧失良知；因为思考不周，把事情办砸了，感到后悔的，是醒悟的表现，表明找到了能够成功的办法。这是错误的积极成果。没有新办法是不会后悔的。你见过下象棋的人吗？凡是悔棋的，肯定是有了好招。如果没有发现自己的棋走臭了，如果没有好招，是想不到要悔棋的。悔，是错误被认识到的表现。孔夫子就主张少后悔，他说："多闻阙疑，慎言其余，则寡尤；多见阙殆，慎行其余，则寡悔。言寡尤，行寡悔，禄在其中矣。"在人类的实践和认识中，我以为后悔是不可避免的。事前诸葛亮是少而又少的，那是理想化、神化了的人物。如果能做事后诸葛亮，能对错误和挫折进行总结，就能避免以后犯同样或类似的错误。世界上没有后悔药。凡是已成之事都是无可改变的。能改变的都是没有实现的事。有位哲学家说，人的生命如能有两次，肯定人人都是天才。人，当然只能活一次。任何后悔都不能改变已成的事实，人生不是棋局，不能悔棋、重走；但人生又如棋局，可以在多次输棋中积累经验。人生无悔棋，但人可以从自己的错棋中得到进步。恩格斯说过，一个民族最好的学习是从自己的失败中学习，一个人也是如此。

人生不可避免有后悔之事，但要尽可能减少或不再重复后悔之事。调入北大写作组是我最后悔之事，可历史难以更改。这段历史是我生命中最暗淡的一段，也可说是我人生中最受挫折的一段。我面对的课题是如何从中吸取教训，变挫折为教训。我在《论失败》中说，失败与成功不是固定不变的。失败中可以包含成功的因素，而胜利中也可能包含着失败的种子。有人说，成功是多次失败的回报，或者像中国老话说，失败是成功之母，讲的都是同一个意思。只有愿意走弯路的人才能攀登顶峰，的确如此。我回到人民大学后，以"十年贻误日兼程"的决心，弥补失去的十年，也把挫折化为动力。三十年来，我没有因挫折而气馁，终有小成。这就要涉及"命运"问题，因此我写了一篇《论命运》。我不是宿命论者，我不相信命，但我相信"运"，"运"与"时"不可分，即"时运"。如果不是那个时候我被分配到北大，又恰逢北大是"批儒评法"的基地，我就可以避开这次霉运。这个"运"是时势使然，非我命中注定。既非我命中注定，我就完全可以改变。回到人民大学后在党的实事求是政策下，我终于时来运转，后来的三十多年，发展比较顺利，可以说是交上了好运。这个好"运"既是大好形势的赐予，也是个人没有自甘沉沦的回报。人，如何正确对待后悔之事，如何对待失败、对待命运，需要哲学智慧。而这个哲学智慧不仅来自书本，更来自生活。

我写过一篇《论围墙》的短文，来源于报纸刊载的一篇文章《美国的围墙》。文章说，美国没有有形的围墙，即人们在大街上几乎看不到围墙。无论是政府部门、高等学校、公司企业，还是居民庭院，都看不到高墙挡道，可是实际上美国社会人与人之间，有着无形的围墙。例如，美国的民宅是私人领地，非请莫入。如果未经邀请，误入别人家院，可能带来不测之祸。有个日本学生就是因为误入他人住宅遭枪杀，主人被判无罪。至于隔邻而居，互不来往，十年不知尊姓大名，极为正常。人死屋中多日，邻居不知，这也是常事，甚至连自己的儿女也要很久才能发现。这样的社会，即使很富裕，也是冷酷的社会。这种社会并不适合具有情感需求的人类的生存。的确，我们的世界变得十分奇怪。地球越变越小了，成为地球村，天涯咫尺，可人与人的关系被一些有形无形的围墙隔开了，变成咫尺天涯。人与人的关系远了，与动物的关系反而近了。我们同样面临着这个问题。不要让工业化、城市化、市场化、高楼化，把人都变为陌路人。这种情况在我们中国已现端倪。如果这样，即使 GDP 再高，物质生活再丰富，也难以使人愉快，还不如回到农村那种毗邻而居，能知别人锅里什么菜有意思。"隔篱呼取尽余杯"的浪漫主义，在当代已行不通。田园诗般的生活也只是一种假象。社会要发展，毗邻而居的时代已经结束。可人与人的亲密关系不能结束，在没有利益冲突的社会主义社会更应该得到发展。和谐社会是一个有道德和法律规范的社会，但不应该是一个由无数围墙彼此隔绝的社会。社区和谐，邻里和睦，有益于整个社会的和谐。

与无数无形的围墙相连的，是人与人之间的冷漠。我在《论冷漠》这篇短文中提出了这个问题。我说的是人际关系的冷漠，而不是看似冷漠的职业需要的镇定。我们并不要求殡仪馆的人，对死者都一掬同情之泪；也不能要求急救室的医生都像家属那样心急火燎。殡仪馆的工作人员已经习惯了死亡和亲人的泪水；而医生成天与各种病人打交道，见多了病人的痛苦和亲人的焦虑。殡仪馆人员的沉着，医生的镇静，是种职业习惯，或者说是种职业品德。这不是冷漠。我说的冷漠，指的是一种对人的非人态度。即使是殡仪馆，对待遗体也不能像对待干柴，而应该按有关规则处理。医生对待病人应有同情心，医者仁术，讲的就是对待病人的态度。如果只为钱而不管病人的死活，或者一问三不知爱理不理，在急救时不负责任，在治病时，对病人的主诉不闻不问，这就是冷漠。因此冷漠本质上是个人内心世界的情感问题，起码是个职业道德问题。我们提倡学雷锋，就是要改变人与人的关系中这种冷漠态度，使人感到温暖。特别是现在倡导构建和谐社会，消除人与人之间的冷漠，更是刻不容缓的。党与政府把实行多年的收留遣返改为救助，给一些无依无靠的人，多点同情，多点温暖。变冷漠为同情，确实体现了社会主义人道主义精神。一个冷漠的社会，即使大家生活富裕，也不是适宜人类生存的社会。庄子说，相濡以沫，不如相忘于江湖，这只是道理的一面。我们还是要求既富裕又和谐，彼此既生活于江湖之中，必要时又能相濡以沫。这样，就会有利于减少冷漠，增加社会的温暖度。

在道德教育中，我感到我们没有着重于行而是着重于说。因此我写了一篇《八十老儿行不得》的短文。据说，有个和尚法号鸟巢大师，住在树上，精通佛典，能为人指点迷津。苏轼闻大师之名，前去询问做人之道。大师说："恶事不做，众善多行。"苏轼很是失望，说这个道理三岁小孩都知道。法师答道："三岁孩儿懂得，八十老儿行不得。"这句话，看似平淡，实在对得很。许多道理是平凡的，但能终生恪守始终不渝却是极难极难的。当年毛泽东说，一个人做点好事并不难，难在一辈子做好事不做坏事，这才是最难的，讲的也是同样的道理。天下道理，最难之处在于行。我们传统哲学中的知行学说反复说明的就是这个道理。《古文尚书·说命》中曾记载殷大臣傅说向高宗武丁进言治国方略，深得武丁赞赏，但傅说提醒武丁要做到并不容易，"非知之艰，行之惟艰"。懂道理并不困难，难在实行。战国末期著名思想家荀子就特别强调"知之不若行之"。他说，"口能言之，身能行之"是"国宝"；"口言善，身行恶"是"国妖"。"学至于行之而止矣"，这就是说，为学的最高境界是能说到做到。中国的道德学说特别强调"践履"，民间把那些口是心非，满嘴仁义道德、满心男盗女娼的人称为"假道学"，实是一语中的。由此我想到我们的道德教育，其实不需要那么复杂，那么多条条，死记硬背，关键是"行"，是要我们的青年特别是学生，在道德实践上下功夫。在道德教育上切忌形式主义，重言不重行。如果这样，就一点用处也没有，甚至会适得其反。形式主义多，伪君子就会多，于世风民心都有害无益。

"八十老儿行不得"，对于马克思主义者来说同样有这个问题。的确有的人革命一辈子，然而连马克思主义最基本的一条——为人民服务都做不到或不打算做。为人民服务，道理深不深？好懂不好懂？在社会主义社会连小学生都知道。如能终生力行，我看就是一个实际的马克思主义者。在现实中我们能见到这种人，满口马克思主义、毛泽东思想、邓小平理论，实际上只是个幌子，或者说是用来应付上级蒙骗群众的"护身符"，不会照着做，也从来不打算照着做。因此有人革命一辈子还是一个"八十老儿行不得"的假马克思主义者。

在我的随笔中有一篇《君子远庖厨式的人道主义》也是

有感而发的。据报纸报道，在西方某些国家，运输牲畜规定不能过挤，要为它们创造一定的"人道"条件，买鱼不能把活鱼拎走，要把它打死，以减少鱼离水后的痛苦。最近有报道说，素来喜欢吃匈牙利鹅肝的法国人，对匈牙利人喂养鹅的方式颇为不满，因为匈牙利人在最后几个月，采取类似中国人填鸭的方式拼命往鹅的胃里塞饲料，这种喂养方式是不人道的。鹅肝照吃不误，不满的是不人道的喂养方式。这是20世纪末的事，其实在20世纪30年代的上海租界也有类似的事。鲁迅先生在杂文《倒提》中就曾经说过，西洋的慈善家是怕看虐待动物的，倒提着鸡鸭走过租界是要办罪的。

其实何止西方，这种"人道主义情感"，在中国可以说是古已有之。我们的孟夫子不是说过"君子远庖厨"吗？有不忍之心的仁人，猪肉可以吃，但要离厨房远点，以免听到杀猪的声音。当然，对动物，哪怕是即将变为餐桌上美味佳肴的动物，也用不着故意虐待，对其予以优待并无不可。何况，这对卫生免疫，对改变人的观感都有好处。可是用不着把这说成是高贵的"人道主义"情感，似乎只有如此才是以最人道的方式享受美味，才能心安理得。又要吃猪肉又要远离厨房的人道主义，只能说是虚伪透顶。如果真要怜惜动物，我看倒不如佛教，不吃肉就不杀生，不搞遮遮掩掩的玩意儿。人道主义本质是关于人与人的关系的，而不是关于人之外的一切动物的。例如，热爱动物、喜欢养猫养狗、视猫狗为宠物的人，不能因此而被称为人道主义者。他们可能热爱自己的宠物甚于爱邻人或他人，这种人不是人道主义者，最多算个宠物爱好者。马克思主义是从维护生态平衡的角度出发反对滥捕滥杀，但如果发生禽流感仍会大量捕杀禽类。

对其他传染危害人类生存的流行病的动物也是如此，绝不会来个假惺惺的人道主义。我们不要既要吃猪肉又不要听猪"临刑"前的嚎叫的人道主义，正如我们反对西方某些强国既开发能大量毁灭人类的所谓"干净的"杀人武器，又自命为人道主义一样。

我还写过两三篇关于幸福的短文，《幸福与满足》和《幸福的阿Q和阿Q式的幸福》。我深感无论在理论联系实际上还是在初衷上，幸福都是个难题。我没有水平给幸福下一个人人满意的定义，但我觉得有两种倾向应该警惕。一种是把幸福视为对需要的无限满足。实际上吃饱了之后，任何美食也引不起兴趣；肚子饿，有个馒头也非常幸福。终年穿鞋的人从不觉得鞋子可贵，一辈子打光脚的人视鞋子如珍宝。人对幸福的理解和要求是各不相同的，这取决于他们各自的地位和境况，很难相同。

但是，从哲学上看有一点是共同的。这就是幸福不是对满足的再满足，而是对满足的追求。因此它永远是一种正在追求中的满足。什么都不需要追求就可以满足的人是不幸的。如果满足就是幸福，那在食槽边的猪是最幸福的。可人不是猪，因此锦衣玉食的贾宝玉会出家；多才多艺、无衣食之累的李叔同会遁入空门，过着晨钟暮鼓、青灯黄卷的生活。从常人看来，他们或者功成名就，或者锦衣玉食，再幸福不过，可他们仍然感到痛苦空虚。幸福绝不能归为感官的满足。感官的满足可以使人快乐，但快乐不等于幸福。实际上过度的消费和肉体的满足，往往会导致堕落甚至生活中的悲剧。连功利主义者密尔都说，做一个不满足的人要比做一头满足的猪好，做一个不满足的苏格拉底要比做一个满足的傻瓜好。这说明，人的确不同于动物。动物的生存是依靠自然的赐予，而人的生活是依靠自我的创造，因此动物的生存只是一种客观存在，而人的生活是包括人的目的和价值的过程。

凡事都有个度。过度满足物质欲望不等于幸福，但不能反过来说，饿着肚子可以比吃得饱饱的人更幸福，只要自己认为幸福就行。人应该安贫乐道，只要乐道就是幸福，贫穷可以忍受，这种哲学我以为是有害的。安贫，对于少数人可以，但不能作为人的幸福生活的普遍要求。人还是要有一定的必要的物质生活条件，使人能像人那样生活，随着社会的发展不断改善生活条件。因而从社会角度看，幸福不能仅仅归结为人对自身生活的主观感受，而首先是个客观状态，是人的生存境遇问题，或者说是人的生存方式问题，因而幸福问题是个社会问题，是一个社会制度的合理性问题，一个受剥削受压迫的奴隶，无论怎样"达观"仍然是不幸的。我不同意这种看法：没有不幸的环境只有不幸的感受，任何不幸的环境都不会使我们不幸，使我们不幸的是自己对环境的看法，即我们赋予环境以何种意义。结果幸福这个社会问题变为单纯的认识论问题、心理学问题。这种说法很符合独裁统治者、压迫者的心愿。世界上没有不幸福的人，只有自认为不幸福的人。只要转变观念，人人都可以认为自己是天下最幸福的人。这样倒是天下太平，不过除了肚子饱饱的所谓哲学家外，真正饥寒交迫的人不会认为自己是天下最幸福的人。

一个马克思主义者在社会发展问题上绝不会赞美贫困，绝不会提倡安于贫困。革命就是要改变贫困生活，为争取更好的生存条件而斗争。至于个人那是另一回事。我们赞美为了大家不贫困而自己安于贫困的风格，这是革命者的风格。这种安贫与乐道——革命之道，是联系在一起的。生活贫困而志存高远是值得赞扬的，如方志敏在《清贫》中所表达的就是这种风格。如果对不合理的现实不抗议，对剥削和压迫不反抗，对境遇的改变不努力，用精神胜利法来壮大自己短小的身躯，一味追求灵魂的平静和心理的满足，把被奴役当成幸福，这就是阿Q式的幸福观，只能做万劫不复的奴才。鲁迅先生对阿Q的批评，正是哀其不幸，怒其不争。我们不做幸福的阿Q，也不要阿Q式的幸福。

我还对区分不清全球性问题与全人类利益问题、倡导全人类利益高于一切的口号提出批评，在随笔中写有批评这个口号的短文。我们并不否认，由于当今世界的科技发展和经济联系的密切，使得许多以往局限于一个国家、一个地区或几个相邻国家的问题，成为世界性问题，成为所谓全球性问题，如能源问题、人口问题、生态问题、核战争问题等。但这并不表明，在这些问题上存在"共同利益"。因为在这些问题上，一些发达国家特别是某个超级大国的处理方式是把自己的国家利益摆在首位，而不惜侵犯和牺牲别国的利益。他们保护自己国家的生态环境，而把污染工业迁到发展中国家去，甚至把垃圾运到别的国家去。戈尔巴乔夫倡言"全人类利益高于一切"，但这并没有感动西方，结果是北约东扩到卧榻之边。这是现实对空想的嘲笑。我们应该懂得当今所谓全球性问题的本质。核威胁主要来自掌握大量核武器的核大国，能源危机来自发达国家特别是美国对能源的过度需求和无止境的消耗，生态环境破坏主要来自发达资本主义国家的工业发展和对自然的掠夺性开采。城门失火，殃及池鱼，使这些问题变成"全球性问题"。但全球性问题不等于全人类共同利益，因为当今世界仍然存在富国与穷国、发达国家与发展中国家的区分，发达国家特别是超级大国，在解决这些问题时，考虑的是自己国家、民族和阶级的利益，而不是"全人类利益"，更不用说认为全人类利益高于一切。

在我的随笔中，最具现实性、理论性，用力较多的是《史论拾零》，这既是我的专业兴趣，更是现实问题和理论问题的要求。我经常关注报纸杂志上发表的哲学文章，确实学到不少东西。可当我看到学术界为某个概念式的问题争得不可开交时，总是会涌起一种想法：何不求助于历史呢？历史自身会为概念注入具体内容。历史与脱离历史的抽象哲学概念具有天生的"敌对"性。任何没有可能得到历史证明的范畴和概念都是悬在思辨太空中的"死魂灵"。恩格斯赞扬黑格尔哲学的历史感，不是没有缘由的。历史是通过例证来传授的哲学，此说极为有理。

"经济决定论"的反对者，连经济在社会发展中的最终决定作用也反对掉了。我心想，何不求助于历史，特别是经济史呢？马克思说过，只有毫无历史知识的人才不知道，君主们在任何时候都不得不服从经济条件，并且从来不能向经济条件发号施令。全部人类历史都可以证明，一个政权、一个王朝最终往往因为国库空虚、经济凋敝而垮台。物质资料生产方式是社会存在和发展的基础，当生产方式发生根本变化时，社会也会发生变化。哪一个国家和社会的变化的历史不是这样呢？！

关于有没有普遍人性的争论由来已久，至今人们仍然争论不休。我想，何不求助于历史呢？难道历史没有证明，正是由于社会发生了变化，人的社会特性才随之发生变化，人的善恶观念也发生变化吗？即使是"食色性也"的自然本性不也是变化的吗？吃什么和如何吃、两性关系不也是随着生产方式和生活方式的变化而变化吗？马克思"整个历史也无非是人类本性的不断改变而已"的论断，难道经不起历史的验证吗？

有的学者由于反对"以阶级斗争为纲"，连阶级和阶级斗争也不承认，对阶级分析方法也弃之如敝屣，对吗？难道历史没有证明，无论中外古今，都存在阶级的区分、阶级矛盾甚至激烈对抗吗？难道由于短时期"以阶级斗争为纲"的政策性错误，就要根本改变人类历史长期存在阶级和阶级斗争的事实，根本摒弃马克思主义关于阶级斗争的理论和阶级分析方法吗？

有些学者以各种理由否定历史规律。我想，何不求助于历史呢？难道历史不是证明，无论是大国还是王朝的衰败，都绝非某一个人的过失，而总是与社会基本矛盾的积累、激化，最后无法解决相连吗？没有无疾而终的大国，也没有无疾而终的王朝。马克思说过，历史发展是铁面无情的。所谓"铁面无情"就是指规律的客观性。只要仔细研究历史，我们就可以从历史事实的非重复性中，发现重复性，发现规律。

学者们为自由、民主、平等的问题争论不休。何不回归历史？考察一下阶级社会的历史，考察一下资本主义产生和发展的历史，考察一下资本主义的殖民历史，考察一下当代西方所谓价值外交的历史，考察一下某些西方国家以民主为旗帜支持一些国家反对派颠覆别国政权的历史，你还会认可西方鼓吹的自由、民主、平等、人权观念真的能够超越历史、超越社会制度吗？

有些哲学家、伦理学家在寻找永恒的正义、永恒的公平。世界上真有这种永恒不变的正义和公平吗？难道历史不是证明，奴隶主与奴隶、领主与农奴、有产者和无产者之间没有共同的公平、正义标准吗？即使在所谓文明的当代，各国普遍认可的公平、正义标准在哪里？在奴隶社会，连亚里士多德这样伟大的思想家都认为使用奴隶是正义的。他在著名的《尼各马可伦理学》中说，对自己的所有物，无所谓公正不公正。奴隶与尚未成年的孩子，正如自己身体的一部分。谁也不会有意来伤害自己，因而对他们来说是不存在不公正的。奴隶是物，是排除在公平、正义之外的。罗尔斯的正义理论不是也遭到印度学者阿玛蒂亚·森的质疑吗？哲学家、伦理学可以绞尽脑汁寻找一个普遍的、永恒的、抽象的正义、公平的定义，满足自己思辨的爱好，或者为社会立法，或者表现自己品格的高尚。不过我要说，历史和现实会反驳这种抽象的正义、平等观念，而把它们放在历史进程中来考察。

为人是"目的"还是"手段"而争论不休的哲学家们，请问问历史吧。奴隶社会的奴隶比奴隶主多得多，希腊极少的奴隶主拥有几十万奴隶，奴隶主把奴隶当成目的还是当成工具？资本主义社会的雇佣工人数量远远超过资产者，工人不是生产的手段而是资产者生产的目的吗？只有极为天真的人才会这样想。手段与目的的分离是一切阶级社会的特点。在阶级社会，劳动者永远是手段，统治者自身的利益才是目的。只有抽象的经院哲学才会在自己思辨王国构造"人是目的"而不是手段的高见。一跨出自己神圣的哲学殿堂，直面现实，就会碰壁。

任何概念、定义，如果抽去它的历史内容，就必然是僵死的、空洞的，看似普遍适用，实则一无所用。与其沉迷于抽象定义，玩弄概念，不如多读点历史。黑格尔是最喜欢并善于运用概念的哲学家，可他又最强调概念不是抽象的普遍，而是自身还包含着特殊东西的丰富性的普遍。黑格尔是概念哲学家，可他又是最尊重历史的哲学家。

没有历史感，任何概念、思维抽象都是僵死的；没有历史佐证，任何概念和思维抽象、任何理论都是空洞的。庄子说："朝菌不知晦朔，蟪蛄不知春秋。"个人生命与历史相比，如朝菌之于晦朔。个人生命有限，只有历史才能使活着的人超越"当下"，把自己短短的一生与人类历史连接起来，把个人的眼界变为历史眼界，从无限的人类智慧中汲取个人智慧，用具体的历史知识充满概念抽象性的内囊。雅斯贝尔斯说得对：人为什么要学习古代历史呢？因为人生是有限的、不完全的，同时也是不可能完全的，所以他必须通过时代的变迁才能领悟到永恒，这也就是达到永恒的唯一途径。

当然，没有正确的哲学观点，也不能正确理解历史。中日钓鱼岛问题的恶化是日本造成的。日本右翼对日本的侵略史坚持错误的史观。日本高官到欧洲寻求支持，遭到冷遇，这是必然的，因为欧洲对希特勒发动战争罪行的清算是彻底的，德国人对纳粹罪行的反省是真诚的。德国首脑不断反思"二战"中纳粹的罪行。1970 年，时任联邦德国总理的勃兰特在访问波兰时，跪倒在华沙犹太人遇害纪念碑前，表示自己要替所有必须这样做而没有做的人下跪。1995 年，德国总理科尔在以色列犹太人殉难者纪念碑前双膝下跪，再次代表德国向受害者道歉。2004 年德国总理施罗德在华沙纪念碑前鞠躬时说，期待宽恕与和平，德国再也不会犯这样的错误。今年，即 2013 年 1 月 27 日，在纳粹大屠杀八十周年前夕，德国总理默克尔说，对于纳粹的罪行，对于第二次世界大战中的受害者，特别是被屠杀的受害者，德国应该承担起永恒的责任。这种反思要一代代保留下去。她还说，面对历史，我们不会隐瞒，德国必须正视事实，确保在未来能成为值得依赖的伙伴。德、日作为"二战"中两个同盟国，对待历史的态度有天壤之别。为什么同一个阵营的两个伙伴对"二战"历史的认识如此不同？德国波恩大学一位教授针对日本到欧洲游说企图拉帮结派提出批评，说他们对德国的游说是低估了德国人的哲学反思能力和对历史的敬畏。他说，德国和日本对战争的反省态度截然不同有很多原因，最重要的原因是日本是一个没有哲学传统的民族，没有哲学思想，就没有反思精神；没有反思精神，就不可能有一种内在的冲动去反思自己的过去。说得多好呀！没有历史感的哲学概念是空洞的；没有哲学反思的历史是扭曲的。历史和哲学确实可称为人类智慧的双眸。

在这本随笔中，我不自量力地试图对一些有关历史哲学和历史唯物主义的问题发表点看法。在《催生还是谋杀？》《历史观与历史》《历史观与历史研究》《要加强历史认识论的研究》《历史的重要性与价值评价》《再说历史的价值评价》《历史的道德评价》《不肖而能于贤者为其权重位尊》《载舟之水和覆舟之水》《鱼失水则死，水失鱼犹为水也》等三十八篇短文中对历史理论中的一些重要问题发表了点看法；在有关历史唯物主义的随笔中，讨论了历史唯物主义领域中争论较大的问题，包括经济决定论、历史决定论、历史唯物主义的重建、历史认识论和方法论等问题。在这些有关史论的短文中，我都力求结合理论、历史、现实，实现有史有论。

例如，在《秦人不暇自哀而后人哀之》中，我讨论了人类究竟能否从历史中吸取教训的问题。杜牧在《阿房宫赋》中总结秦王朝经验时说："秦人不暇自哀而后人哀之；后人哀之而不鉴之，亦使后人而复哀后人也。"这是历史理论中的一个重大问题。人究竟能否从历史中吸取经验教训？中国传统重视历史经验，倡导以史为鉴，中国惯例都是胜利者为前朝修史，目的也是论前朝之得失，以便借鉴。西方人也说，读史使人明智。可黑格尔不相信，他在《历史哲学讲演录》中说："经验和历史告诉我们的是这样：各个民族及政府从来都没有从历史中学到什么，也从来没有按照历史中所能吸取的那些教训进行活动。"中国人重视历史的传统，重视历史的教训。著有传世之作《史记》的太史公司马迁，特别重视历史经验，说"居今之世，志古之道，所以自镜也"。唐代史学家吴兢撰写的《贞观政要》是一部传世之作，是唐代贞观年间李世民与名臣魏徵等人关于如何治理国家的经验总结，包含君臣关系、君民关系以及轻徭薄赋、劝农课桑、廉洁奉公、任贤纳谏等一系列治国方略，有许多至理名言，如"理天下者，以人为本""凡事皆须务本，国以人为本""竭泽而渔，非不得鱼，明年无鱼；焚林而畋，非不得兽，明年无兽""君本舟也；人水也。水能载舟，亦能覆舟""鱼失水则死，水失鱼犹为水也"等，都足以传世。几乎历代王朝的储君从小就接受"水能载舟，亦能覆舟"等教育，可是，几乎每个王朝最后都是在农民被迫起义之后灭亡。尽管历代王朝都研究历史，研究历史的经验，但依然无法避免王朝的更替。因为历史有自身的发展规律。从每个王朝创立之初的生气勃勃、勤政爱民到逐渐积弊难返、矛盾激化，载舟之水变为覆舟之水，最终旧王朝覆灭，新王朝诞生。

历史的进步就是这样在不断存亡兴废中，以新王朝的雄壮序幕开始，以末代皇帝仓皇辞庙的悲剧结束。每个王朝的创始者都曾以长治久安、万世一系为目的总结历史经验。李世民与魏徵的一段对话就说明了这一点。唐贞观六年，太宗谓侍臣曰："看古之帝王，有兴有衰，犹朝之有暮，皆为蔽其耳目，不知时政得失。忠正者不言，邪谄者日进，既不见过，所以至于灭亡。朕既在九重，不能尽见天下事，故布之卿等，以为朕之耳目。"魏徵回答说："自古失国之主，皆为居安忘危，处治忘乱，所以不能长久。今陛下富有四海，内外清晏。能留心治道，常临深履薄，国家历数，自然灵长。"李世民求治心切，魏徵的回答也很有道理。唐王朝为中国历史增光添彩，贞观之治尤为唐之盛世，但"国家历数，自然灵长"之说，不可能实现。安史之乱后唐朝日渐衰落，至907年梁王朱全忠篡位灭亡，轰轰烈烈的唐王朝也只延续了289年。

黑格尔说人类不能从历史经验中学到什么，这样的说法有一定道理，历史经验对于封建统治者无用的最根本原因，在于他们企图找出一条使封建统治者的统治和剥削永存的经验。这当然不可能，因为历史绝没有这种统治者永远是统治者的经验。当人们总结历史经验的目的与历史规律相违背时，经验是无用的。历代帝王总结经验都是为了万世一系，子孙永继，这是任何人都无法实现的。即使英主如李世民，贤相如魏徵，也不可能实现。例如，"水能载舟，亦能覆舟"之理，历代皇帝都知道，"民为邦本，本固邦宁"之理也都知道。李世民说得非常恳切："为君之道，必须先存百姓。若损百姓以奉其身，犹割股以啖腹，腹饱而身毙。"可是，封建社会发展规律只能是"割股以啖腹"，因为随着王朝腐败，赋税日重是规律性现象，"任是深山无人处，犹自无计避征徭"，说的就是这种情况。

我国古代历史著作中最著名的要算《资治通鉴》。司马光奉旨编纂这部长达354卷，历时19年而成的历史巨著，目的很明确，就是"鉴前世之兴衰，考当今之得失，嘉善矜恶，取是舍非，足以懋稽古之盛德，跻无前之至治，俾四海群生，咸蒙其福"，试图维持宋王朝的长治久安。可历史极具讽刺性，在成书后不到42年，金兵临开封，宋朝父子皇帝徽、钦二帝均成俘虏。康王南迁，偏安杭州，虽名临安，然最终连"临安"亦不可得，为元朝所取代。看起来，不管《资治通鉴》或者任何其他历史书，对统治者而言都只能是警钟，而无法根本解决封建王朝的长治久安问题，因为剥削阶级社会基本矛盾会逐渐激化，虽欲久安，但实际上绝无可能。

王朝兴亡是历史规律。与人民为敌，终究会灭亡。蒋介石就是一个突出的例子，他在与共产党斗争时，非常重视借鉴王阳明和曾国藩的思想，王、曾既是理学家又是镇压农民革命的统帅，他们有攻心的策略，又有镇压农民起义的作战经验。可是不论蒋介石如何重视王阳明与曾国藩，企图以儒家正统战胜"异端邪说"，重视破山中贼和心中贼，既搞军事"围剿"又搞文化"围剿"，还有什么"新生活运动""道德复兴运动"，终究没有挽救自己失败的命运。王阳明和曾国藩对付的是缺乏理论和严密组织纪律的农民；而蒋对付的是由共产党领导的农民，对付的是马克思主义。这是有本质区别的。王阳明和曾国藩的经验救不了蒋介石，"新生活运动"也无济于国民党的长远统治。

中国共产党领导的无产阶级革命，不同于以往的任何革命；它建立的政权也不同于历史上任何剥削阶级政权。中国共产党人吸取历史经验的立场和目的不是为了少数人的利益，而是为了中国人民的解放和全国人民的长远利益，这决定了中国共产党人有可能从历史中吸取有利于革命和建设的经验和教训。

为什么同样是从历史中吸取经验，一则无效，一则有效呢？因为中国共产党是代表老百姓，而不是代表一小部分统治者为巩固自己的统治而吸取经验。在中国共产党的实践中，历史规律、历史经验、人民利益这三者是一致的。历史教训和历史经验对我们是有用的。这说明吸取历史经验有个立场问题，有个为什么人的问题。凡逆历史潮流而动的人，不可能从历史中真正吸取教训，因为他们总自以为自己的统治与前人不同。可时代在进步，历史在前进，天下之公器，不可能永远为一小撮统治者所独霸。凡是为了老百姓，真正代表老百姓利益，就可以从历史教训中吸取经验，因为其顺应历史潮流，代表最大多数人民的利益。历史潮流是历史规律的外在表现，是民心向背的凝集，顺之者昌，逆之者亡。我以历史与理论的分析说明，历史的价值与意义在于它的规律性。任何逆潮流而行动者最终都会为历史所埋葬。在《盖棺未必论定》这则短文中，我专门就历史人物的争论问题发

表了一些看法。盖棺论定，是中国关于历史人物评价的一种
说法。《晋书·刘毅传》中有"丈夫盖棺事方定"；陆游《病
起书怀》一诗中有名句"位卑未敢忘忧国，事定犹须待阖棺"。
这可以包括两层意思，一层，人已经死了，无论善恶，都不
能再有所作为，可以为其做结论，这是以死为界；另一层，
是逝者已矣，无论功过可以做个结论，以便了结。如果苛
求不已，锉骨扬灰，则有失厚道。可从历史评价角度看，盖
棺未必论定。这与苛求不已、锉骨扬灰是两回事。在中国历
史或世界历史上，争论几百年甚至千年的事与人并不少见。
人类历史上影响至深的莫非人和事。这两者当然不可分，事
是人做的，而人是做事的。虽然论事时会涉及人，论人时会
涉及事，可在历史研究中，这两者又可以分开。可以主要评
价重大历史事件，也可以主要评价历史人物。无论是事还是
人，盖棺不能论定的比比皆是，其中既有学术研究问题，也
有不同的政治观点问题。

历史上除了重大历史事件，还有重大人物，包括正面人
物，也包括反面人物。只要在历史上有过重大作用的人物都
会有不同评价，不可能盖棺论定。历史上的人物如秦始皇、
曹操、隋炀帝、慈禧、曾国藩、李鸿章、孙中山、蒋介石
等，我们不说。仅以社会主义运动中两个最重要的人物斯大
林和毛泽东为例，就可以看到盖棺未必论定这个历史现象。

斯大林逝世后，赫鲁晓夫在 1956 年苏共二十大的"秘密
报告"中对斯大林做出了控诉式的全盘否定的评价，这无论
对苏联还是对世界来说都是一次政治思想的大地震。如今，
对斯大林的评价的争论并没有结束。在他逝世五十周年之
际，一份民意调查显示，俄罗斯人仍然对这位苏联领导人看

法不一。仍有不少人认为斯大林继承了列宁的事业，完成了苏联的社会主义改造，对国际共产主义运动的发展有一定贡献；他为打败法西斯德国和日本关东军，对取得第二次世界大战的胜利做出了不可磨灭的贡献。第二次世界大战之后，苏联经济、军事和国际政治等方面都得到了进一步的全面加强，最终成为与美国共同主导世界事务的超级大国。

毛泽东是具有世界影响的伟大历史人物。毛泽东在中国人民和世界人民心中，在有良知的中国知识分子以及国际友人和理论家心中具有崇高的地位。毛泽东一生确实有过错误，但毛泽东仍然是中国人民的伟大领袖，是人民心中的大救星。中国共产党1981年《关于建国以来党的若干历史问题的决议》对应该如何评价毛泽东、毛泽东思想以及毛泽东晚年的错误有过明确的结论。可是近些年重新评价毛泽东的言论不时出现于某些报刊。这只能是一小部分人的意见，绝不能代表广大人民。我可以斩钉截铁地说，所谓重新评价毛泽东、彻底否定毛泽东，不可能得到全国人民的赞同。用否定一切的态度对待历史，用彻底否定的态度对待毛泽东这样的民族伟人，其后果是极端严重的。殷鉴不远，近在北邻，岂可忘哉！

当时毛泽东在讲到赫鲁晓夫否定斯大林时说过，一百年后还会有争论。我看关于毛泽东的评价，也会如此。争论会有，盖棺不会论定。但我相信在中国共产党的领导下，在中国人民的坚决反对下，像戈尔巴乔夫、叶利钦对待斯大林那样对待毛泽东的事情，在中国绝不可能发生。即使在俄罗斯，关于斯大林的争论也没有结束。历史就是如此，而且越往后，历史的评价会越公正。

盖棺论定，难矣！因为历史的评价从来不可能一锤定音，时代的发展、政治时势的变化、阶级关系的大调整，甚至一种新历史观思潮的出现，都会对历史上的人和事引发不同的看法。树欲静而风不止，历史评价的反复也是如此。最近一例是英国前首相，人称"铁娘子"的撒切尔夫人。她是英国历史上第一位女首相，而且三次蝉联首相一职，前后长达十一年，不仅是英国政坛，而且是世界政坛上的传奇人物。她在八十七岁高龄，于伦敦丽兹酒店在孤独中中风逝世。人们对这样一位政治人物，褒贬不一。有人盛赞其为和平时期的伟大首相，有人指责她憎恨劳动人民。英国为其举行军葬，规格仅次于国葬，政界要人云集，可同时期伦敦也有千人集会庆祝撒切尔夫人逝世。几十年后、几百年后，对她如何评价更不可知。历史无情。权势人物仅凭权势就能成为历史记忆的不多。伟大人物与权势人物不同。前者影响历史，成为历史的记忆，从而也成为历史争论的对象。

死者为大。按道德人情，原本不必评论死者。可历史不是道德，历史也不按道德要求行事，历史评价并不会因死亡而停止。历史评价争的是一个伟大人物的历史定位，是其一生的是非对错。如果按死者为大的道德原则，就不会有历史评价。没有历史评价，就没有历史学。

六本随笔以《史论拾零》殿后，终于回到我六十多年前在复旦大学的本行。可惜这只是史论而不是本义的历史学。我知道历史哲学不是历史，而是关于历史的哲学；正如哲学史不等于哲学而是哲学的历史一样。如果要真正在历史哲学研究方面有点成就，就既要从事哲学研究，又要真正地从事历史研究，否则，也是弯弓而不射的，只是徒赞好箭。可按我的年龄来说，此生难以了此愿望。

我的随笔不仅针对社会事件或问题，也是自我解剖。我在《哲学心语》中就对自己年青时代的焦虑、失眠以及种种不正常的心理做过哲学分析。我也写过短文《我们自己的大便同样是臭的》，提醒自己注意自己的缺点。因为我们总认为别人的大便是臭的，在闻到别人的大便臭味时会掩鼻而过，可对自己的大便同样是臭的这一点往往缺乏自觉。缺点也是一样。别人身上有缺点，往往会觉得罪不可赦，可对自己身上同样的缺点则不以为然。如果有人指出，不仅不接受反而暴跳如雷。这种情况非常常见，我自己也会有这种情况。同样的错误或缺点发生在自己身上往往就会强词夺理或轻描淡写。我想起我们的先哲老子说的"知人者智，自知者明"。在实际生活中，知人者容易发现，但自知者实为难能可贵。我忘不了蒙田说的"自己的大便也是臭的"这句名言。

我不是学者，没有专门的学问。虽然不能称为"思考者"，但我是个愿意思考的人，也是乐于思考的人。罗丹的著名雕像《思想者》是哲人的形象。思考，这是哲学的专业习惯，也是职业习惯。我们做不了思考者，但我们要做一个愿意思考的人。

六　理论晚节

革命者有晚节问题，做官的有晚节问题，我们这些普通的理论工作者有没有晚节问题呢？我认为有，这就是理论晚节。我从事马克思理论工作近六十年，我看到苏联解体、社会主义遭到挫折时，不少过去的马克思主义理论家的"忏悔"和反戈一击；看到中国有些过去的革命者、理论家对毛泽东无中生有的无所不用其极的攻击，深感理论晚节对马克思主义理论工作者的重要性。这可说是理论工作者的立身之本，是理论工作者的人格和尊严。理论领域中的变色龙，与革命中的叛变者具有相似性。只不过，理论上的叛变往往很难被识别，容易与创造性相混淆。

有位朋友在交谈中问我："你真的信仰马克思主义吗？"我问他："为什么不信仰？"他说："苏联解体了，社会主义在苏联失败了，最后还是转向资本主义。"还说，"中国三十多年改革中，贫富分化、贪污腐败、群体事件突发，证明以马克思主义为指导只是一句空话"。我反驳他说："请你告诉我，苏联解体、社会主义在苏联失败，是因为坚持马克思主义，还是背叛马克思主义？取缔共产党，取消马克思主义的指导地位，实行休克疗法，推行私有化，哪一条符合马克思主义！""中国近三十年改革开放的成就，你能否认吗？是运用什么主义取得的？邓小平的社会主义本质论和'三个有利于'标准、江泽民的'三个代表'学说、胡锦涛的科学发展观，以及习近平提出的中华民族复兴的中国梦，哪一条不以马克思主义基本原理与中国实际相结合为依据？"

我们现实中的问题当然存在，有不少不尽如人意的地方。可这些问题，哪一条符合马克思主义基本原理？哪一条是由于坚持了马克思主义基本原理？而要解决这些问题，哪一条能离开马克思主义基本理论和方法论的指导？社会主义运动史证明，凡是坚持马克思主义与本国情况相结合就能胜利，有困难也能在不断克服中前进。相反，则必然失败。正反两方面的经验和教训，都证明在当今世界最有效地指导认识世界和改造世界的理论和方法，仍然是马克思主义。此外，没有任何理论能担当这个任务。中国当代马克思主义的本质就是马克思主义与中国实际情况相结合。

我曾经接受过《人民日报》《光明日报》的访谈，讲自己的治学道路，讲对马克思主义的坚定信仰，讲我们这个专业应该是专业、职业和信仰的统一。这些访谈都曾见报。最近，我专门为教育部主管的《中国高校社会科学》2013 年第 1 期写过一篇文章《论马克思主义理论教员的专业与信仰》，反复强调我们马克思主义理论工作者应该自尊、自信、自强，对我们这些老一代马克思主义理论工作者来说，是保持理论晚节的问题，对青年马克思主义理论工作者来说，如果不信仰马克思主义又在这个领域中工作，只有两条路：或者是离经叛道，或者是在马克思主义领域中跳"假面舞"。

我们要有理论自觉。这就是要认识到我们从事马克思主义理论研究和教学工作的重要性，自觉坚持马克思主义。我们不要屈服于市场的诱惑和某些错误思潮的压力，更不要害怕某些无知者的狂言。我们应该懂得，作为马克思主义理论研究者，在这个领域中如果能取得某些成就，它的价值绝不次于其他任何领域；作为高校教员，一个优秀的马克思主义哲学理论教员的责任和贡献，绝不逊于任何专业学科的教员。我们的教学面对的不是某一个学科而是全体学生，我们在讲台上宣传什么，可以影响学生的一生。专业知识可以影响人的就业，可在职业选择多样化的市场经济条件下，不一定人人从事本专业的工作；专业知识可以因职业选择不符而被搁置，甚至无用武之地，而我们的研究成果和教学，可以影响一个人的人生道路，影响人的思维方法、价值取向和整体素质。谁能回答我：我们这个工作不重要吗？对培养合格的德才兼备的学生而言，它与那些纯专业课程相比不重要吗？只有目光短浅的人才会这样看。

我们要有理论自信。因为我们信仰的是科学理论，而不是非理性的盲目崇拜。马克思主义是具有实践性和学术性的理论。马克思和恩格斯终生都在从事学术研究。恩格斯说过，社会主义自成为科学以来，就要求人们把它当作科学看待，要求人们去研究它。恩格斯在讲到马克思的《资本论》研究时说，政治经济学不是供给我们牛奶的奶牛，而是需要认真热心为它工作的科学。马克思四十年不懈地从事《资本论》的写作，马克思和恩格斯以毕生之力从事创建马克思主义科学体系的学术工作。他们留下的卷帙浩繁的著作和手稿，以无可辩驳的事实证明马克思主义理论值得任何追求科学真理的人为之付出毕生的精力。

我打过一个比方，对于信仰马克思主义的人，马克思主义学说是一座高山，世界各国的马克思主义实践者和理论工作者都在攀登这座山。这座山有高峰，有险峰，但没有顶峰。马克思主义是永远发展着的学说。我始终相信马克思主义是真理。当代世界出现的种种问题，从西方的资本主义社会向何处去、文化危机、金融危机，到一些国家的贫困落后、苏联解体东欧剧变，到中国特色社会主义理论、道路和制度的建设，如果不以马克思主义作为分析的基本理论和方法，当代有哪种学说能担当这个任务呢？没有。

对于那些反对和攻击马克思主义的政治家和学者来说，马克思主义同样是一座高山，是挡住去路无法逾越更无法绕过的高山。你只要看看当代那些反对马克思主义的学者，哪个不是拿马克思和马克思主义说事儿，哪个不以推翻马克思主义理论为自己的学术"使命"？可是从马克思主义产生以后，没有任何理论家，包括所谓伟大思想家能够达到推翻马克思主义的目的。日裔美国学者福山的"历史终结论"终于破产；亨廷顿的"文明冲突论"虽然表面上可以解释西方在中东和世界某些地区发动的战争，但实际上在宗教与文明冲突背后都隐藏着经济利益和政治利益。在当今世界，没有一种社会理论和学说能像马克思主义这样仍然具有解释世界和指导改变世界的理论能力，如若不服，请举出哪一种理论在当代具有马克思主义这样的理论力量。没有。对这种具有科学性并经过实践反复证明的真理没有自信，那你相信什么呢？！

当然，我们马克思主义理论工作者的自尊、自信应该建立在自强的基础上。我们首先应该自己看得起自己、相信自己，要使别人尊重和信服，我们必须自强，在这个领域中，无论是从事研究还是从事教学，要做出成绩来，要拿出成果来。我们上要顶天、下要立地。顶天，就是要认真学习、阅读、钻研马克思主义经典著作。如果我们从事马克思主义哲学研究和教学，连最重要的马克思主义哲学经典著作都不读，写文章、讲课，以能引用西方学者某句话为学问，马克思、恩格斯、毛泽东、中国特色社会主义理论，讲起来不那么理直气壮，那就难怪别人小瞧我们的专业，因为我们自己就先怯三分。下要立地，立地，就是要接地气，这对马克思主义极其重要。马克思主义时代化、民族化、大众化，就是接地气。时代化，接世界之气；民族化，接中国本土之气；

大众化，接大众之气。别的哲学可以直面原本，解读、注释、引申、发挥，可这不是马克思主义研究和教学的路子。马克思主义必须时代化、民族化、大众化。在这个过程中，我们应该面对当代世界和中国特色社会主义建设中的重大理论和现实问题，面对群众中存在的问题。如果既不读原著，又不研究现实问题，我们的理论研究和教学怎能会有成效呢？只有自强，加强自身的理论修养和对实际问题的了解，我们才有自尊的资本，才有自信的底气。

我一生从事马克思主义哲学的教学与研究。我深深地感觉到对于我们这些人来说，最惬意的人生是专业、职业、信仰的结合。我们的专业是马克思主义，我们的职业是马克思主义理论教员，我们的信仰是马克思主义。我们应该热爱我们的专业、享受我们的职业、坚定我们的信仰。我们应该信我们讲的、我们写的，它应该出自我们的内心，应该是从我们心底里流淌出来的。如若相反，则是最痛苦的人生。

我们从事马克思主义理论研究，第一，问题应该是现实的。所谓现实，并不是说哲学都要直接讨论现实政治问题或社会问题，而是要能为正确认识和解决自己面对的重大现实政治问题或社会问题提供哲学智慧。第二，理论分析要深刻。"理论"一词倒过来就是"论理"。真正的理论就要论理，不讲理就不是理论。要让人接受马克思主义哲学，必须有说服力，最大的说服力就是文章中的"理"。如果一篇文章无理可说，全是新概念、新术语、云山雾罩，就不能称为理论文章。第三，表述要通俗。写文章，浅入浅出没水平，浅入深出低水平，深入浅出才是高水平。特别是马克思主义理论文章，应该注意文风。马克思主义哲学既是一门高深的学问，同时又是大众的哲学，是只有通过宣传大众、交给大众才能发挥作用的学说。晦涩不应该是哲学的本性。连康德这样以晦涩著称的哲学家都主张文章应该通俗，应该大众化，他深以自己的著作难懂为憾。

活到老，学到老。对于马克思主义理论工作者来说，只能效法推石上山的西西弗斯，终生劳作不息。关注现实，不断研究和思考新的问题，这是一种痛苦，幸福的痛苦，也是一种幸福，痛苦的幸福。

第二编

思辨人生

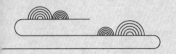

第一章 人性的思考

一 人的本质与使命

马之所以是马，是因为它具有马的本性；良马之所以是良马，是因为良马将这种本性最集中、最充分地表现了出来。如果不具有马的特性，形状像牛，叫声如猪，跑起来如狗，这就不是马而是怪物。这种使马成为马的特性，是马这个种所具有的类本性。生物中种的关系是个体与类的关系。类本性是一种自然性，它不是在个体之外存在的东西，而是个体所固有的自然本性。这是生物长期进化的结果。

可是如果用这种观点来观察人类，就会陷入理论误区。人当然也是动物中的一个类，因此任何个人同人这个类，也存在与其他动物相似的关系，即个体与类的关系。人要成为人，首先从种的角度看，应该具有人所共有的东西。可人不同于一般动物，人不仅是自然存在物，而且是社会存在物。人的最本质的东西不是生物学上的类，而是在物质生产的基础上组成的社会的成员。人的本质，除了人作为类具有的类本质外，最主要的是在社会生活中形成的社会本质。即使是自然本性，也会受到社会的再铸造而发生变化。人的本质不是永恒的、超历史的，而是具有社会形态的特性。我们只有

171

通过奴隶制度才能理解奴隶主的残忍，只有通过资本主义制度才能理解私有者的贪婪。人的本质不能用人的类来解释，只有把人放在社会中才能理解人的本质。我们可以说动物的本性在于动物自身，但我们不能说人的本质在于人自身。人的本质在于自身所依存的社会，也就是马克思说的人的本质在其现实性上是一切社会关系的总和。这是人与一般动物的根本区别。一切抽象人性论者都是从这里陷入误区的。

人应该有使命意识，可并不是每个人都能意识到这一点。人作为人，都处于社会中的一定地位，也就是说都扮演一定的社会角色。社会角色就包括人的使命。当然，并不是人们都能意识到这一点。能充分意识到自己的角色和使命的人是自觉的人，而意识不到甚至根本没有这种意识的人是浑浑噩噩的人。这实际上是个人生观的问题，是人活着为了什么的问题。

我们绝不能把社会角色看成是固定不变的、永远如此的。角色不可能固定不变，实际上人的职业地位特别是阶级关系的大变动都是角色的变动。在阶级社会中，阶级斗争的核心就是改变本阶级的不利的角色地位。例如，资本主义社会下的无产阶级的全部斗争，就是改变本阶级的被剥削被压迫地位，而不是安于自己的角色地位。力图改变被奴役地位的是革命者，安于被奴役地位的是不觉悟者，而赞美这种地位的却是彻头彻尾的奴才，所以角色意识可能只是一种职业意识，而不是一种使命意识。在阶级社会中要把角色意识提高到使命意识，就要把争取角色的变换与整个阶级的解放结合在一起。"天下兴亡，匹夫有责"所表现的责任意识以及忧患意识，都是超越个人角色局限的社会的、阶级的意识，是一种真正的使命感。

我国还处在社会主义社会的初级阶段，仍然存在富人和穷人，以及扮演各种角色的人。我们当然要逐步改变这种状况，真正使社会中人的角色与人的尊严和能力相适应。发展生产力，消灭私有制，消灭剥削，最终达到共同富裕，这才是社会主义社会中人的真正使命。

二 人性与兽性

物有物性，人有人性，兽有兽性，乍看起来，理应如此，其实并不尽然。物有物性，这没有问题，任何物一旦失去本性，就不再是此物。动物也是如此。

人到底是否有人性，是个长期争论不休的问题。并不是因为人可以没有人性，而是对人性的理解各异。人终究是人，不是一般动物，人既是历史的前提，又是历史的结果。人随着社会变化永远处于不断完善的过程中。因而历朝历代，古今中外，都为这个"什么是人性"的问题吵得不亦乐乎，迄今依然。

人性问题虽然是个哲学问题，但它涉及各个学科领域和人的行为与思想的方方面面。著名哲学家休谟在《人性论》中，把各门科学研究比喻为夺取一个村庄、一个堡垒的战斗，但真正的科学研究应该直捣各种科学的心脏或首都，即人的本性。在他看来，一旦掌握人性，我们在其他方面就有希望轻而易举地取得胜利。

美国有位哲学家也说过同类性质的话，他说有关星球的理论绝不会成为星球存在的一部分，而关于人的理论却进入人的意识之中，决定着他的自我理解，改变着他的实际存在。

人类思想史上许多争论，都离不开人性这个问题。道德学家说，人性是善的，所以道德之心为人所固有；有的人说，人性恶，道德是人为的，而人为即"伪"，是违背人的本性的。法学家说，人性应该是法律的依据，以人性为依据的法是善法，否则就是恶法；有的法学家说，法就应该惩恶。主张私有化的经济学家认为人性自私，因而私有制最符合人的本性，实行公有制则是通向奴役之路，而反对者则认为只有公有制才符合人的社会本性。几乎没有一个人文社会科学领域的理论问题甚至政治决策，不直接或间接涉及人性问题，只要寻找自己理论的最后依据，都绕不开这个问题。

物有物性，这容易理解，因为物的本性，就是它之所以是此物的本性。动物虽然有生命，但仍然属于物，属于"活物"，它的本性就是它存在的根据。庄子说，水鸟的腿虽然短，但"续之则忧"；仙鹤的腿虽长，但"断之则悲"。所以庄子得出结论，"长者不为有余，短者不为不足"，因为它们各自的本性即是如此。

这种说法，能用在人性上吗？不能。可是庄子以此喻人，似乎失之偏颇。他说，人应该有五个手指或脚趾，如有的人有六个手指或脚趾，这就不符合人作为人的本性。但这里只能说明人作为物——自然存在物的生理结构，而不能以此诠释人性。"骈指"——六个手指或六个脚趾只是生理问题，而不妨碍人仍然是人，不影响人的自然属性。人性不是人的生理结构，而是人作为社会存在物，在历史中形成并不断随历史变化而变化的本质特性。

人作为人，当然有自然属性。自然属性不是指人的生理结构，而是指人作为人的一种共同的自然需求。自古以来都说，食色，性也。人有生存的需求，因而必须食，有两性和种的延续的需求，因而有性。但动物与人不同。每一种属的动物的需求方式是稳定的，需求方式的根本变化意味着物种的变化。当然，无论不同种的动物的生存和繁殖的方式如何不同，任何动物都有生存和交配的需求，这是共同的。这种需求是本能的，是动物的本性。

人则不同。人的生物学需求，即所谓"性也"的色与食是随着社会的发展而不断变化的。恩格斯说过，人是唯一能够由于劳动而摆脱纯粹动物状态的动物。所以人的"食与色"这种永恒的自然需求，不断人化，不断摆脱纯动物的状态。从杂交、群婚到一夫一妻的变化表明，人的性观念和方式是变化的；饮食也是如此，食物的品种、烹调方式和饮食观念是不断变化的。饮食之所以称为饮食文化，正在于饮食中有文化因素，而不只是单纯的吃喝，所以人的自然属性已经是社会化的自然属性。

马克思关于这个问题曾有过非常精辟的论述。他说，吃、喝、性行为等，自然也是人的机能。但是如果使这些机能脱离人的其他活动，并使它们成为最后的唯一的终极目的，那么，在这种抽象中，它们就是动物的机能。谁要是从猪的吃食和人的吃喝中抽象出一个共同点，那就是吃，而不管吃什么，怎么吃。抽去饮食中的社会性因素和文化因素，人就降为动物。所谓衣冠禽兽，所谓禽兽不如，就是形容这种人身上的动物性机能，完全从人的其他活动中，从社会文化、道德、法律各种因素的调节和约束中挣脱出来。在这种情况下，这种名为人的人已经不是"人"，而是回归为动物，"兽性大发"。

人性不同于动物本性，就在于它是社会铸就的，也可以说是人类自我铸就的。人在实践的过程中改造自然，创造历史，同时也在不断改变人性。马克思说，整个世界史就是人性变化的历史。我们在历史的不同时期，可以看到不同的人，看到不同的价值观念和道德规范，即人性的不同表现。"神女应无恙，当惊世界殊。"神会惊讶于世界的变化，这当然是诗化的说法，但人确实如此。如果让某一时代的人复活，异时异代而处，一定会茫然失措，因为他会发现他熟悉的世界不存在了，而现在的一切对他而言都是陌生的。即使他仍然具有"食与色"的机能，但他没有"这个"社会的社会特性和它所赋予的"食与色"的方式和观念。

人性是变化的，这一点西方有些学者也承认。卡西尔在《人论》中说，并不存在一成不变的永恒的实体人性，人的本质永远处于不断变化和创造之中。人通过不断的文化创造，而不断突破自身的时空限制，整体的人类文化说到底就是人不断解放自身的力量。

人的本质与人性是相互联系又相互区别的概念。人的本质是就人与动物的根本区别而言的。这种区别就在于人的生命活动的性质与动物不同，人是依靠自觉自由的活动即劳动生存的动物，因而任何一个人都没有独自生存的能力与可能，人必然要相互交换自己的劳动才能生存，这就注定人必然要存在于社会之中，是"类"存在物。人的本质在其现实性上是一切社会关系的总和，指的是人都生活在一定的社会关系之中，属于一定的社会结构，没有抽象的无所依归的所谓"人"。一般的"人"无非是对具体人的抽象，它只存在于概念中。人性与人的本质不可分。正因为没有抽象的人，人都存在于一定的社会关系之中，因而一般的、抽象的人性也是不存在的。普遍的人性只存在于具体人性之中，是对具体人性的一种抽象。

如果说人的本质是社会关系的总和的话，那人性就不只是指人具有的社会性，还包括人的自然属性。这是考察人的本质与人性的区别的最大不同。人性包括两方面，既有自然属性，又有社会属性。人的自然属性是不断社会化的自然属性，因而随着社会的发展和文明的进步，人的自然机能越来越优化，或曰人化。这就是人的完善。

人性不能简单地等同于高尚。我们经常会看到一些文章或作品把人性神圣化。其实，人性由于与人的本质不可分，是在社会性中形成的，因而根据社会性发展的水平和人在社会关系中的地位不同，人性也是不同的。

人性有美丑善恶之分。美好的人性不是天生的，不是天赋人性，而是通过改变不合理的社会制度，加强文化教育和道德陶冶而形成的。高尚、善良的人性，需要环境的影响、培养、教育，而人性的丑恶方面，往往是社会丑恶和阶级特性丑恶方面的表现。

人性只有在与兽性相对立使用时才有美好的意思。例如，一只动物对另一只动物的处境漠不关心，没有同情，没有安慰，没有交流。人则不同，人有同情，有怜悯，有慈爱，有沟通，能够相互理解和帮助，可以对别人的痛苦感同身受，一掬同情之泪。正是根据这一社会现象，有位哲学家说，一个人对别人的痛苦，对别人人性的感受程度，是这个人身上的人性的标志。但在这种情况下使用的"人性"概念是狭义的，即人性等同于剔除人身上的一切动物性本能，只留下最美好的东西。如果超出这个范围，认为任何人的人性都是美好的，如果坏人做了坏事，那就是人性的异化，这只能是一种抽象的人本主义的历史观。

被称为美好的人性的东西，都是由人作为社会存在物而产生的。人是有意识的社会存在物，人处在各种关系之中。有人伦关系，就会有关乎人伦关系的各种情感，如父母之情、手足之情、夫妻之爱和人的相互依存关系，因而对同类可以有爱心、同情心、怜悯心，有民族关系，因而有民族情感，如此等等。一切被认为是美好人性的东西都源于特定的社会关系。有人认为，父母之情源于血缘，其实并非完全如此。在杂婚时代，在群婚时代，在只知有母不知有父的时代，就没有父子之情。一个长期离开本民族的人，民族情感就会逐渐淡化，几代以后慢慢消失而逐渐融入另一种民族。没有社会，就没有人性。

在不同的社会中，就会存在不同的人性。寡妇不准再嫁，自由恋爱的人要被沉塘之类，在当代人看来没有人性，可在当时的人看来则是理所当然的。在那样的社会中，没有人从人性的角度对此提出过抗议，反而认为这是正当的，为习俗所赞同。

庄子反对儒家的仁义道德是可以理解的，这属于不同的立场和不同的哲学观点，但不能一般地反对道德规范，不能认为所有道德都是外来的约束，不符合人的本性。人只有"任其性命之情"才符合人的自然本性。所谓"小惑易方，大惑易性"，就是片面强调人的自然本性。弗洛伊德关于本我、自我和超我的学说，也是把社会规范特别是道德规范视为对本我的压抑，认为一些本我的东西被压制，变为潜意识。长期对本我的压抑，积淀在潜意识中的东西越来越多，往往会成为精神疾病产生的根源。

实际上，人性需要培养和教育，这一点非常重要。在现代社会，必须强化人文教育，尤其是道德教育和社会主义核心价值观的教育。人的社会化过程，就是接受教育包括道德教育的过程，这也是人化的过程。这不违背人的本性，恰恰相反，是完善人的自然本性的过程。

汤因比曾说，人生在一定程度上是高尚的，而在一定程度上又是极端卑贱和耻辱的。我们是神和动物的一种讨厌的混合物。所谓神与动物的混合物，就是本能的自然属性和社会文明陶铸的高尚人性的混合。哲学教育的一项重要使命，就是使人的自然要求符合社会道德规范和文明进步的要求。

三　历史中的人性

人性的确是一个永恒的问题。中外哲学史、思想史、文学史，总之全部人文社会科学都直接或间接与人性问题有关。关于人性的争论也是持久的，几乎贯穿全部人类思想史各个领域。性善、性恶、性无善恶，各种观点的争论至今依然。我们看到坊间出版的书，有《人性的缺点》，也有《人性的优点》。励志书多以人性善为依据，而愤世嫉俗者又多半是人性恶的拥护者。其实，人性是复杂的，它既可以表现为缺点，也可以表现为优点。黑格尔就说过，有人以为，当他说人本性是善的，是说出了一种很伟大的思想，但是他忘记了，当人们说人本性是恶的，是说出了一种更伟大得多的思想。其实，无论是人性的优点还是缺点，或者说性善性恶都有其社会根源，而不是仅仅在于人性本身。

历史中的人性问题是无法回避的。历史是人创造的，而人当然有人性。一部人类历史，从一定意义上可以说就是人性铸造和展现的历史。在政治斗争和战争中，我们可看到历史人物之间迥然不同的人性显现。有的阴险诡诈、心狠手狠、毫无怜悯之心，可有的却心怀苍生、以我不入地狱谁入地狱之心，为人民利益、国家利益而甘心赴汤蹈火，对人民充满爱，而对敌人则满怀恨，光明磊落、爱憎分明。据说古罗马皇帝尼禄是历史上公认的暴君，弑母、杀妻，杀人成性，是人人闻之色变的暴君。近代，希特勒、东条英机、墨索里尼结成轴心同盟，发动第二次世界大战，这些人都是最为残暴的人物。希特勒犯下屠杀犹太人的罪行，几百万人在焚尸炉中化为灰烬；东条英机、土肥原之流的日本战犯在中国实行三光政策、发动南京大屠杀，罪行累累，罄竹难书。这些人的残暴、凶恶，亘古未有。他们可以说集中表现了人性最恶劣的方面。有人说这不叫人性，应该称为兽性。称其为兽性无非是因为他们的行为和战争罪行超过了人的底线，与禽兽无异，可以说是灭绝人性。但这种灭绝人性的兽性仍然发生在人身上，实际上是人性的另一面，即人性中最恶劣的方面。

历史上也有另一种人，他们在斗争中英勇、顽强、视死如归，可内心又充满同情和爱。林觉民在《与妻书》中那种对新婚妻子的至深至爱之情，对挽救民族危难不惜一死的赤子之心，读之感人至深、催人泪下。聂荣臻在战场上收养敌方遗孤，也非常感人。共产党人在战场上英勇杀敌，战场下最具人情、亲情和友爱之情，表现了一种高尚的优美的人性。至于普通人在日常生活中既有悲欢离合，也有爱恨情仇；既有舍己救人的人，也有谋财害命的人。我们可以看到历史上人的行为中无处不存在不同人性的展现。如果我们只满足于人性的层面而不知何以如此，何以有不同的人性表现，就永远不能理解历史。

人性与历史的关系历来是人们争论不休的问题。人性决定历史的历史观并不少见。实际上并不是人性决定历史，而是历史决定人性。有人引用恩格斯对黑格尔的评价，似乎他赞成人性决定历史的观点，这是误解。恩格斯的话，针对的是费尔巴哈人本主义关于爱是历史动力的观点。他说在黑格尔那里，恶是历史发展动力的表现形式。这里有双重意思。一方面，每一种新的进步都必然表现为对某一神圣事物的亵渎，表现为对陈旧的、日渐衰亡的但为习惯所崇奉的秩序的叛逆；另一方面，自从阶级对立产生以来，正是人的恶劣的情欲——贪欲和权势成了历史发展的杠杆，如封建制度和资产阶级的历史就是独一无二的持续不断的证明。当革命打倒旧事物旧秩序时会被认为是恶，实际上这种所谓恶只是被打倒者对事件的道德评价。至于封建社会和资产阶级的历史中，在政治斗争和权力斗争中表现出的贪欲和权势后面，是以人的情欲和权势解决历史自身矛盾的方式。李世民玄武门之变，杀死建成元吉，负有杀兄逼父、抢夺帝位之名；燕王朱棣的所谓靖难之役，以清君侧为名，借叔父身份抢夺帝位。在夺权斗争中有借口、有阴谋、有权术、有血腥味。他们并不是道德的化身而是政治人物。从历史和政治角度看，唐太宗和明成祖都是历史的有为之君，对中国社会历史进步有过重大贡献。这两种情况在人性恶的背后有其更深的社会根源。

历史不能归为两种人性的斗争，归为善与恶、天使与魔鬼的斗争。第二次世界大战中希特勒、东条英机之流表现的人性灭绝并非人的本性的异化，而是由法西斯主义和军国主义的侵略性决定的。德国纳粹的法西斯主义、日本的军国主义并不是由希特勒、东条英机个人的人性恶决定的，而是德国与日本经济和政治向外扩张的必然结果，是德国和日本的经济和政治决定了法西斯主义和军国主义的逆流汹涌。共产党人所表现的人性中的耀眼光辉，是无产阶级的革命性和历史使命决定的。因为这种革命像熔炉，在不断造就革命者的品格。当德国在第二次世界大战后彻底清算战争罪行、清算纳粹主义之后，德国人照样可以成为普通人，因为产生纳粹的政治和思想土壤已经铲除了；而日本对历史没有清算，至今仍然存在军国主义思想和一些极右翼人物，因此东条英机这样灭绝人性的人物就可能会再度出现。这不是由于德国人比日本人的天性善良，也不是日本人比德国人人性恶，而是各自的社会现实铸就的。

人欲问题是人性中一个难题。据说，乾隆下江南到镇江时，曾询问一座庙里的高僧："你每天亲眼看见长江来往船只，究竟有多少条船？"高僧答曰："只见两只船。"乾隆不解，问："为何只有两只船？"答曰："名利两船而已，天下熙熙，皆为利来，天下攘攘，皆为利往。"把人为满足自己的衣、食、住、行而从事的活动，简单归结为名利欲，这必然会引申为人的贪念是创造历史的动力，人欲决定历史。

人要生存，必须生产，必须生产满足自己生存需要的物质生活资料，并为此而从事生产活动，或农业，或工业，或商业，或种种其他行业。这是人类生存不同于动物的特点。人进行活动当然需要有欲望、有追求、有热情。没有欲望，没有热情，没有伴随人类欲望而从事的实践活动，就没有人类历史。不能把人类生存需要的生产活动简单归结为追求名与利的人欲。人欲有合理的也有不合理的。满足人类生存需要的人欲，包括所谓食与色，都是人类生存的永恒需要。如果把人为生存需要而从事的活动，把"人欲"全部纳入贪欲与权势的范围，必然把人类全部历史归结为由人性决定和实现的历史。这种历史观是错误的。

人不可能超越利益，人的全部活动都与利益有关，但这不能成为人性自私的根据。马克思严格区分了各种不同的利益。"譬如，一个毫无教养的粗人常常只是因为一个过路人踩了他的鸡眼，就把这个人看做世界上最可恶和最卑鄙的坏蛋，他把自己的鸡眼当做评价人的行为的标准。"[①] 利益是多种多样的。有个人利益、集体利益、阶级利益、民族利益、国家利益。名与利的内容随着社会条件变化而变化。封建社会追求良田千顷、金榜题名是一种利益观；资本主义社会个人追求发财致富和不择手段、沽名钓誉是一种利益观；社会主义提倡的为人民服务，"求利要求百姓利，求名要求万世名"也是一种利益观。这都具有不同的时代特点，把它们一概纳

---

① 《马克思恩格斯全集》第 1 卷，148 页，北京，人民出版社，1956。

入名利的概念中，从而得出人的贪欲与权势欲是历史动力的结论，完全是混淆概念。

人就其类本性来说，永远是人；人就其社会本性来说，永远是变化着的人。否则，就无法解释，为什么我们在不同历史条件下见到的是不同的人。人是变化的，人性是变化的。唯一不变的就是人仍然是人，这种"人就是人"的人，是一种具有相同的生理机能的生物学个体。这种个体是承载着人的社会性变化的生命存在。我们应该重视人的生物学特性、人的自然特性。人有情、有欲、有生存本能这些共同点，但是应该看到人的这种自然本性通过不同社会的陶冶，也是会产生变化的，会变得更符合理性、更符合文明，因而情欲具有人作为社会人的特性，而不再是人的原始的自然本性。所谓人性的弱点，就是自然本性压制了人的社会本性，任凭情欲之性扩张；所谓人性的优点，就是社会本性使情欲的实现合理化，使其具有人作为社会存在物的特性。

人性是在社会中，也就是在历史中形成的。我们在农业社会中看到的那种亲情、乡情和人情，可能令处在竞争激烈的资本主义社会中的人羡慕但无法得到。农民处于自给自足的小农经济中时，一切都显得那样纯朴、厚道善良，绝不会像被卷入市场化后那样，分开种菜，自己家里人吃的是天然的、无害的菜，而市场上卖的是不考虑别人的健康，只要能赚钱就行的"毒"菜。这种人虽然不多，但仍可为鉴。这不是人性恶的体现，而是被卷入市场竞争中的小农缺乏法律和道德观念所致，只要进行教育和规管就是可以解决的。把它视为永恒不变的人性恶，是对人类历史的误读。我想起《墨子·所染》中记载墨子看见匠人染丝得出的人性体悟，"染于苍则苍，染于黄则黄，所入者变，其色亦变，五入必，而已则为五色矣。故染不可不慎也。"墨子此说在两千多年前人性本善论处于主导地位的时代，是非常深刻的思想。

不是人性决定历史，而是历史决定人性。历史的变化就是人性不断变化的过程，因而必然不断展现人性。不变的人性永远无法承载变动不居的历史。一百多年前，普列汉诺夫就指出了人性决定历史这一理论的矛盾。他说，如果人的本性不变，那么怎么用它解释人类智慧发展或社会发展进程呢？任何发展的进程是什么？是一系列变化。可不可以用某种一成不变的人性来解释这些变化呢？变量之变是因为常量不变吗？普列汉诺夫对马克思的人性观予以高度评价。他说，按其对科学的重要性来说，可以大胆地拿这一发现同哥白尼的发现相提并论，以及一般地同最伟大的、最富有成效的科学发现相提并论。把马克思的人性观比作哥白尼的天文学发现是有道理的，因为这都是对于基本观念的翻转。

四　分析死的问题的两个视角：科学视角与价值视角

人世间最重大的事，莫过于死。没有死亡，就没有宗教。宗教就是创造一个不死的世界，让灵魂继续在另一世界存活。没有死，哲学就会失去最有智慧的部分。如何对待死亡，是哲学智慧的重要部分。如果没有死亡，庄子哲学就会失去它的价值。甚至可以说，全部中外哲学中许多重要内容都会因此失去光彩。使人从死亡的恐惧中解脱出来，是古今中外许多哲学家全力以赴的事，可这样的努力不会有任何结果。对死亡的恐惧似乎是人的本能的一部分。蝼蚁尚且贪生，何况人乎！哲学家谈论生死几千年，宗教从产生起无时无刻不要求人从死亡中解脱，向往极乐世界或天堂，可人还是愿意留在人间。可是不能由此得出没有必要讲生死观的结论。

对死的分析可以有两个角度：科学的角度和价值的角度。科学的角度容易讲清楚。像庄子说的，生死如日夜之常，是自然规律。恩格斯在《自然辩证法》中说过："今天，不把死亡看做生命的本质因素、不了解生命的否定从本质上说包含在生命自身之中的生理学，已经不被认为是科学的了，因此，生命总是和它的必然结局，即总是以萌芽状态存在于生命之中的死亡联系起来加以考虑。辩证的生命观无非就是如此。"[1]恩格斯还补充了一句，"生就意味着死"[2]。生死相依，再蠢的人、再怕死的人都无法否认这个事实。这是铁的规律。虽然曾经有过秦始皇求长生不老药，有过汉武帝受李少君之骗的事，但人人都会死，一个也不能少，毫无例外。

对死进行科学分析是容易的，难的是价值判断。既然人终究必有一死，那生还有什么意义呢？贤与愚、肖与不肖、好人与坏人、穷人与富人、达官贵人与贩夫走卒，最终的归宿都是坟头一个，有什么区别呢？亚里士多德在他的《伦理学》中也说过，死亡是终结，而且对于死者来说，一切都随着他个人的死亡而丧失了全部价值。的确，人的死亡意味着人间一切的了结。人的价值被死亡所淹没。如果按照这种

① 恩格斯：《自然辩证法》，285页，北京，人民出版社，2018。
② 同上书，285页。

死亡观，人的生存没有任何意义，因为最终必有一死。可我们要弄明白，死是生命的终结，但不是生命价值和意义的终结。诗人臧克家说过，"有的人活着，他已经死了；有的人死了，他还活着"。

我们可以反过来说，如果人人不死，都与天地同寿，与万物同春，那人的生存有什么意义？何必讨论人生意义和价值问题呢？人生意义和价值问题的产生，正在于人人有死，人生短促。如何在有限人生中尽一个人的责任，产生了人生意义和价值问题。不死的东西不存在价值问题。不同的人生观、价值观，主要表现为对生与死的意义的不同认识。所谓"人必有一死，或重于泰山，或轻于鸿毛"，讲的就是短暂人生的意义问题。"人生自古谁无死，留取丹心照汗青"，是一种对人生意义的理解；好死不如赖活，又是一种理解。由于人皆有死而否定人生的意义，否定对生的价值判断，如果抱着这种生死观，那么为善为恶、好人坏人都是一样，反正人人归于一，最终都是死。这种生死观是最无道德、最无责任、最无担当的生死观。

死，是无可逃避的。由于有死亡而看破红尘或人未死而心先死，都解决不了生死问题。如果想要寻求解脱，从对死亡的恐惧中解脱出来，最好的方法就是勇敢地面对死亡，快乐地生存，过有意义的生活。如果用逃避死亡来寻求解脱，实际上并不会解脱，因为心存解脱之心，证明仍生活在对死亡的恐惧之中。真正的解脱应该是既认识死的必然性，又懂得生的价值。既热爱生命，又敢于走向死亡。这才是真正懂得生与死。孔子告诉他的学生，"不知生，焉知死"，这是充满智慧的回答。死是必然的，不需要探讨，不请自来，要紧的是如何过有意义的生活。只有生得伟大，才有死得光荣；若生得卑鄙，则死得猥琐。

你们正年轻，如旭日东升，正是早上八九点的太阳。生与死的问题还没有进入你们的脑海中。可你们不仅是年轻人，也是哲学博士。作为哲学博士，你们必须考虑这个问题，因为生死观是哲学中的重大问题。不思考这个问题，不能树立正确的生死观，你们的哲学就学不好。

五　向死而生

到了老年想到死很正常，如果不想倒是奇怪。虽然人们老说要忘年，忘生死，然而一般人到了一定年龄都会不由自主地想到这个"大限"。与其不想，不如想得透些，想得彻底些。这很难。古今中外多少哲学家、宗教家教人们如何面对死亡，可真正能解决问题的不多，因此这个问题不断有人讲，不断讲，但总讲不断。在我读过的书中，我觉得庄子的安时处顺说，还是有点用的，这当然还要靠个人的体悟。

道，是道家的最高概念。得道之人谓之真人。真人是超越生死的，"不知悦生，不知恶死"。因为对于道而言，人之有生死，是天道，而对于人而言，天道在人身上表现为命，"死生，命也，其有夜旦之常，天也"。天有日夜，人有生死，这是不可抗拒的天道和人道。人最终的归宿是死，这是必然的。人要死得有尊严，不要像被赶到屠宰场的猪，东奔西窜，最终仍不免一死。

生死一体，由生至死是生命运动的周期。庄子充分认识到了这个过程："夫大块载我以形，劳我以生，佚我以老，息我以死。"把死视为劳累一生以后的休息，这种对死的态度，是一种智慧。劳动后的休息，是最愉悦的时刻。

人的情感与理智是矛盾的。我们都明白，死不可抗拒，可就感情而言，人人都恋生怨死，这是人之常情，可以说，求生是人的本能。即使通达如庄子也存在这种矛盾，在著名的庄子鼓盆而歌的故事中，庄子就袒露了这种矛盾心态。惠子批评他妻子死了不哭泣悲哀，反而鼓盆而歌，是不通人情，庄子回答说，老婆死了，我能不难过吗？开始时我一样难过，但我想一想，人已经死了，她已回归大自然这个巨室之中，得到安息，我还在哇哇大哭，这说明我根本不懂人的生命的规律，"自以为不通乎命，故止也"。庄子的不哭，不是无情，而是以理制情，也就是我们现在常说的"节哀"。从庄子的智慧中，我学到了很多东西。

我们都知道生与死相连。不可能有生无死，我们都是向死而生。正因为有死，生命有限，才有生的意义和价值问题。如果生命无限，就失去了存在的意义和价值，是死赋予生以价值，是死亡迫使哲学家们讨论生命的价值。生命的价值存在于由生到死的过程之中。

生死观的问题，不是乐生怨死，或乐死怨生，也不是对生死无动于衷，而是正确对待生死，以智慧的人生观度过有限的一生。生，要乐生，即尽量创造"快乐人生"。所谓快乐人生，当然不是世俗说的穿金戴银，山珍海味，享不尽的荣华富贵。这种以生命博金钱、以满足感官为快感的人，不一定是幸福的。毫无疑问，人需要较好的生活条件，包括个人的健康、收入、家庭等，但更应该有好的心态。如果为名利所累，为鸡虫得失而心无宁日，不可能有快乐人生，即使为世俗所艳羡，其内心不见得快乐，可以称之为成功的苦恼。

快乐人生有两种：一种是感官的快乐，另一种是心智的快乐。感官的快乐不能完全否认，眼之于色，耳之于声，口之于味，得到满足会有一种快感，在一定范围内是合理的。但人更应该看重心智的快乐，即由于对别人的帮助、对社会的贡献而带来的道德感和神圣感，这是心灵的快乐。西塞罗在《论老年》中说，吃喝嫖赌的快乐能和求知的快乐相提并论吗？求知的乐趣，对于有理智、受过良好教育的人来说，是随着他们的年龄的增长而增强的。在人的一生中，随着年老体衰，从感官得到的快感会逐渐消退，可心灵的快乐感受应该随着年龄的增加而加强，这才是快乐人生、智慧人生。

死，要死得有尊严。这是很难的。生死大关，人到此时，没有不留恋亲人、依恋人世的。可要认识到客观规律是任何人不可能抗拒的，因而理性的死与有尊严的死是不可分的。人到一定的年龄就应该有死的思想准备。"哲学就是练习死亡"，在这个意义上是可以成立的，即任何学习哲学的人，都应该从理智上接受死亡，把它看成是一种必然，用古典哲学家的话说，必然性就是命运。

六 生命的短暂与永恒

当我听到有学生轻生时，总有说不出的难过。我们应该对生命怀着某种敬畏，应该懂得生命的价值。生命本来就很短，对于很短的生命不知爱惜，反而自我毁灭，既对不起国家、对不起父母，也对不起自己。

我们要重视生命。因为它短暂，更要珍惜。因为它短暂，才显现它的价值。试想，如果人人长生不老，那人的生命有什么稀罕和可贵呢？人生苦短，这是中外古今的共识。1996 年诺贝尔文学奖得主波兰女诗人维斯拉瓦·辛波斯卡在一首题为《博物馆》的诗中写道：

> 这里有一把扇子——粉红的脸蛋哪里去了？
> 这里有几把剑——愤怒哪里去了？
> …………
> 王冠的寿命比头长。
> 手输给了手套。
> 右脚的鞋打败了脚。
> 至于我，你瞧，还活着。
> 和我的衣服的竞赛正如火如荼进行着。
> 这家伙战斗的意志超乎想象！
> 它多想在我离去之后继续存活！

"物是人非"，同样是中国诗人对生命短暂的感叹。放在博物馆里的东西，肯定比人活得长。任何东西进入博物馆都能获得永恒，唯独人进不了博物馆，除非是木乃伊。可木乃伊令人想到的是生命的短暂。人只能进入历史博物馆，而历史博物馆展示的是历史，而非现实的人。

其实，不用去博物馆，只要举头四望你就可以发现人类生命的长度。它不如一棵树，不如一块岩石，不如一条河流，更不如一座小小的山丘。它也不如自己的创造物。你们家里或许有祖传的衣柜、挂钟，祖传的字画，甚至祖父母、太祖父母用过的遗物。你们的生命虽然也属于你们家的祖传，但与其他祖传物相比，你们的生命或许是最短的。尽管如此，最有价值的却是人的生命，而非物。它虽然短暂，却是永恒物的创造者。人用短暂的生命创造了物的永恒。这就是人的生命的尊严和价值。

当然，人的生命的价值是不同的。圣者与王者的历史地位，不在于生前富贵，而在于贡献。贵为高官，死后默默无闻者多矣。你们能数出古今多少宰相、多少状元的姓名？即使贵为帝王的，你们又能记住几人？除了专门的史学家，活在百姓心中的皇帝实在太少。"纣为无道，见称独夫，仲尼陪臣，谓之素王。即君子不在乎富贵矣"，讲的就是生命的价值。你们要珍重生命，不仅为父母、为国家，更是为自己。充分发挥短暂生命可能包含的无限价值。

自杀，患严重抑郁症的自杀不在此列，我讨论的是正常人的自杀。如有些年轻人为情所困，因失恋而自杀，或因为某种挫折而自杀。叔本华说过，当人感到自己面对的痛苦和困难超过自己生存所能承受的限度时，就会自杀。其实，这不能成为自杀的理由。自杀是自杀者的解脱，但却把痛苦的绞索套在了自己亲人的脖子上，使他们永远无法解脱。勇敢的一跳并非勇敢，而是怯懦，他们在困难面前失去了克服困难的勇气。有些博士生因为论文未能通过或一时未能就业而自杀，则是更傻。因为这些都是能克服的困难。有自杀的决心而无修改论文的决心，难道自杀的代价比撰写论文付出的代价要小吗！

七 尊重生命与"生命至上"

尊重生命，这是不错的。人的生命只有一次，弥足珍贵。世界上很多东西都能用钱买到，但生命是无价的，人当然应该尊重生命。所谓尊重生命主要是指尊重人的生命。至于尊重其他动物的生命，则涉及生态问题、环保问题。我们不能滥杀其他动物，这不是出于宗教的众生平等或其他抽象道德原则，而是人与自然的和谐相处。但不可能人人食素，以某些动物为食是人类生存的需要。人可以合理饮食，但不可能绝对素食。那种既要食肉又要君子远庖厨的人道主义，我认为是虚伪的。人不仅食肉，而且会为了自身的生命而消灭危及人类生命安全的动物，包括禽流感时期大量扑杀鸡鸭。我还没有见过以尊重生命、众生平等的名义对此提出的抗议。

尊重生命与生命至上主义不能等同。生命就其本身而言，对所有人都是一样的。西方一些学者，一方面，对十月革命和中国革命中因各种原因而死的人满怀人道主义情感，对革命者百般指摘；可另一方面，对几百年来西方殖民主义者对殖民地反抗者的杀戮、对当代战争中死于先进武器下的大量无辜人民不置一词。尊重一些人的生命，而又不惜毁灭另一些人的生命，这种具有明显倾向的所谓尊重生命，并非对生命的真正尊重。可以看到一个似乎矛盾的情况：高唱尊重生命者可以同时是最不尊重生命者。他们在战争中重视自己"零伤亡"，可又不断发明能一举消灭对方的先进武器。这究竟是尊重生命，还是轻视生命？这难道没有说明，尊重生命是个抽象的命题？他们肯定会区分谁的生命应该受到尊重，谁的生命不该受到尊重。可见，尊重生命往往成为当今世界政治斗争的话题，反映出某些西方大国的偏见。

生命宝贵，这自不待言。但在社会生活中，还有高于生命的东西。"生命诚可贵，爱情价更高。若为自由故，两者皆可抛。"裴多菲这首诗的可贵之处，在于他没有抽象地宣传生命至上主义，而是必要时把理想和信仰放在生命之上。我们的先圣孔子说过，"朝闻道，夕死可矣"。鱼与熊掌不能兼得时，孟子主张"舍生取义"。可见在孔孟看来，道与义的重要性在生命之上。

战争会死人。一将成名万骨枯，这是历史事实。"可怜无定河边骨，犹是深闺梦里人"，这也是历史事实。古来如此，当代也会如此。可战争确有正义与非正义之分、侵略与反侵略之分。如果我们的军人不准备打仗，不准备牺牲，奉行生命至上主义，就不能克敌制胜。对军人而言，爱国主义教育就包含必要时为国牺牲的教育。在中国长达二十八年的革命战争中，在抗日战争中，在多次保卫国家的战争中，我们牺牲了无数的革命战士。一个个可贵的生命、一个个鲜活的生命、一个个年轻的生命死于战场。有的永远埋骨异国，有的甚至骸骨无存。但我们不能因此就不抵抗侵略者。毛泽东在《为人民服务》中说："要奋斗就会有牺牲，死人的事是经常发生的。但是我们想到人民的利益，想到大多数人民的痛苦，我们为人民而死，就是死得其所。"当然，我们应该爱护生命，应当尽量减少不必要的牺牲。我们应该关心战死在他国的中国军人，尽量使遗骸还国，魂息故里。但抽象地宣传"生命至上"，宣传生命的"终极价值"，而没有任何具体的分析，只是就生命谈生命的宝贵，是一种哲学的错误。我们应该尊重生命，但更要尊重生命的意义和价值。否则一部人类历史、一部世界史，只是彼此的杀戮史，而非同时亦是保卫祖国、维护正义的历史。这种生命观要不得，应该用历史唯物主义的观点对此进行剖析。

八　活着和为了什么活着

人活着和人为了什么活着，这是两个不同性质的问题。人活着不是人生观问题，而属于自然科学的范畴，或者说是生物学问题。人活着是因为出生，人是父母所生；地球上存在人类，则是生物的进化。一个人，如果没有父母两性的结合，就没有自己；而没有生物的进化，则没有人类。可人为了什么活着不同，这是人生观问题。人活着可以说是自然因，而人为了什么活着则是目的因。

人活着是不由自主的，不是个人能决定的，任何人都不能决定自己的出生。而人为了什么活着，则取决于个人抱有什么样的人生目的。活和为了什么活是不同的。正如人们常说的，吃饭是为了活着，但活着不是为了吃饭。不吃饭不能活是生物规律，活着有没有饭吃是社会规律。饥饿是生理反应，反饥饿则是社会革命运动。

人活着的原因，人人相同、古今相同、世界相同，都是自然原因。可人为了什么活着，则各不相同。例如，孔子为道而活着，"朝闻道，夕死可矣"。他称赞颜回，一箪食、一瓢饮，回也不改其乐求道不求食的人生态度。这就是儒者最为赞赏的"孔颜乐处"。可有的人是为了自己而活着，如杨朱讲的"拔一毛而利天下，不为也"，人活着就是要全真保身；

老庄也主张人要活得自在，自得其乐，要像在天空自由飞翔的大鹏，而不能乐人之乐。所以，孔子的入世、佛教的出世、庄子的避世，都属于人为了什么活着，都包含人生观问题。"今朝有酒今朝醉"和"先天下之忧而忧，后天下之乐而乐"，是不同的人生态度、不同的人生目的，即不同的人生观。

人生观的核心是理想和信仰。区别人生观的界线是不同的理想和信仰。人为了什么活着，就是指人怀有什么样的人生理想。对自己理想的执着追求就是信仰。信仰从属于理想，是实现理想的精神动力。理想支撑信仰，没有理想就不可能有坚定的信仰。共产党人具有视死如归的信仰是因为其理想的高尚和坚定。信仰动摇就是理想的破产。当前所谓信仰危机，本质上就是理想的缺失。没有理想，信仰当然会动摇；没有信仰，理想就难以获得支撑。如果认为共产主义是渺茫的乌托邦，如果因为社会主义现实生活中存在的诸多负面现象而感到理想破产，消沉愤世，则必然导致信仰危机。

信仰危机是人生观问题，可它的根源却在于世界观和历史观的错误，在于不能对社会问题进行正确的观察和分析。社会主义作为理想是完美的，因为它是图景；而作为现实也总是避免不了各种各样的实际问题。因此，美好的社会主义社会是需要建设的，而不是一盘现成的美餐，端上来就可以吃的。贪污腐败需要反腐、道德需要教化、人的素质需要提高，社会主义就是这样在种种污泥浊水中艰难前进。立志改变这种不合理的现实就是理想，相信它一定能改变就是信仰。如果没有这样的理想和信仰，面对种种不良社会现象感到无奈，就必然会愤世嫉俗，甚至消极低沉。

马克思主义的共产主义理想并没有像宗教那样，约许人间天堂。约许是空头支票，永远无法兑现。马克思主义的科学社会主义是一种科学学说，是指导人们为社会理想而斗争的学说。它以社会历史规律为依据，描绘了人类社会发展的美景，但它要求组织政党、动员群众为理想而奋斗。以争取人类美好社会为目标而奋斗是理想，相信它最终能实现就是信仰，而为了这个理想和信仰而实践就是行动，就是革命、建设、改革。

人与动物不同。动物也有生命，但动物不存在生命观的问题，它们的生存是本能。人不同，人有意识，有能力进行反省，因而能反问自己为了什么活着。可仅仅是有意识还不能提出这个问题。不少人生活一辈子，从生到死并不曾自我探询过"为了什么活着"，可以说是过了糊里糊涂的一生，甚至是浑浑噩噩的一生。他们没有意识吗？不是，他们全部活动都是有意识的、自觉的活动。但是，他们没有哲学反思意识，没有探询人生意义的哲学意识。

人生观问题属于哲学意识，只有哲学才能提出人生的目的、意义、价值的问题，提出人为了什么活着的问题。也正因为这样，哲学意识可以说是一种痛苦的意识，即所谓智慧的痛苦。从来不追问"人为了什么活着"的人，整天浑浑噩噩。他们没有痛苦，但也不懂生命的意义。古希腊哲学家皮浪赞赏在狂风暴雨中的船上仍然平静进食的猪。人人如果都能如同这头猪一样平静，当然没有痛苦。如果哲学都把人变为猪，当然不存在"为了什么活着"的问题。然而人终究不是猪。人不仅活着，还要问为了什么活着。我希望各位能思考这个问题，不要钻在抽象概念中出不来。

九 性情：具有深刻道理的哲学范畴

中国语言中，性与情合组为"性情"。这不是单纯的词，而是有着深刻道理的哲学范畴。

没有性，就没有情。人类的男女之情源自性，父子之情、父母之情、兄弟姐妹手足之情源自人的血缘关系。人的性欲、人的血缘关系都属于人的自然本性。只要是人，就有情欲；只要是人，就有血缘关系。因此，情是性的必然表现。性不可见，能见的是情。情是性的外在流露或迸发。

人不仅有自然之性，即男女之情、血缘之爱；人还有社会性，这种由人的社会性产生的情，则具有社会特性。人的爱国之情、乡土之情、朋友之情，都不是源于自然本性，而是后天的社会性情感。从爱好来说，人还可以对某种东西怀有特殊感情，爱之如命，如对舞蹈、对音乐、对文学、对京剧、对昆曲或其他艺术等。人可以各有所爱，甚至爱之成癖。这不是自然本性，而是在某种特殊境遇中形成的感情。"情有独钟"，是情不同于性之处。人的自然本性相近，而情则可"独钟"。比起那源自自然本性的自然之情，社会之情处于更高的层次。它体现人的文化素质和教养，反映社会文明和道德发展的水平。

无论中外，凡属感人之作都歌颂情而非渲染性，把情放在性之上。我记得我读《唐宋传奇》之《李娃传》，就深为长安娼妓李娃与常州刺史荥阳公的公子之间不离不弃的爱情故事所感动。唐玄宗李隆基当皇帝不怎么样，可由白居易一曲《长恨歌》中"七月七日长生殿，夜半无人私语时。在天愿作比翼鸟，在地愿为连理枝"，而被塑造成多情的风流皇帝。

秦观之《鹊桥仙》，以七夕牛郎织女星相聚为喻，歌颂情胜于欲。"柔情似水，佳期如梦，忍顾鹊桥归路。两情若是久长时，又岂在朝朝暮暮"，为千古绝唱。人们喜欢《卖油郎独占花魁女》中的卖油郎，而痛斥《杜十娘怒沉百宝箱》中的李甲，就是出于情与欲的选择。至于脍炙人口的《罗密欧与朱丽叶》，感人至深，同样如此。人的情爱源于欲，又高于欲，这是人与动物的不同之处。爱情不是动物的发情，而是人的感情。我们现在流行的床头加拳头的影片，与中外名著中关于情爱的书写相比，高下立见。

我们重视情，当然不会无条件地贬低欲，欲不可纵，但不能废，应该以义制欲；情可感人但应有度，应该以理制情，即情不应该是非理性的。看到当代年轻人因失恋而殉情，我总是想，我们的时代是新时代不是封建时代，封建时代殉情可以具有反封建的意义，而在当代为失恋而殉情，则是一种错误的婚恋观。不过话又说回来，当代殉情者极少，而忘情、滥情甚至无情者则更多。

据说，大学生恋爱能修成正果的极少，毕业后劳燕分飞者不罕见。这可以理解，恋爱本来就是一种选择，无可非议。而博士生中夫妇重新组合的也时有所闻。这种情况与大学生谈恋爱不同，因为双方已经不是自由之身，各有家庭。因此，人在这种感情中更应该注重理性的思考，才不会成为情的奴隶。我们是老辈人，可能思想大大落后于时代。但以理制情的哲学原则，我以为在任何时候都是有用的。

一〇 焦虑：心理学和哲学问题

各位是不是有时会感到焦虑？焦虑是个心理学问题，但我们学哲学也应该懂得焦虑的本质和消除焦虑的方法。

并非任何焦虑都是坏事。正常的焦虑可以提高人的警惕性，可以促使人想方设法避免危险，可以成为行为的一种动力。焦虑是人们正常生活中情绪的一部分，但对不应该焦虑的事过分焦虑，则是一种病态。这种焦虑不在我们讨论的范围。

没有人没有过焦虑。消除不必要的焦虑的方法，可以是心理学的，也可以是哲学的。最简单的哲学思维方法就是善于计算事件发生的概率，而不能陷入"一切都有可能""万一""也许会""谁说得清楚"之类的思维方式。如果坐飞机时心里怀有"可能""万一"，肯定一上飞机就七上八下。坐火车也是如此，甚至走在人行道上也可能有"万一"的时候。报纸上就有汽车冲上人行道把在车站候车的人撞死的报道。如果我们怀着"一切都有可能"的思维方式，就会终日惶惶不安。怎么办？应该具有计算概率的思维。

我们不能把危险的程度建立在"一切都有可能""万一"上，而应该建立在概率上。例如，每年飞机失事死亡的人数，还不及交通事故的千分之一。人行道上等车被撞的情况，几十年难得一遇。有过睡觉猝死的人，难道因此人人都不睡觉吗？实际上猝死的人数占正常死亡人数的比例微乎其微，可以放心睡觉。凡事应该通过计算概率来确定应对方式。对应该焦虑的事，提高警觉；对不应该焦虑的事放心。否则，只能终日处于焦虑之中。

当然，这只是解除焦虑的思维方法，绝不是说可以不防范概率小的偶然事件。人应该防范偶然性，但不能害怕偶然性。害怕偶然性，必然会焦虑，因为人时刻都处在自己无法把握的偶然之中。为可能出现的危险担忧和对它进行防范是不同的。比如，坐飞机是安全的，但有偶然性，因此，坐飞机应该按照要求系好安全带。又如，猝死的概率是极小的，但应注意保护健康，检查身体，有心血管疾病要积极治疗。这是防范，与害怕猝死而终日惶惶不安完全不同。前者为万一而害怕一万，后者为万一而提高警惕，提防一万中出现"万分之一"。有哲学思维的人应该防范偶然，但不害怕偶然；提防万一，而不害怕万一。只有这样，才能安心生活。有这种思维方式和行为方式的人，才是智者，才可能有点哲学家的味道。

中国有个成语叫"杞人忧天"，语见《列子·天瑞》："杞国有人，忧天地崩坠，身亡所寄，废寝食者。"这个成语故事是嘲笑那些瞎操心的人。杞人忧天固然可笑，天不会塌，可天上会掉石头砸死人却是事实。2013年2月15日，俄罗斯车里雅宾斯克州的上空突然掉下巨大的陨石，震塌房屋，震碎玻璃，有千余人受伤。据科学记载，陨石坠落是常见的天文现象。"天"时刻都在掉，不过掉下的不是"天"，而是天上星星的碎片。看来杞人忧天还真有点道理，然而我们因此要像古代杞国人那样每天为此惴惴不安吗？当然不必。被陨石砸伤脑袋的概率，微乎其微。如果为此日夜担心，就近乎焦虑症了。

一一 "使人成为人"

博士，同时也是人。男博士、女博士都是人。因此，如何做人是必修课。博士都是成年人，受教育多年，自然懂这个道理。如果不懂如何做人，光做博士，最终仍然是失败的。我曾经见过，苦读多年成为博士，但由于做人不地道而身败名裂的事例。

马克思主义哲学专业的博士，既要懂中国哲学也要懂马克思主义哲学。这其中都有做人的道理。中国哲学立足教化，追求道德完善，使人成为道德的人。马克思主义哲学立足变革，追求人的解放，使人成为自由全面发展的人。这是两种不同的哲学，各有其用，不是相互对立的。

中国哲学使人成为人有两个不同层次。一个是理想层次，这就是儒家追求的圣人、贤人，老庄哲学追求的至人、真人。这可不是人人都能达到的。虽说人人皆可为尧舜，可真正成为尧舜者，自古以来有几人？满街都是圣人的说法，无非是人性本善的另一种表述方式。中国历史上圣人、贤人，少之又少。至于至人、真人，更是渺茫难求。按照庄子的说法，"古之真人，其寝不梦，其觉无忧，其食不甘，其息深深"。他还说，"古之真人，不知说生，不知恶死，其出不欣，其入不距"。我不知哪位哲学家达到了这个境界，更不知如何使人达到这个境界。我们不必追求这个境界，也不可能有这个境界。如果追求这个境界，我们就走火入魔了。

我认为真正有作用的是另一个，即现实层次，也就是中国传统文化中关于做人的规范和处理人生问题的哲学原则。例如，儒家倡导的忠、孝、仁、爱、礼、义、廉、耻，父慈子孝、兄友弟恭以及做人要讲诚信，"人而无信，不知其可也"。孟子倡导的人要有恻隐之心、羞恶之心、辞让之心、是非之心，乃至"贫贱不能移，富贵不能淫，威武不能屈"。这些都不像圣人、贤人那样高不可及，而是现实社会中做人的样板。庄子之安时处顺、淡泊名利，也不失为一种处世做人的方法。

马克思主义哲学是另一种哲学，它不是专注人的道德修养，在道德和境界意义上使人成为人，而是在实际生活中追求人的解放，使处于异化状态的人成为自由全面发展的人。马克思主义哲学首先是革命哲学，而不是道德哲学。在马克思主义哲学看来，道德修养无论到了何种超凡入圣、炉火纯青的地步，终究是个人的道德修养。对广大受压迫的群众来说，最重要的不是追求个人道德的完善，而是追求解放。统治者最乐意看到的是道德完善的人，而不是追求解放具有强烈反抗意识的人。

当然不能说，马克思主义哲学不重视做人。在人压迫人的社会斗争中，需要有革命情操的人，需要有为理想、为人民而顽强不屈，甚至牺牲自己生命的志士仁人。毫不利己、专门利人，摆脱了利己主义低级趣味的道德，应该说是人间最高尚的道德。看看有多少革命者在刑场上、在监狱中、在战场上表现出的那种视死如归、感人至深的情操道德，还能说马克思主义者是非道德论者吗？不能。在革命胜利前，马克思主义哲学重视革命者自身的道德情操和革命的坚定性；在革命胜利后，重视群众性的道德建设，重视核心价值建设。但马克思主义哲学不以道德批判取代社会批判。道德问题是社会问题的道德表征，它是一种现象，而不是原因。不正常的道德状况是社会中存在不正常的社会现象的道德表征。正如发热不是病，而是病的症状一样。教育使人成为人，涉及的是个人，一个个现实的个人。任何一个社会，永远不可能通过个人道德的提高而变为合理的社会。马克思主义哲学通过改革社会，为人成为自由全面发展的人、成为有共产主义道德的人创造社会条件。这是唯一现实的可行道路。

马克思主义哲学专业的博士，首先应该成为马克思主义者，把马克思主义基本理论变为自己的道德情操；观察问题、处理问题，应该讲立场、讲原则，应该有理想、有信仰。同时，应该学习中国传统文化，从中国传统文化中学习做人的基本原则，懂得孝敬父母、家庭和睦、讲信义、重友情。这样，哲学才算没有白学。

一二　学会做人

人的一生有两件大事，即做事和做人。做事，是工作，要认认真真，水平越做越高；做人，要老老实实，品格日益提高。哲学，尤其是马克思主义哲学，可以说是既教人做事，又教人做人的哲学。做事，离不开世界观、认识论和方法论。而做人，则离不开人生观。它们当然不能截然分开，而是相互影响，但还是各有所侧重。我特别强调做人的问题。

学哲学，首先要学做人。维特根斯坦说过，"让我们做人"。这句话意义深远，就是人应该懂得如何做人。孔子说："古之学者为己，今之学者为人。"为己就是提高自己的修养，为人就是为了别的目的。所以古人称学习为"成人"教育，就是培养人成为人的教育。做人问题重要，因为人可以成为不同的人，可以成为好人，也可以成为坏人，可以成为崇高的人，也可以成为卑劣的人，可以成为有志气的人，也可以成为平庸的人。

人要学会做人，读书是"成人"教育，使人成为人的教育。这是人的特点。狗不用学做狗，因为不用学它就是狗，即使是经过训练、成为宠物的狗仍然是狗。杂技团会数数、钻圈的狗仍然是狗。所有动物都是如此，这是动物的本性。人不同。我们经常批评一个干坏事的人，说他不是人，或称其为衣冠禽兽。要学会做人，即要具有人所应该具有的社会道德品质。

做人，就是要超越人的动物性本能，成为一个有文化有教养的人，尤其是要成为一个真正的人，即有理想、有信仰、有道德、自重、自尊、自爱、知荣知耻的人。不知羞耻，就不算人。做人要知耻。孟子说："无羞耻之心，非人也。"陆九渊也说："夫人之患莫大乎无耻，人而无耻，果何为人哉？"所以做人是个哲学问题，是世界观、人生观、价值观的问题。说一个人不像人，实际上是说，他的行为、思想完全违背了做人的基本道德原则。

我一直不赞同单纯的能力本位主义、能人主义之类的观点。能人很重要，但能人兼坏人比没有能力的人危害大得多。真正能想点子做坏事的人绝不会是弱智，都是些有本事的人。庄子说过"大盗不操矛"。凡是动刀动枪的都是小角色，真正盗窃国库，连小手指都不动就能弄到大笔不义之财的人，几乎都是有文凭有才能的人。你可以看看现在出大问题的人，大多是有文凭的人，是所谓能人。有能而无德，危害最大。我们提倡德才兼备，以德为先、又红又专。

有人一听又红又专就不舒服，我说，你不要不舒服，事实就是这样，不过红的内涵不同而已。秦桧文章好，书法好，是状元；汪精卫既有文才又一表人才，结果如何？至于陶希圣、周佛海，都非等闲之辈。历史上这种人太多太多，有才而无德，结果遗臭万年。

学会做人，主要说的是大节，说的是处理个人与社会、与民族、与国家的关系。孔子的门人子夏也说，"大节不逾闲，小节出入可也"。做人首要的是注意大节。当然，在处理人际关系时，小节往往也不应过分马虎，要多关心和照顾自己身边的人。就个人与个人的关系来说，1 加 1 等于 2，1 减 1 等于 0。都是 1 与 1 的关系，可是加法和减法的得数完全不同。这个加或减就是处理两者的关系。我的孙女读大学时，我对她说，你首先要处理好同宿舍六个人的关系，要做加法，都是好朋友，不要做减法，彼此弄得矛盾对立。如果六个人全是加法，你将处在一个非常好的小环境里，别人愉快，自己也心情愉快；如果是减法，全宿舍的同学都不理你，那你的宿舍生存环境就会极端恶劣。一个人不能处理好同宿舍六个人的关系，能处理好全班关系吗？不能处理同学关系，进入社会能处理好个人与社会的关系吗？学会做人就是学会处理人际关系。因为人是社会存在物，离不开社会，正如鱼离不开水一样。水好鱼就好，水不好鱼也不会好。水不好罪过在人，而不在鱼；而人际关系不好，很大原因往往在于自己，是自己制造的。

我为什么总教导学生要学会夹着尾巴做人？不是要人没

有出息，也不是反对个人争当英雄。英雄人物永远是值得敬仰的。个人英雄主义则不同，他不是要当真正的英雄，而要当个人英雄，认为世界离开我就不转了，哪有这回事。世界离开任何一个英雄人物，照样前进。看看历史，数数历史上的英雄人物就知道。有些人只看到历史舞台前台的领袖型人物、当权人物，而看不起群众。人民群众不是名人，在历史上是无名氏，只是一些张三李四王五之类不起眼的角色。可是世界上任何伟大事业，没有一件是由伟大人物一个人完成的。没有人民群众他就是孤家寡人，一事无成。没有士兵，就没有元帅。懂得这个道理，就能懂得如何做人。更何况你还不是英雄，而且未必就能成为英雄。生活证明，凡是搞英雄主义的人，总想高人一头，结果到哪里都搞不好关系。

人当然有自由意志。人的行动由意志指导而变化，表明人的意志是自由的。意志自由是相对的，它的自由表现在人的行动中。但为什么有这种意志而不是那种意志，为什么这群人的意志是这样，而另一群人的意志又是那样，在意志自由背后，肯定有可以分析的原因，有决定各自不同意志的条件。就此而言，意志自由又不可能是绝对的。

历史唯物主义并不否认意志自由，但要分析各种意志产生的原因，这种原因不是来自主体自身，而是来自主体所处的外在环境。只要我们承认意志自由是有来由的，就表明意志自由不可能违背因果规律。因此意志自由和历史规律论不是绝对对立的，而是相互作用的。历史唯物主义肯定意志的作用，但意志自由的可能、大小、范围是受限制的。例如，你可以把水放在火上烧，这样水就会烧开；你也可以取下来不烧，这样水永远不会烧开。放在火上或不放在火上完全由你自由决定，但会产生两种不同的结果，即变成开水或仍然是冷水，这可不是由你的意志自由决定的，而是由水与火的客观关系决定的。正如自杀一样，从18层楼往下跳或不跳，这是由你的意志决定的，表现为所谓意志自由，往下跳和不往下跳完全是两种结果——死与生，这两种不同结果不是你的自由意志决定的，而是由高空坠落的力学规律和各种偶然因素决定的。

人的活动是自主的，人的行为是可以选择的。可人的自主选择是有限度的，人不可能超越客观可能性进行选择。存在主义者萨特片面强调自我设计、自我选择，他认为只要人活着，就能逃离他人为自己设定的"所是"，而使自己成为自己"所是"的人。似乎人能任意把自己塑造为自己所是的人。这不过是一种幻想，连萨特本人也无法逃离资本主义的制约，成为自己幻想中绝对自由的人。马克思说过，人总是在他的生活范围里面、在绝对不由他的独立性所造成的一定的事物中间去进行选择。人不能在不可能中选择。如果电影院失火，逃生通道只能是窗户或门，不可能学崂山道士穿墙而出，何况崂山道士也是以头破血流而收场的。可能性与不可能性就是选择的限度。

意志自由涉及人的行为动机问题。人的任何动机都表现为人的观念和意志，人的一切动机都必须经过人的头脑。人的意志不是绝对自由的，这也说明人的动机不是完全主观的，虽然它表现形式是主观的，是主体的动机，但任何动机都是人的动机，而人是现实的人，是处于一定社会条件下的人。任何人具有某种动机不是空穴来风，同样是有原因的。这种原因，就是产生动机的种种条件。各人所处的条件不同，所以动机各异。如此分析人的动机，可以使我们更深刻地理解历史事件、历史人物行为的深层原因，而不致把一切都归于自由意志。

德国、意大利、日本发动第二次世界大战，当然是由希特勒、墨索里尼和裕仁天皇决定的。但发动战争的原因不能归结为他们的动机，而是当时德国、意大利和日本国内的经济和政治条件推动的，不是单纯出自个人的自由意志。动机论和意志论不足以解释历史，而往往会掩盖历史真相和历史背后的深层原因。

意志并非绝对自由，以及动机背后还有动力的观点，是否会成为罪犯开脱的借口？不会。我们不是宿命论者，不是机械论者。战争是有原因的，但发不发动战争，能不能寻求别的解决方式，以及在战争中如何对待被侵略国的人民，如何对待俘虏，这完全取决于战争发动者。原因是客观条件，以什么态度对待和解决取决于人自己。罪犯绝不会因为事出有因就逃脱惩罚，第二次世界大战结束后的东京审判就是如此。

一三　人的双重角色：历史的剧作者与剧中人

人是动物，但是与任何其他动物不同，人是唯一自在自为的动物。其他动物都是受自然制约的，它们无法选择自己的生活方式，它们的习性、特点都是自然选择的结果。人当然也经历过自然发展过程。在长达多少万年的由猿到人的过程中，就包含自然进化的作用。但人成为人，最根本的是自为的作用，即人是在自己的劳动中形成的，而一旦人成为人，生物进化的意义就会越来越少，甚至停止进化，人是在自我创造中发展的。

人与自然的关系不同于一般动物与自然的关系。动物只有一种环境即自然环境，而人为自己创造了一个人为的环境，这就是人的第二自然。人是生活在自我创造的自然环境中的，因此这个环境的优劣，应该由人类自己负责。这就是环境保护在当代成为国家职能的原因。

人与动物不同，还在于人为自己创立了一个特殊的环境，这就是社会。社会有自己的结构，即各种组织和制度。尽管蜜蜂也有组织，但这是自然结构，是一种生物性的本能，它的结构是稳定的、封闭的，只要种的特性不变就不会改变，即使有变化也是自然选择的结果，是生物的进化。人的社会制度和组织变化是人自己的创造和选择，其变化是迅速的，这种变化不是人的生物学变化而是社会进步。

就人与自我的关系说，人把自己培养成什么样的人，从总体上说主动权掌握在人类自己手中，而动物的变化取决于自然。正因为如此，人是动物中唯一具有自我创造性、选择性的动物。人不是预成的而是自我创造的。马克思说，人不是力求停留在某种已经变成的东西，而是处在变异的绝对运动之中。恩格斯也说过类似的话：人是唯一能够由于劳动而摆脱纯粹的动物状态的动物——他的正常状态是和他的意识相适应而且是由他自己创造出来的。因此人的历史与动物的历史不同，动物的历史是自然史，是自然进化的历史。人类历史是社会发展史，是人的自我创造史。

尽管人是自为存在物，是具有创造性的存在物，但人并不能任意创造自己的社会或任意塑造自我。如果能绝对自我选择和创造，人总要为自己创造一个好的社会，没有人处心积虑要创造一个坏社会；总要创造善不要创造恶，要创造完人不要创造坏人。可为什么奴隶要创造一个自己当奴隶的社会，工人要创造一个自己一无所有的社会，而且为什么有的人变为"上等人"而有的变为"下等人"，变为流浪者、无家可归者，变为小偷，变为盗匪，沦为娼妓，难道这都是他们的自我选择吗？离开了社会结构和历史规律，离开了人的社会制约性，只从主体自由和选择的角度是无法解释的。在封建社会穷人之所以穷的解释是命。《庄子·大宗师》中解释有些人为什么贫穷时讲的就是命："父母岂欲吾贫哉？天无私覆，地无私载，天地岂私贫我哉？求其为之者而不得也。然而至此极者，命也夫！"在资本主义社会的解释是懒，穷人是因为懒才穷的，而发家致富者都是由于自己的勤奋。这不是科学解释，而是对不合理现实的辩护。其实，在私有制社会特别是资本主义社会中，终生勤奋、兢兢业业的大有人在，可劳碌一生照样贫困。

历史是人创造的，但人无法按照自己的价值观来自由创造和选择历史。社会中人的愿望和选择是不同的，每个人都想要自己的自由。人是按照自己的意志行动的，可众多行为形成的合力，却不是任何人能左右的，这种合力就是中国哲学中所谓的势。合力所形成的趋向——势，就是规律的外在表现。历史规律是在人的行为中形成的规律，任何有价值的有效追求都不能违背规律。在阶级社会中，人被分成上等人和下等人，这不是命，不是单纯的自我选择，而是社会规律作用下的人的分流。这之中，有机遇、有努力、有斗争、有个人的才能和品质多种因素的作用，但社会的分化却是必然的，因为它取决于社会的阶级结构，而不是取决于个人的意志。个人的选择和自由，是在社会提供的背景下有限的选择和自由，而且离开了生产力状况和社会发展水平，所谓好社会、坏社会只是一种抽象的提法。奴隶主认为奴隶制是无比美妙的制度，可是对奴隶来说这是最坏的、最惨无人道的制度。对于封建社会、资本主义社会甚至社会主义社会，都会存在两种根本对立的评价。

我看马克思关于人既是剧作者又是剧中人的深刻比喻，就能够摆脱历史上长期困扰人们的历史宿命论或者主体决定论的困境，可是形而上学的思维方法总是很难把这两者结合起来。人是剧作者强调历史是人创造的，人的全部活动就是历史的真实的客观的内容。或许有人会说，既然人是历史的创作者，那历史这个剧本可以任作者编写。这就是由人是剧作者的论断引出的唯心主义结论。历史这个剧本是由人编写的，可人是在一定的、既成的各种条件和历史传统下进行活动的。也就是说，人的创造性活动是有前提的，这个前提——物质的、文化的，就为在这个条件下活动的人筑成一个可能性空间。人的活动可以有各种可能，但绝不会使特定条件下的不可能成为可能，况且历史也不同于剧本，它的内容不是预定的，而是由人的活动一步一步形成的。

可见，人作为剧作者，也在他自身的活动中同时被规定为剧中人，身兼二任。有的人就是解不开这个扣。人既然是剧中人，他的角色是规定的，那还有什么自由呢？这是由另一端即人是剧中人而得出的机械论结论。剧中人是人的角色身份。从社会学的角度说，人在社会中都处于一定的地位，扮演一定的角色，特别是那些在历史前台活动的人物，即所谓伟大人物更是重要角色。人是剧中人并没有否定人的能动性。历史并没有注定谁一定在历史中充当什么角色，个人在社会和历史中的地位和作用，在社会历史规定的可能性空间内，存在个人选择的自由。个人的机遇、才能、奋斗，以及各种偶然因素都会对个人的发展起作用。更何况，即使在历史舞台上取得了一定的角色地位，这个戏能不能唱好还要靠个人努力。毛泽东在《论持久战》中曾非常深刻地讲明了这个道理。他说，战争指挥员活动的舞台，必须建筑在客观条件许可之上，然而他们凭借这个舞台，却可以导演出很多有声有色、威武雄壮的戏剧来。可见不仅要把人是剧作者和剧中人统一起来理解，而且对其中每一个论断都应该结合起来理解。

第二章　人生的省思

一　人情、法律与生活

人情，是非常温馨的字眼。情感，是人们相互联系的精神纽带。亲情、友情、爱情，历来为人称道。人而无情，岂可为人。鲁迅先生说"无情未必真豪杰，怜子如何不丈夫"，足见鲁迅爱子之心。但人情也有其消极的方面。我不是说现在的人情债成为生活之累，这还是小事。人情大于王法的观念，就极端不利于法制国家的建设。在西方，这个问题比较清楚，法律高于人情。可中国传统文化尤其是儒家文化重伦理和人情。孔子曾与人争论父亲偷羊，儿子要不要告发的事。这是涉及法律与伦理关系的大事。孔子主张"父为子隐，子为父隐"，伦理应置于法律之上。这个问题历来引起争议。美国哥伦比亚学院哲学教授史蒂芬·T. 阿斯玛出版了名为《反对公平：赞成偏袒》的书，就认为"世间上没有绝对的公平"，认为亲亲相隐"并非自私行为"，在日常生活中，人们都在情感上倾向于亲情，而非倾向于公平。他说，"在西方，无论是童话寓言、宗教文本，抑或哲学伦理，都鼓励人们淡化人情纽带，要求公平地分配各方权重。但我认为孔子的亲亲相隐原则有着特殊的价值和意义。以人们的日常生活为例，如果我开的一个酒馆需要乐队，即使我哥哥的乐队水平比另一支乐队的水平低，我仍然会优先照顾我哥哥"。作者在这里混淆了两个不同的问题。在人们的交往中，肯定有亲疏远近、朋友与路人之分。人们在困难中更自然地指望从亲人或朋友那里得到帮助，而不是从路人那里得到帮助。因此，毫无疑问，在情感上倾向于前者而不是后者。这里不存在法律问题，也不存在法律意义上的公平问题。这是纯粹的私人交往，利益上的照顾只涉及照顾者和被照顾者之间的个人关系，而不涉及法律规定的第三者利益。

在日常生活中，我们不可能排除情感因素。人际关系中就包含主体之间的情感关系。我们对亲人和朋友不可能没有情感上的偏爱，一视同仁只是说说而已。关键是情感倾向涉及的问题的性质。撇开问题的性质，抽象地争论情感因素在人际关系中是否应该被排除，难以说清。在涉及民族大义、大是大非的问题上，应该坚持大义灭亲的原则，这是中华民族的优秀传统。《铡包勉》久演不衰，成为保留剧目的原因正在于此。包公既依法处置侄子，又安慰劝说嫂子，既严格执法，又低头赔情。

在不涉及大是大非的问题上，情感偏向当然应该尊重。然而，当涉及法律，则是另一性质的问题。例如，名义上公开招标，但暗中却偏袒亲友，这就超出了情感因素的范围，涉及法律问题。包括高考、公务员考试等，都应该按规定办事。如果事先已为所有人设定共同标准，那么任何人在这个标准面前都应该平等。如果在标准面前以亲情为依据而摒弃共同标准，那么这种亲情偏向就是徇私。

徇私与"隐"不同。徇私是枉法，而"隐"是不主动举报。

如果"隐"是指包庇罪犯，则同样成为法律问题。在法庭上亲人可以不举证、不检举，但不能做伪证；可以对判决表示赞成或反对，或者对判决有情感上的期待，这都是可以理解的，但不能通过各种方式干预审判。南非残疾运动员、世界冠军皮斯托瑞斯枪杀女友，检察官以无可辩驳的理由说明这是蓄意谋杀，而皮斯托瑞斯坚称是误杀。当时出庭旁听的父亲、哥哥、姐姐都坚信是误杀。这种所谓"坚信"，往往是出于情感的原因，而非事实的依据。法律可以不采用，但不能认为他们的"坚信"有罪。

由于中国长期的农业生产方式和以其为基础的人际关系，中华民族具有人情大于王法的观念传统。这不利于法制建设。在情感与法律的相互关系上，法律应该具有至上性、权威性。在法律面前应该人人平等，不能因为对方是名人、要人、亲人而徇私枉法。法律强调的是理，个人强调的是情；法律强调的是公平，情感强调的是偏袒。它们分属于不同的范围。如果法律以情为依据进行判决，就是徇情枉法；如果对判决的期待不存情感偏向，则是无情。

我遇到过一位农村学生，其就业选择颇费周折。按照他自己的志愿和条件，到高校比较合适，可父母、亲戚都希望他在政府机关工作，尤其是在本省、本市。有些人以为只要家里有人在政府工作，就不仅可以抬头做人，而且会带来许多方便。如果碍于亲情，选择在政府机关当公务员，首先要弄清人情与王法的关系。这不仅是个法律问题，也是个哲学问题。任何时候都不能把亲友之情置于法律之上。中国至今仍然是人情社会，如果为人情包围，很容易掉进人情陷阱。

二 生活世界的合理与不合理

我们生活的世界是物质世界，是一个不依存于我的世界。世界的物质性讲的就是，人生存于客观世界之中，而非客观世界存在于我心中。存在于人心中的世界，只能是客观世界的主观存在。这是唯物主义和唯心主义争论的最大的原则问题。

从本质上说，我们生活于其中的世界，是物质世界，但不是与我无关的世界。人只能生存于人自己创造的世界之中。我们把这种由人和人类活动构成的多姿多彩的世界，称为生活世界。这是人类活动的世界。如果停止生产，人类生活世界就不复存在。除物质生产外，人还有政治活动、文化活动，包括人们的婚丧嫁娶、生儿育女等。总之，一切世俗生活都属于生活世界，它构成了人类社会。马克思认为社会生活的本质是实践的，这一论断完全正确。如果没有人类种类繁多的实际活动，社会及其多样性就不复存在。人类生活世界不是离开物质世界的另一个世界，它存在于物质世界之中，是在客观物质世界被人化的过程中出现和存在的"人"的世界。

生活世界是属人世界。生活世界并不能取代物质世界。除了"人"的生活世界外，动物有"动物世界"，植物有"植物世界"。可以说，世界包括"各界"，有无数各种各样的小"世界"。在人的世界之外，还有无穷无尽的世界。人有意识，也最为狂妄，自以为人的"生活世界"就等同于世界全体。纳须弥于芥子之中，其实人的世界在客观世界中如同芥子，地球村只是一个小小的村庄。但对人来说，它确实是一个重要的大村庄，人类世世代代生于斯，老于斯，代代相沿，人至今仍生活在地球上。

生活世界是人创造的世界，是一个能够适应人生存与需求的世界，因为它是人的对象化世界。人把它艺术化、科学化、合理化。自在世界不可能满足人，人创造了满足自身的存在，创造出许许多多原来世界没有的东西。但人化世界又不等于合理世界，不等于一切都合乎人类生存需要的世界。人不仅有可能破坏自然，还有可能破坏社会自身。在生活世界中，每个阶级的处境不同，人的境遇也各不相同。有富人，有穷人，有人杀人，有人被杀，有种种不公正、不合理的现象。生活世界时时刻刻都在上演各种戏剧，有悲剧、喜剧，有战争、苦难，有天灾、人祸。正因为现实的生活世界并不都是合理世界，更不都是理想世界，因此，进入阶级社会以后，就产生了各种对现存世界、对现存社会种种不合理现象的抗议。这可以表现为艺术，即诗歌、戏剧和小说；也可以表现为理论，即社会理想。

中国儒家经典《礼记·大同》期待的就是一个理想化的世界，但实际上也是对现存世界的抗议。"大道之行也，天下为公，选贤与能，讲信修睦。故人不独亲其亲，不独子其子，使老有所终，壮有所用，幼有所长，矜、寡、孤、独、废疾者，皆有所养，男有分，女有归。货恶其弃于地也，不必藏于己；力恶其不出于身也，不必为己。是故谋闭而不兴，盗窃乱贼而不作，故外户而不闭，是谓大同。"从《诗经·伐檀》到屈原的《离骚》，中国历朝历代忧国忧民的诗人的诗歌中，无不包含强烈的批判社会现实不合理现象的内容。

西方也是如此。柏拉图的《理想国》、托马斯·莫尔的《乌托邦》、康帕内拉的《太阳城》以及著名的英法三大空想社会主义者的著作，无不包含对现实生活世界的强烈批判。著名的人本主义精神分析学家埃里希·弗洛姆写的《健全的社会》就是从精神病学、从人格健全的角度批判资本主义的名作。

人的世界是人创造的适合人生存的世界，这是人类文明的进步；同时人的世界又包含不合理的部分，这是进步的代价。这就是矛盾。人的生活世界既有人与自然的矛盾，也有人与社会的矛盾。否定生活世界的合理性，赞美未开化的原始状态，企图倒转历史车轮，回到太古时代，或倡导看破红尘，栖身寺庙，退回山林做隐士，都不是解决人类世界不合理现实的方法，最多是独善其身而已。可在混浊的泥水中独善其身，是很难的。

当然，不承认人类世界中存在不合理性，单纯为现实辩护则是另一种错误。黑格尔虽然是辩证法大师，但他说的"凡是现实的都是合理的"，明显包含为普鲁士王国祝福和辩护的含义。经过恩格斯的解释，它才被赋予真正辩证法的新意。

生活世界既是合理的又是不合理的。它具有合理性，人类文明、文化积累以及社会的发展和进步都是一代代人创造出的结果。但它又存在不合理性，因此必须改造。马克思主义对待人类生活世界的态度既是肯定的，又是批判的、革命的。它从肯定中看到否定，从存在中看到发展，从消灭中看到新生。资本主义社会矛盾的激化产生了马克思主义、产生了共产党，就是为了改变不合理的生活世界，为了创造一个理想的生活世界。马克思主义者是理想主义者，他们不满意现实世界才追求理想世界，但他们又是现实主义者，他们立足现实，构建理想的生活世界。马克思主义的社会主义之所以被称为科学社会主义，就是因为它立足现实，把对社会主义理想世界的追求建立在对资本主义现实的分析批判和充分吸收的基础上。

回归生活世界，成为当今哲学研究的一个重要趋向。但要注意，对生活世界的研究不是经院哲学。只在概念上兜圈子，在主体意识范围内兜来兜去，弄得神乎其神，这不是真正回归生活世界，而是离生活世界越来越远，因为真正的生活世界就是现实世界，就是人生活于其中的客观世界。它是充满矛盾的非理想的世界，也是人类社会发展无法逾越的世界。以其为基础，人类便能创造更美好的未来。

三 利益与仁义

对利益的关怀不能等同于坚持历史唯物主义。应该分清利义之争中利与义的关系，分清社会生活中人民群众的利益与个人私利的区别。如果胡子眉毛一把抓，就弄不清应该为利益而斗争，还是弃小利而取大义；弄不清哪种正确，就会在理论上沦为利己主义的同伙。

马克思曾经说过，人们的一切斗争都是为了利益。这是针对那些只重视观念而不懂得物质利益在社会中的地位和作用的历史唯心主义者说的。强调物质利益就是强调物质资料生产在社会发展中的作用，就是重视生产力和生产关系在社会发展中的作用。只有发展生产力才能为社会提供物质财富，只有合理分配才能保证利益的公平。因此，在社会生活中，一定要区分是绝大多数人的利益，还是一小部分人的利益；是国家利益、民族利益，还是某个既得利益集团的利益。并非争利益就是唯物主义，而讲风格、讲道德就是唯心主义。如果这样，那就把一个历史唯物主义的命题引到了荒谬绝伦的境地。

利益当然也包括个人利益。马克思并不否定个人利益，为阶级利益和人类利益进行的斗争中就包含为每个成员的利益进行的斗争。否定个人利益，集体利益就是虚幻的。但个人利益有正当和不正当之分。与集体利益、与他人利益相抵触、相矛盾，或凌驾于他人之上的个人利益，是一己私利。马克思把这种私利极妙地比喻为个人脚底下的鸡眼。这样的人把自己的鸡眼当作评价人的行为的标准。马克思强调，"有人可能踩了我的鸡眼，但他并不因此就不是一个诚实的、甚至优秀的人。正如你们不应该从你们的鸡眼的立场来评价人一样，你们也不应该用你们私人利益的眼睛来看他们"①。不能单纯以"有利""无利"作为评价的标准，而要看是谁的利益，什么人的利益，多数人还是少数人的利益。从大多数人的利益出发与从个人私利出发，虽然都涉及利益问题，但是性质完全不同。一己私利，往往是遮蔽正义的眼罩。

义与利的问题是中国政治哲学、道德哲学中的重大问题。义利之辩是中国哲学中的大辩论。对于这个大辩论的正反辩方难以简单地肯定谁是谁非，必须弄清义与利的性质。不加分析无条件地说"君子喻于义，小人喻于利"，我认为是

① 《马克思恩格斯全集》第1卷，149页，北京，人民出版社，1956。

不对的。以求义与谋利作为划分君子与小人的界线，是一种道德唯心主义。谋利，关键是为谁谋利，谋什么样的利；求义，关键是求什么样的义。一概否定谋利正是马克思在创立历史唯物主义时所批判的观点。可是，当只谋一人之利，谋国君之利，情况则不同。《孟子·梁惠王》中梁惠王询问孟子："叟不远千里而来，亦将有以利吾国乎？"然后推及大夫问："何以利吾家？"推及士庶人等问："何以利吾身？""上下交征利而国危矣。"孟子的治国药方，"仁义而已矣，何必曰利"。孟子推行的是王道仁政，将其置于这种利之上，站在孟子的立场看是有道理的。因为梁惠王所问之利并不是人民之利，而是国君之利。大夫、士庶人等所问之利也属于一己之利。为这种利而争夺不休，当然有害于王道仁政之大义。可以将这种非百姓之利的国君、大夫之利称为"专利"。"专利"用现代语言说，是"既得利益"。维护少数人的既得利益，并非历史唯物主义的主张。专利的危害古代人都知道："夫荣公好专利而不知大难。夫利，百物之所生也，天地之所载也，而或专之，其害多矣！"

我们应该站在历史唯物主义的高度理解马克思关于人的物质利益重要性的真正意义，不要将其庸俗化。不要以为讲利益就是合理的。在国际政治中流行着这样一句话："没有永恒的朋友，也没有永恒的敌人，只有永恒的利益。"这一针见血地揭穿了某些国家的行为原则。理解这一点，才能理解世界的风云变幻，才能理解同盟者分分合合的原因所在。无论其如何以保护别国人民，以人道、公平、正义为掩护发动对别国的侵略、轰炸，只要记住它们关心的不是别国的人民而是自己国家的利益，就不会被其蒙蔽。而国家利益是虚幻共同体的利益，实际上是统治集团的利益，仍然属于"专利"。当年马克思在《共产党宣言》中批判封建主义社会时说过，"贵族们把无产阶级的乞食袋当做旗帜来挥舞。但是，每当人民跟着他们走的时候，都发现他们的臀部带有旧的封建纹章，于是就哈哈大笑，一哄而散"[①]。可是在当代，有些论者往往对一些国家以保护别国人民为旗帜的行为背后隐藏的极其卑鄙的利益原则缺乏认识。如果一个历史唯物主义者不能区分物质利益在社会生活中的作用问题和它的合理性问题，就没有真正理解历史唯物主义的这个重要原则。

四 贡献与追名逐利

要把贡献和追名逐利区分开来。如果读了博士，花费了国家和家庭大量的经费，却不能对国家做出更大的贡献，那读博与不读博又有什么区别呢？要理直气壮地多做贡献，必须厘清贡献与追名逐利的区别。

我们反对追名逐利，但提倡贡献。有人会说，能够追到名、获到利，不也是因为做出了贡献吗？做出贡献，不是也可以给自己带来名和利吗？这种"一致论"似是而非。我们承认，这二者之间会有某种交叉点，在顺利时可能有某些一致性。可是，当个人利益与集体利益发生矛盾时，它的区别就立即显现出来了。追名逐利的目的在于自己，而贡献的目的在于社会。当个人利益不能满足时，追名逐利者可以撂挑

---

① 　《马克思恩格斯选集》，第 1 卷，295~296 页，北京，人民出版社，1995。

子，甚至成为研究团队中的害群之马；相反，则是越困难越向前。追名逐利是困难时获得成功的阻力，而为国家和集体做贡献则是困难时获得成功的动力。

冯兰友先生曾说："世界本非为人而设，人偶生于其中耳……此世界既非为人设，故其间之事物，当然不能尽如人意。"改造世界是人类生存和发展的必经之路，人就是生活在改造世界的实践中。人生的本质其实就是改造世界和社会。人的价值、意义就是以其在改造世界和社会中的贡献大小为尺度来衡量的。伟大人物之所以伟大、杰出人物之所以杰出，就是因为他们对改造世界、改造社会的贡献巨大。

贡献与地位和权势不能等同，有地位、有权势不一定就是有贡献。我们说人民群众是历史的创造者，尊重人民群众在历史上的地位，就是因为如果没有这些普通劳动者默默无闻的贡献，世界就不可能是这样，社会也不可能是这样。我们的衣食住行、我们社会的存在和发展，无一不依靠劳动者世世代代的贡献，依靠其中杰出者的卓越贡献。这就是我们尊敬贡献者而鄙视追名逐利之徒的原因。

借用培根的话，我们可以把追名逐利比作蚂蚁努力为自己积存食物，而把贡献比作蜜蜂的采花酿蜜。蚂蚁为了给自己积存食物，可以破坏河堤，千里之堤溃于蚁穴，可以祸害食物，可以危害花草树木。总之，蚂蚁的努力对于自身有利，而对别的东西有害。而蜜蜂则是无条件地贡献，越努力贡献越大。正如利己主义者干劲越大，越有害于社会；而贡献者的努力越大、干劲越大，则贡献越大。

五 识时务与守气节

"识时务"和契诃夫小说之《变色龙》中那位专横跋扈、媚上欺下、见风使舵、随机应变的奥丘梅洛夫可不能被混为一谈。如果弄不清这个区别，就很难评品历史人物。

孟子的名言："富贵不能淫，贫贱不能移，威武不能屈，此之谓大丈夫。"又赞扬孔子为"圣之时者"。时者，识时务也。识时务者为俊杰，亦为我们祖宗之宝训。可识时务又往往会成为一些人投敌叛变的借口。因此，守气节与识时务，似为两难。我读明代大学者黄宗羲《明夷待访录》，深感如何认识识时务与守气节，实为评价大变动时期中国历史人物的一大难题。

黄宗羲有生之年正值明末清初的大变动时期。他父亲黄尊素惨死于阉党之手，而他自己又遭到有拥戴之功的阮大铖的迫害。按常理，明朝对黄氏父子刻薄寡恩，与黄宗羲有杀父之仇。可是，清兵入关，黄宗羲一直起兵抗清。他不应清康熙皇帝征召，拒绝博学鸿儒科考试，潜心著述，成为一代宗师。他的《明夷待访录》在中国政治思想史上占有极其重要的地位，是政治学的扛鼎之作。就当时的历史发展趋势而言，明朝的灭亡和清朝入主中原是不可避免的。明代自万历之后日趋腐朽，始亡于李自成的最后一击，终亡于清兵的入关。效忠腐朽的明王朝，抗拒呈不可阻挡之势的清朝，可以说是不识时务；可反对异族入侵，维护已经不可救药的明王朝，又可视为有民族气节。这样在历史大变动时期必然陷入两难之中：是抗清成为民族英雄，还是识时务地迎清兵入关？究竟是史可法、黄宗羲等人冥顽不化，还是洪承畴、吴三桂等人识时务？这是个重要的历史观问题。如果不解决这个问题，不仅明末清初的历史要重写，而且有关类似问题的全部历史都要重写。这可是考验一个马克思主义者历史唯物主义水平的试金石。

我认为，评价历史人物必须具有历史观点。在历史上，战争有三种不同情况，必须具体分析。不能把"识时务"与"守气节"抽象化为一种可以不分情况普遍适用的道德范畴。中国历史上的民族战争，有入侵与反入侵之分。站在维护民族利益立场，抗拒入侵者是正义的，拒不降敌为此而牺牲者是有气节，否则即为变节投降。秦桧与岳飞忠奸之分正在于此。按例，明末抗清者为有气节，而洪吴之流非识时务而是卖身求荣。尽管北宋灭亡，偏隅江南的南宋也朝不虑夕、意图苟安、屈辱求和以自保，但是如果认为主战派就是顽固派，认为投降派为识时务者，就是颠倒历史。明末清初对于抗清与迎清人物的评价亦应如此。当时的中国并不是统一的民族国家，而是两个政权，各有保护自己的人民免遭入侵者杀戮和土地不被侵占的责任。

第二种情况是国与国之间的战争，有侵略与被侵略、占领与反占领之分。尽管西方工业文明高于中国的农业文明，资本主义社会形态高于封建社会形态，但是这不能成为西方殖民主义向外扩张的正当理由。它们不是输送文明而是侵略。因此，反对西方殖民主义、反对帝国主义是爱国。此时的民族主义与爱国主义是重合的。把义和团视为仇外的野蛮人，把鸦片战争中的反抗视为拒绝贸易、闭关锁国，都是站在西方殖民主义者的立场说话。此时，所谓"识时务"者则为卖国，而反对帝国主义则体现了中国人民不屈不挠的爱国主义情操。当时清末确有一批开风气之先的人物，但在国家民族存亡之际，他们注定是一群悲剧性的人物。

第三种情况是国内的阶级斗争，被压迫者反抗统治者的斗争。这是正义的、合乎历史规律的斗争。此时，"识时务"就是弃暗投明，转到人民这边来。中国近代以来，许多有识之士就是这样做的。在解放战争时期，国民党将领中的起义人士都属于这种"识时务"者；相反，顽固坚持反共立场，为国民党尽忠者并非明智者，因为他们分不清究竟应该忠于民族、忠于国家、忠于人民，还是忠于个人和党派。

历史情况不同，对守气节和识时务应该具体问题具体分析。毛泽东在《别了，司徒雷登》中说："我们中国人是有骨气的。许多曾经是自由主义者或民主个人主义者的人们，在美国帝国主义者及其走狗国民党反动派面前站起来了。闻一多拍案而起，横眉怒对国民党的手枪，宁可倒下去，不愿屈服。朱自清一身重病，宁可饿死，不领美国的'救济粮'。唐朝的韩愈写过《伯夷颂》，颂的是一个对自己国家的人民不负责任、开小差逃跑、又反对武王领导的当时的人民解放战争、颇有些'民主个人主义'思想的伯夷，那是颂错了。我们应当写闻一多颂，写朱自清颂，他们表现了我们民族的英雄气概。"[①] 读懂了毛泽东的这些话，就能弄懂何谓气节，何谓顽固，何谓识时务，何谓变节。

---

① 《毛泽东选集》第 4 卷，1495~1496 页，北京，人民出版社，1991。

六 命与运

我知道学生中有些人痴迷星座，不知是自以为时尚，还是真相信？如果一个学哲学的人相信这个千百年来不断被揭穿的迷信，那可学不好哲学。除非利用自己学到的一些哲学名词去当大师，加入骗子的行列。以《易经》行骗的风水师或大师不少，我都是一笑置之。这种玩意儿，中国历史上有不少方士、术士或江湖骗子玩过，除了骗骗想长生不死的帝王以外，终究成不了气候。

在中国词语中，命运虽然连用，但命与运不同。命具有不可改变的特色，它是注定的。这是一种迷信观点，相信天命或人命，都是一种迷信。没有人的人生际遇是由天命或自己出生的年月日决定的。运是一种机遇，它不同于命。命是内在的、不由自主地被决定的，实际上是对自己境遇的无可奈何的一种事后解释；而运则取决于一个人遇时、遇人或时代变化带来的机遇。中国人称之为走运。

1977年恢复高考对一些人来说是机遇，而不是命。因为这个可能性是为每个青年提供的，可有的人抓住了这个机遇，有的人就错过了。为什么？因为要使这种可能性成为改变自己命运的机遇，取决于自己。机遇偏爱有准备的头脑，同样的情况，对一些人是机遇，对另一些人就不是。所谓运气好，就是充分利用机遇提供的可能性，否则就会与机会擦肩而过，失之交臂。我们不要相信命，但要充分抓住"运"。命是不可改变的，它削弱人的奋斗决心；运是可以变化的，时来运转。因此，运是时运，运取决于时。不进行改革开放，任何人都不会遇上成为亿万富翁的好运；不恢复高考，绝大部分青年都不会遇上进入大学学习的好运。

看看我们社会中一些亿万富翁就会知道。他们是如何产生的，是因为命好吗？为什么在改革开放前，人们的命都好，但不要说亿万富翁，就连一个万元户都难找？连傻瓜都知道，是改革开放和发展多种所有制经济为他们提供了发财的机遇。为什么越是发达地区，越是沿海地区，富翁越多，人们下海时都往广州、往深圳跑？不就是因为那里是改革试点区，商机多吗？时间就是金钱，效率就是生命，商机首先出现在深圳难道是偶然的吗？同样的星座，甚至同年同月同日出生的人，如果处在西北落后地区，可能就没有这个"命"，没有这个运。现在开发大西北，原来落后的西北地区，在发展的同时肯定会产生一批亿万富翁。他们会应运而生。

毛泽东在《湖南农民运动考察报告》中曾经以生动的语言对迷信命运的农民讲过这个道理："信八字望走好运，信风水望坟山贯气。今年几个月光景，土豪劣绅贪官污吏一齐倒台了。难道这几个月以前土豪劣绅贪官污吏还大家走好运，大家坟山都贯气，这几个月忽然大家走坏运，坟山也一齐不贯气了吗？"当然是由于农民起来革命。也就是说条件变了，因而命都变了。不管什么星座，统统无用。

从历史唯物主义来看，一个最简单的道理是：凡是大的变革就会改变一些人的命运。一些人走运，一些人倒霉；不管他们什么星座，不管他们是否同年同月同日生。因为条件变化，人的命运就会变化。运取决于时，是时代提供的条件，运是时运。但同样的条件下不一定每个人都交好运，因为运还要依靠自己把握。一个人的运气，可以说是对时机的主体把握。被把握的时机就是机遇，好的机遇就是运气。一个智慧的人不要相信命，而要使机遇变为改变自己的时机。要善于抓住时变，不要白白放过。人的一生可能有许许多多的偶然。可偶然不等于机遇，因为它可以被轻轻放过，也可以被抓住，抓住了就是机遇。学习哲学的一个重要任务，就是要具有善于抓住有利时机的智慧。个人如此，国家也是如此。

我们看到现在有些名人包括明星，相信大师，求神拜佛，闭关坐禅。求神拜佛、闭关坐禅是个人私事，无可无不可，但拜大师实在没有必要。法力无边的"大师"有不少是江湖骗子，专门欺骗那些钱多多。没有太多哲学思维的名人、富婆为风水师所骗的事，在各地都有。这并不奇怪。相信命、相信星座和八字之类的人，肯定会受骗。

我推荐读一读唐代裴潾所上《谏宪宗服金丹疏》中的一段话："自去岁以来，所在多荐方士，转相汲引，其数浸繁。借令天下真有神仙，彼必深潜岩壑，惟畏人知，凡候伺权贵之门，以大言自炫奇技惊众者，皆不轨徇利之人，岂可信其说而饵其药耶！"凡是自称能起死回生的大师，能指引迷津、知人休咎、祈祷免灾者，都是骗子。当然他们专门骗名人、骗明星，因为只要一人上钩，就是最有效果的广告。这就是他们必骗名人绝不会骗穷人的道理。

七　性格与命运

我的学生，性格各不相同。据有的专家说，性格决定命运，思想决定生活。此话有理，但都只说对了一半。命运是非决定的，没有人出生时就被决定了一世的命运。命运是人

231

生历程中各种因素决定的。其中有偶然的机遇，也有各种主客观条件，但性格确实是其中的重要因素。一个心胸狭隘、固执、主观的人，或者软弱、马大哈性格的人，在处理人际关系以及个人发展方面都会受到障碍。相反，一个心胸开阔、办事认真、性格坚定的人，处理人际关系、就业或从事任何工作，获得成功的概率肯定大于前者。

思想决定生活，这也甚为有理。一个人所抱有的思想往往决定了其行为和生活态度。一个悲观的人，不可能有积极的生活态度，也不会积极参与社会生活，往往无病呻吟，提不起精神；相反，一个乐观的人，行为是积极的，生活是快乐的、向上的，遇到困难可以自我化解。悲观者，每天都有阴暗情绪；乐观者，则天天阳光灿烂。在旅途中剩下半瓶水，一个悲观主义者想到的是"只有"半瓶水，而乐观主义者想到的是"还有"半瓶水。这个"只有"和"还有"的不同判断，可能就是决定他们能否继续走下去的意志分界线。人生旅途也是如此。有的人偶遇挫折就悲观失望，走上绝路；而有的人一生坎坷，却屡挫屡起。这是不同的思想在起作用。思想支柱就是精神支柱。它似乎无形，实则力量巨大，可以影响人的一生。

当然，性格与思想不是互不相关，而是相互影响的，但各有特点。性格相对稳定，甚至终生难改；而思想则往往随境遇变化而变化。性格的形成中有思想的参与，性格一旦形成就似乎固化；反过来，性格也会影响对一种思想的接纳或排斥。因此，思想好有利于塑造好的性格，而性格好也有利于接受有益的思想。

说到此，并没有完。如果性格决定命运，思想决定生活，那又是什么决定了性格，什么决定了思想？性格中是否有遗传成分，我们弄不清。但可以断言，性格绝非"天性""本性"，更多是后天形成的。如果性格是天性，那人的命运就是前定的、不可改变的。这是变相的宿命论。同样，如果无法回答思想的来源，必然会认同思想是人头脑中固有的观念，这样我们就又回到了天赋观念的陈词滥调。

人是社会的人，人的性格与思想的形成离不开自己生活于其中的社会环境，包括家庭环境、学校教育环境、人际交往和社会整体环境。其中家庭在人的幼儿乃至少年时期，具有重要作用。一个终日争吵的家庭和一个和睦相处的快乐家庭，对孩子性格形成的影响是大相径庭的。而入学后，学校教育，尤其是中小学教育对青少年性格与思想的形成，具有重要作用。这一时期人的性格趋向于定型，而对于思想的吸收也最为快捷和牢固。

18世纪法国著名哲学家和教育家卢梭在其经典著作《爱弥儿》中对教育在性格和思想形成中的作用做过深入的论述。虽然卢梭过分推崇顺从人的自然本性，但他还是主张让教育同生命一起开始，即从一开始生活，人就应该接受教育。应该教育孩子保护好自己，教育孩子经受得住命运的打击，不要把豪华和贫困看在眼里。必要的时候，在冰岛的冰天雪地里或者马耳他岛的灼热岩石上都能够生活。要持续不断地锻炼孩子，用各种各样的考验来磨砺他们的性情。教他们从小就知道什么是烦恼和痛苦。通过这些考验，孩子便获得了力量。卢梭的自然主义教育理论虽有可议之处，但他主张顺应儿童的本性，让他们的身心自由发展的观点，对于我们是有借鉴意义的。

知识可以改变思想，习惯则与性格相伴。我们从小就应该特别关注良好习惯的养成。期待大学教育改变从小形成的习惯，是很难的。积习难改，性格终老。思想不同，它可以随着人的经历和受教育的程度而发生变化。改变习惯和性格比改变思想困难。我们可以育苗，但很难修理已经长成的大树。

八　逢时与安时

我很羡慕学生们，学习条件比我年轻时好得多，可以用来学习的时间比我年轻时多得多。他们应该比我们老一辈有成就，否则就对不起他们的时代。

生不逢时，是一些怀才不遇者的牢骚；不过，也不是毫无道理。人确实有个时机的问题。中华人民共和国成立之初，我知道最受尊敬和重用的干部是三八式、老延安。年轻人是愣头青，当然不能担重任。可现在，省部级干部中不乏年轻干部。这是国家后继有人、兴旺发达的表现，值得庆贺。

我记起在一本书中读到过，汉朝一个什么皇帝见执戟侍卫中有一须发皆白的长者，很是奇怪，问他何以这个年龄还干这个活。他回答说：陛下重用老臣时，臣正年少；可当陛下重用青年时，臣已年老。这就有个逢时与不逢时的问题。这种事，在生活中常见。就拿高校评职称来说，现在的教授、博导，三十多、四十多甚为常见。各种各样的学者称号也是越来越多，为留住人才，各地相互竞争。现在，如果五十岁仍未评上高级职称，往往就沉不住气了。可我们那辈人中，退休时仍是讲师的大有人在。至于评上教授时的年龄，五十多极为常见。我们那辈人中虽然很有学问，但到退休时仍未当上教授、博导的，很多很多。我当过一阵子系主任，最难处理的就是这种事。这就有个逢时的问题。年轻人机遇好，碰上好时光，理应如此。如果现在高校评职称还像我们那辈人一样，职称变为安慰奖，评上不久就退休，于教育和科学的发展都极为不利。

时，并非单纯指时间，而是指时间中包含的社会内容。时，表现特定时间的经济、政治、文化的发展状况和水平。所谓逢时，就是抓住了时代提供给自己的最好的发展可能性。同一年龄段的人生活于同时，但不见得人人有相同的机遇，因为时与机遇是不同的。就如同 1977 年恢复高考时，百万知识青年不可能都获得上大学的机会一样。生逢其时的人，有如何把"逢时"变为"机遇"，如何紧紧把握机遇、努力上进的问题；对于错过机遇、在原地踏步的人，又有如何安时处顺、淡定自然的问题。要不然，不逢时者或逢时而错过机遇者，就难以存活。逢时者如何"趁时"把握机遇，不逢时失去机遇者如何"安时"处世，都是人生中的哲学问题。

九　情与理

我们分析问题，要合情合理；做事情，要合情合理。这里所说的情是指"情况""情景"，通俗点说，就是合乎实情。如果不符合实情，当然无理可讲，即使讲理，也是假道理。

情理还有另一意义。情，指的是人的情欲；理，指的是理性，它的具体化即规范。如何看待人的情欲与理性的关系，是人生观中的重大问题。如果反对情欲，只强调道德的至上性，这就是以道德的名义对人性合理需求的压制。这种所谓道德高尚，是伪君子、假道学。我们之所以反对"存天理，灭人欲"，就是因为人欲不可灭。与人欲相对立的天理，无非是假天理之名的旧理教的神化。

情欲与理性的矛盾，自古以来就存在，它的表现形式可以有差异，但本质是一样的。例如，柏拉图在《斐多篇》中谈论的肉体与灵魂的关系，本质上就是情欲与道德的关系。他认为人的肉体是情欲需求的根源，也是情欲实现的载体，而灵魂的本性是纯洁的。"灵魂有肉体陪伴，肉体就扰乱了灵魂，阻碍灵魂去寻求真实的智慧。"这样，人的肉体成为灵魂实现纯洁的障碍。至于基督教宣传救赎、忏悔，也是牺牲肉体的情欲，以便灵魂得救。

马克思主义承认人的自然需求的必然性，人作为自然存在物，当然有生存繁殖的需求；否则，人就不是有生命的个体。但人是社会的人，人的自然需求不断地人化，摆脱动物式的满足和满足方式，这就是人类文明的进步、道德的进步。这种进步与灵魂无关。人没有宗教所宣扬的寄居于肉体中的灵魂。人是会思想的有理性的社会存在物。人的思想和理性不能脱离人的身体，离开身体则不存在。人死如灯灭。人死后灵魂离开身体到处游荡，可以轮回，这是宗教学说而不是科学。最近看起来这种谬说有些抬头，我经常看到有关某些大师宣传灵魂不死的报道。21世纪，科学昌明的当代，宣传这种荒谬不经的东西，居然有人相信，真有点悲哀。这说明我们无神论的宣传太不到位了。

肉体不是罪恶之源，情欲并不可耻；可耻的是，不以人的方式而以动物的方式来满足情欲。在这种情况下，人就是两脚动物，这种以"人性"名义出现的人的情欲的满足，本质上与兽性无异。禽兽不如、衣冠禽兽等贬义词，指的就是这种摆脱社会道德和法律规范的情欲的满足。马克思在《1844年经济学哲学手稿》中对这一点有过深刻的论述。他说："吃、喝、生殖等等，固然也是真正的人的机能。但是，如果加以抽象，使这些机能脱离人的其他活动领域并成为最后的和唯一的终极目的，那它们就是动物的机能。"①

人类文明的进步，使人的情欲的实现和实现方式更加符合社会道德和法律规范。人的教养水平就是人的社会化水平，就是人的文明化程度。马克思曾以人的最基本的需求即两性关系为例说明这个问题，他认为从人的两性关系的处理方式中，"可以判断人的整个文化教养程度"。当人的情欲企图摆脱社会规范，并以人性的名义追求"性解放"从而导致情欲泛滥时，人类就从文明社会倒回到了野蛮时代。千万不要以"人性"的名义为集体淫乱辩护。集体淫乱是"文明"和"人性"掩盖下的原始杂婚的当代变形。

一〇　黑与白

非黑即白、非白即黑，这是形而上学的思维方法。如果我们学习马克思主义哲学，不能摆脱这种思维方式，确定辩

---

① 马克思：《1844年经济学哲学手稿》，51页，北京，人民出版社，2018。

证思维方法，对历史事件、历史人物，尤其对重大历史事件和复杂历史人物，就不可能做出较为准确的判断。

小孩子看戏，最容易问的问题就是这个人是好人还是坏人。成年人的思维方法也容易绝对化。最容易区分的东西当然是白与黑，因为界线分明，而最难认识的是灰色，非白非黑，亦白亦黑。这也许是反腐斗争中灰色收入最难查清的原因。在认识领域不能采用非白即黑、非对即错的两极对立的思维方法，因为真理与谬误既有界线但又非绝对对立，因而必须辩证思考。

西汉时的思想家扬雄在《法言》中说过一段话："真伪相错，则正士结舌。真伪相冒，是非易位，此邦家之大灾也。"意思是真伪是相错的，也就是真理与谬误并非绝对对立的，因为被视为真理的认识中可能包含某些谬误，而被视为谬误的观点中可能包含某些真理因素。遇到这种真伪相错纠缠在一起的情况时，最聪明的人都会张口结舌，说不清楚哪个对哪个错，必须分析性地思考。

在认识领域中，不仅存在真伪相错，而且可能存在是非易位，也就是说是非颠倒，真伪难分。这种情况的危害性最大。因此，在认识过程中遇到真伪相错的情况时，要善于从真理中发现错误因素，从错误中发现真理因素，不能非此即彼。可是在应用这种思维方法时又不能采取折中主义，此一是非，彼一是非，不分真理与谬误。这样就会陷于是非易位、真伪相冒的错位。总之，要承认认识的复杂性，不能简单化、片面化。既要防止非白即黑，又要防止黑白不分。要区分真伪，但不能非黑即白；要辩证思考，但不能此一是非，彼一是非。

要在思想方法上解决这个非白即黑的形而上学方法问题，首先要学会分析。毛泽东在《学习和时局》中专门讲到分析的重要性。他说，列宁认为对具体情况做具体分析是马克思主义的最本质的东西，是马克思主义的活的灵魂。我们许多同志缺乏分析的头脑，对于复杂事物，不愿做反复深入的分析研究，而爱下绝对肯定或绝对否定的简单结论。"非白即黑"，就是绝对肯定和绝对否定的典型表现。我们发现在近代人物和思潮的研究问题上的一些翻案文章，往往是把自认为过去颠倒的事再颠倒过来，会陷入另一种片面性。

一一 新与旧

历史发展的本质，就是新制度代替旧制度、新事物代替旧事物、新思想代替旧思想。时变则事变，革故鼎新是普遍规律。庄子曾以舟与车为例说明适时变化的必要性。他说："夫水行莫如用舟，而陆行莫如用车。以舟之可行于水也而求推之于陆，则没世不行寻常。古今非水陆也？周鲁非舟车与？今蕲行周于鲁，是犹推舟于陆也，劳而无功，身必有殃。"舟只适用于水，车适用于陆地。周鲁时代不同，不可能把周的一套搬到鲁国来。

可是，新旧事物和制度之间不是绝对对立的。在现实中，总是能发现历史的影子。其中有些是不适合新时代的旧制度、旧思想的残余，经过或长或短的时间慢慢消退。可有些是积极因素，它会以变化了的形式继续存在，表现为历史的连续性。我们以科举制度为例。隋唐时建立的科举制度是对魏晋时代的门阀制度和九品中正制度的一次巨大革新，改变了"上品无寒门，下品无士族"的社会性不合理现象，这是中国文官制度的一大创造，为平民中的杰出人物开辟了一条参与政治的道路，扩大了封建官僚队伍的来源，提高了官员的素质。这个制度从隋大业三年开始到清光绪三十一年终止，实行了一千三百多年。在这段时间，的确出现了一批通过科举选拔的政治家。可是随着年代日久，科举制这一原本是重大官吏选拔制革新成果的新制度的弊端逐步呈现。不仅有科场舞弊，更严重的是科举的课目和题目程式化，考试变为为圣人立言，应试者往往并无真才实学。这不仅影响了官员的质量，而且影响了整个教育的方向。因此，到清末，废科举、办学校已成为改革的必然之势。科举制度可以废除，但考试制度并不会因废除科举制而消失。考试作为选拔的一种方式有其合理性和必要性，世界各国都有各种不同的考试形式，包括公务员考试制度。

全国革命胜利之前，我们的干部是革命干部，所有参加革命的人都是革命干部，革命干部是革命队伍中的成员。全国革命胜利之后，凡是参加工作的人自然是大大小小的国家事业机关的干部；大学生毕业分配是国家干部的重要来源，不存在再考试问题。中国当代公务员的考试，是改革开放后从 20 世纪 90 年代开始的新举措。国家公务人员的考试在一定程度上继承了中国科举制度选拔官员的办法，但改正了原有科举制度的缺点。公务员考试获得的是资格而不是功名，可进国家机关当公务员，也可自主择业。而且，考试合格不是做官而是当公务员，逐步积累从事实际工作的经验。我们可以看到，公务员考试制度改变了获得文凭即获得干部身份的流弊，真正培养了各个工作岗位有工作才能的后备队伍，其中涌现了一批既有文化素质又有实际工作经验的人才。

公务员考试不同于中国封建社会的科举制，但人们能从中看到中国科举制对中国政治文化的影响。如果只知道新与旧有界线而不知道它们有联系，那就是根本没有历史眼光。

一二　眼睛里的哲学问题

眼睛是视觉器官，没有眼睛就会失明。这一点谁都知道。可我们搞哲学的人不能只停留于此。对我们来说，眼睛包含太多的哲学问题。你用眼睛看到的对象，是否就是外在的真实的对象呢？为什么同样是用眼睛看，对同一对象可以形成无数不同的映象呢？康德关于物自体的学说，贝克莱关于存在就是被感知的学说，以及现在风行一时的"一人一世界、世界就在你心中"等观念，都是重要的哲学问题。这就存在眼前世界和眼中世界，即心外的世界和心中的世界，是一个世界还是两个世界的问题。哲学路线上的分歧，从根本上说都离不开这个问题。争论已经持续了几千年。

我们今天不探讨这些问题，而只聊一个问题，即眼睛的问题。没有眼睛就会失明，就是盲人。可有眼睛照样可以失明。这种"失明"，我们称为"失察"，是失之"明察"。看问题可以有远见、有高见、有浅见、有短见，有的明察秋毫，有的目不见泰山。原因当然不在于眼睛的视觉功能，而在于对眼睛所感知的事实的不同判断。眼睛的生理功能就是看，做出判断的不是眼睛，而是思维。

中国人常说，知子莫若父。其实最不了解儿子的可能正是父亲，虽然是在自己眼皮下长大的，但常常却因为爱蒙蔽了眼睛。天下真能看出自己儿子缺点的父亲并不多，看出缺点而不为其辩护的父亲更不多。有人调侃说，恋爱时人的智商最低，是白痴。父母何尝不是如此。古今都证明，凡是溺爱子女的人，头脑是昏的，眼睛是瞎的。有的学者曾以明代宰辅杨士奇为例。杨是江西泰和人，出身寒门，早年为塾师，能做到宰辅，确实不易，说明他不是不明事理的人，可偏偏在对待儿子的问题上看不明白。明明他儿子横行乡里，无恶不作，有人告诉他，他就是不信，反以为是嫉妒，后来儿子犯罪被判重刑，他才后悔莫及。

什么是有色眼镜？自私是有色眼镜，溺爱是有色眼镜，各种各样的利益是有色眼镜。凡为利所蔽，就如同戴上有色眼镜，不容易看清楚与自己利益相关的事物。所谓当局者迷，当局者，就是利益攸关方。千万别以为认识就只是用眼睛看。认识是复杂的，有知、有情、有意。认识活动不是单纯的看和反映，而是有着情感与意志参与的复杂过程。就情感而言，自私之心、溺爱之心等都影响认识。可以说，不出自公心、为私心所蔽，就不可能有科学认识。列宁说过，只要几何定理触犯一些人的利益，就会有人要求修改。人的意志，同样参与认识活动。真理性认识的获得是个艰苦过程，失败、再失败，历尽磨难，像唐僧取经一样，科学家为一个发明或发现终生奋斗的事例不少。在科学领域中，没有意志、半途而废，就很难有所成就。马克思在《资本论》中把科学研究比喻为爬山，只有不畏艰险的人才有可能攀到高峰，这是很有道理的。不畏艰险，就是意志坚定。

眼睛是感觉器官，是外界事物进入大脑的通道。一个人闭目塞听，通道不畅，当然影响认识。但有眼睛不一定就能形成正确的认识。一个人思想不对头，思想方法不对头，把事实放在他面前，他照样看不明白。这就是为什么会有失明的哲学家、科学家、文学家，而同时会有一群眼睛明亮的大傻瓜。要保护眼睛，更要保护大脑。中国哲学把大脑称为"心"。我们不仅要用眼睛看，而且要用心思考。

我想起《六祖坛经》中神秀和慧能各做一偈争夺衣钵的故事。神秀的偈是："身如菩提树，心如明镜台。时时勤拂拭，莫使惹尘埃。"而慧能的偈则相反："身非菩提树，心非明镜台。本来无一物，何处惹尘埃。"结果是神秀落选，慧能得传衣钵。我们普通人难以理解，何以慧能高于神秀。大概禅宗的禅在于玄。如果心外无物，心性本空，人类如何认识？我们无法按唯物主义原则来理解禅宗。我读《五灯会元》就读不懂。不过我还是说，坐禅谈玄，可供清谈，但绝不能治国、治事，也难治身。可以读点这方面的书，但不要入迷。一定要注意，心盲比目盲更不幸。

一三　人生之路

年轻的学生，人生之路才刚开始，甚至可以说还未开始，因为还在学校，没有进入社会。进入社会才是真正踏上人生之路。

人生有三路：平坦道路、穷途末路、歧路岔路。绝对平坦的道路是没有的。没有人一生是无风无浪、绝对平安的；

如果有，一定是庸人，是不可能有任何进取和成就的人。穷途末路，也不是一般人的路，或者是作奸犯科之徒的路，或者是穷兵黩武、向外侵略的国家的路。我们普通人的人生之路上更多的是歧路、岔路。

在人生节点上，在存在多种道路选择时，人一定要慎重。古人对歧路最为重视。《荀子·王霸》中记载杨朱哭衢途的故事："杨朱哭衢途曰：此夫过举跬步而觉千里者夫！"一举足则成千年恨，差之毫厘，谬以千里，此之谓也。因为衢路是有多种方向的歧路，是可东可西可南可北的岔口。走错了，就会遗憾终生。《淮南子·说林训》讲的是同样的道理："阳子见逵路而哭之，为其可以南，可以北。"这是人生之路。至于分别之路，"无为在歧路，儿女共沾巾"则不在此列。此处歧路，是朋友分别之路。

人的一生有时会有一些节点，即面临不同的道路选择。在大是大非面前，头脑一定要清醒，要走正路而不能图捷径，更不能走邪路。误入歧途，若能幡然悔悟，回头是岸，则善莫大焉。谁能保证自己一生都走在康庄大道上吗？不可能。我们是学马克思主义的，坚持马克思主义，还是离经叛道，或者逃离马克思，都是事关我们理论生命的道路选择问题。在理论领域，歧路、岔路很多。尤其是当代西方思潮泛滥，马克思主义、毛泽东思想、中国特色社会主义理论遭到了一些人的贬损，在思想上可南可北可东可西、容易产生动摇之时，更应该注意道路和方向的选择。

一四 人生多艰

人生如唐僧取经，不经磨难，难到西天取回真经。可人一般都愿无风无雨，平平安安。有首歌叫《好人一生平安》，反映了不少人的愿望。我们老祖宗有"艰难困苦，玉汝于成"的教导，知道的人多，愿实行的人少；也有"千金之子坐不垂堂""危邦不入，乱邦不居"的说法，知道的人也多，愿实践的也少。谁愿意冒险、愿意折腾呢？

可世界上的事并不能"心想事成"，也并不像广告词中说的，思想有多远，你就可以走多远。这句话现在很流行，从哲学上说实实在在是个错误的观念，最多如恭喜发财之类的话一样，只是应酬，不能当真。广告本来就不是一定要人相信的东西。人生多艰，这并不取决于人乐意与否，而是取决于人生规律。当然艰难的程度不同，结果也会不同。但人不可能一生都走顺风路，没有经历任何艰难的"福人"是少有的。过五关斩六将、永不会走麦城的人也很少见。

人生多艰。因为人是自然存在物，也是社会存在物。人既要受自然规律的支配，又不能越出社会规律的制约。人必须在规律范围内为自己寻求最有利于自己生存的空间，而这往往不易做到。

就自然规律来说，人会生老病死。这个问题，几乎各种宗教特别是佛教都论之甚详。可以说，没有生死问题就没有宗教。宗教就是以各种不同的方式寻求生死的解脱。其实何止人，凡生命都有生老病死。再进一层，岂止生命，世界上无生命的物体，小至沙砾，大至天体，无不有成有毁，有始有终。只不过天地万物之中唯独人有自我意识，才知其苦，才觉其苦。这一苦字，道尽了宗教对人生的全部看法。人生多艰不是表现在人必有死，这是人人难免的，也不是人不可能不生病。人也会由少及壮，由壮及老。"壮则老"，这是普遍规律。任凭您治国有方、位高爵显，任凭您统率千军万马、战功赫赫，都是会老的。到年老体弱、油尽灯枯之时，照样风华不再，不复当年气概，最后走向人生的终点。从"壮岁旌旗拥万夫"到"春风不染白髭须"，这是必然规律。

从人的自然本性言，没有人能摆脱生老病死的定数，如果说这就是苦，那人人无一例外都一生一世生活在水深火热之中，在痛苦中挣扎，还有什么活头？这只能是悲观主义、来世主义，人在现世永远没有快乐。其实，人生虽然短促，但人有可能愉快地享受人生，问题是快乐人生要靠自己创造。

人生多艰，不是指人人都不可避免的生老病死的自然定数，而是不该死时死，即由于各种原因而英年早逝，未能尽享天年；病与穷的结合，即贫病交加；老无所养，既老且穷，在凄凉寂寞中走向人生终点。这已经不单纯是自然规律的问题。对于自然规律的作用，不乐意的人拖着走，明智的人顺着走，无所谓幸与不幸，只有智与不智。在自然规律作用的范围内由于社会因素的参与，人在完成自己的人生自然历程时会有许多艰难困苦，这使生老病死的自然历程变得更为艰难。

至于人在社会中的遭遇，更可能充满曲折和不幸。社会是个复杂的有机体。在阶级社会中有阶级差别，有统治与被统治的区别，有贫富区别，有各种合力所形成的巨大力量。在社会中，不仅普通人要为生存、为温饱、为发展而拼搏，在人生旅途中遭遇种种挫折；即使是身居高位，忠不见信的事也是不少的。

人生的确多艰。人生道路并没有铺满鲜花，而是荆棘丛生的曲折之路。人生多艰，对于人来说并不完全是坏事，有作为的人、伟大的人都是在磨炼中生长的，政治家、军事家、企业家都是如此。有人说，没有人生的艰难，就没有诗人。可以说，没有人生艰难就造就不了人才。玉汝于成的正是生活中的艰难困苦，可困难也可能压垮人。因此，一个人应该有正确的人生观，无论顺境逆境都能正确对待人生。人的生老病死、人的种种不幸遭遇是不由自主的、非自觉自愿的，甚至是不可避免的，可是人的幸福、快乐、健康、家庭的和谐是可以自己去创造、去寻找的。人应该善待人生，使自己的一生充实而完善。即使可能遇到意想不到的、非自愿的"飞来横祸"，也要想法化解。这就需要人生的智慧，即需要一种正确的人生哲学。

我们要正确对待自然的不可避免的痛苦。人有生老病死，代代如此，人人如此，不应认为这是一种痛苦。如果把这看成痛苦，只能永远陷于痛苦而不能自拔。如果能参透人的自然规律，认识必然性，就能实现自由。正如庄子说的，"夫大块载我以形，劳我以生，佚我以老，息我以死"。把死看成人生的必然阶段，是终点，是安息，采取安时处顺的态度，就能解除对死的恐惧和死亡的痛苦。至于贫病交加、老无所养，这是社会问题。一个合理的、公正的社会应尽可能减少这种非自然因素的痛苦。社会主义作为一种美好的社会制度，当然要在发展生产力的基础上，在提高效率的同时着重公平，采取多种方式合理解决好人民的养老问题。我们当今对弱势群体的关怀，帮贫扶困，以及正在不断完善的社会保障体系，就体现了我们社会主义制度的人道主义原则。

我们更要正确对待自己个人的机遇。与生老病死的自然规律有某些相同之处，人在社会领域中也有自己无法掌握的社会需要与个人机遇。从需要来说，人们常说生当其时，或说生不逢时，这都说明社会状况对个人发展是至关重要的。时代造就人，时代需要人。恰逢其时的人，当然有最大的发展机会。中国革命把一大批放牛娃培养成将军、培养成政治家，现在正是我们需要把一大批人培养成企业家、培养成杰出的管理人才的时候。没有这个大的社会背景，任何个人都是无能为力的。

即使大的社会背景相同，对个人来说还有个机遇问题。在同样的时代条件下个人的微观处境，即每个人的机遇可能是不同的。社会是由人组成的。如果做比喻的话，我们可以说未成年时人生活在家庭的庇护之中，犹如船在风平浪静的避风港中，尚未进入生活的大海，而进入社会就好像进入由人群汇成的大江大河，由于各种合力的作用，有顺水，有逆流，有漩涡，也可能有通畅的河道。顺利时"千里江陵一日还"，不顺时也可能"涛似连山喷雪来"。

作为个人，当然应该通达些，不必耿耿于怀。"居高声自远，非是藉秋风。"一个人真实的学术价值在于他的水平，水平高自然会得到大多数同行的尊重，并不在于是否有教授这顶帽子。帽子对于非同行可能有作用，可对于同一个圈子里知根知底的同行，未见得能提高多少身价。

照此看来，人应该有进有退，知进知退，进退有度。有进，是指人处于逆境，目标不能实现，甚至受到打击和排斥时，应该想到人生多艰，要有毅力、有韧性，朝着自己的理想和目标匍匐前进。只有不怕曲折才能达到山顶的说法是有道理的。山峰越高弯路越多，险路也越多。孟老夫子那段"天将降大任于是人也"必将如何如何的话，至今仍有极大的感召力。历史上和现实中不少政治家、科学家和企业家屡经挫折而后成功的例子不胜枚举。可在生活中也得有退。正因为人生多艰，并非人人都事业有成、事事都能成功，所以如已尽力而为，由于各种原因而未能成功，大可不必自责过深。窃以为可以应用酸葡萄理论，虽然有点阿Q，但对于保存自己，以待来日还是有好处的。何必遗恨乌江，把老本全输光了。自杀非智者所为。

自杀是人生多艰最强烈、最尖锐的表现形式，是矛盾激化到难以解决时的一种极端解决方式，一了百了。自杀的社会意义和作用往往不尽相同。在西方发达资本主义国家，社会越发展自杀率越高，包括日本每年的自杀人数也很惊人。它可能是贫困和事业不遂的恶果，也可能是由市场经济中奋斗失败引发的。在中国，王国维自沉于颐和园与老舍投太平湖则与此不同。同样，因疾病折磨难以忍受而结束生命与因被迫害含恨而死也不同。感到人生渺茫、生活空虚，与衣食无着、生活困顿而自杀虽然原因不同，但都表现了人生多艰这个事实。我们不赞成自杀，更不赞美自杀。我必须承认，在某种特殊条件下一个人的死可能对历史产生巨大的震撼，例如，屈原的死作为中华民族爱国主义的象征，具有历史和文化的价值。一个具有影响力的人物以死抗争的悲剧，当然不能与一般自杀等同起来。

可是一般说来，人还是应该活着，在生存中寻求问题的解决。如果问题不能解决怎么办？我说，让它去吧，船到桥头自然直。如果是误会、失败、挫折，可能有变化，可能有转机；实在无望，也只好罢手。有个哲学家说，太阳底下的所有痛苦，有的能解救，有的则不能。若能，就去寻找；若不能，就忘掉它。人生既然多艰，就应该允许有进有退。不能只进不退，也不能只退不进。借用一句电影中的话：该出手时就出手，该收手时就收手。要能当英雄，必要时也能当阿Q。我说的不是什么"韬光养晦之计"，而是说，人应该有各种思想准备。

一五　人生境界

在宇宙万物之中，人最关心的是人类自己，可要真正关心自己又不能仅仅囿于人自身。不关心自然，不懂得人与自然的关系，不懂得人在自然界中的地位，就不能理解人的生命的伟大，而且也不能为自己创造一个适合于人类生存的生态环境；不关心社会，就不可能为自己创造一个适合人自身全面发展的社会环境，而且不从个人与社会的关系着眼，也就不能理解人生存的价值、意义和目的；不关心他人，就不可能有一个良好的人际关系，处处、时时使自己处于人际矛盾和苦恼之中。机关算尽太聪明，反误了卿卿性命，指的就是这种人。人要真正懂得人的意义和价值，树立正确的人生观，就必须进入哲学领域。只有哲学才能帮助人找到自己在宇宙和社会中的恰当位置，从宽广的视野、从最深最高的层次来理解和把握人生。

人生问题是个哲学问题，而不是具体的科学问题。任何一门具体科学，无论是物理学、化学、数学、生物学、地质学等，都不能回答人生问题，不能解决人生的意义和价值问题。倍数再高的显微镜也看不透这个问题，最大的望远镜也看不到这个问题，每秒钟亿万次的计算机也算不出这个问题。一句话，人生问题是任何实证科学无法解决的问题。有人说望着夏夜闪烁的星星可以领悟到人生的真谛。这只是您个人的体悟，人生问题的答案并没有写在天空上，正如林黛玉从花开花落联系到人生无常、生生死死一样，这只是睹物伤情、移情就物，人生的答案并没有写在花上。人们常说人生是个谜，是个猜不透的谜。其实对具体科学来说是个谜，可对哲学来说它不是谜，而是着力研究的对象，是千百年来无数哲学家力求解开的人生方程式。不少哲学家和思想家从各个不同的角度提供过不少有启发的思想。

人生观和世界观不可分。在世界观之外，不与任何世界观相联系的、绝对独立的人生观是不存在的。世界观也叫宇宙观，是对作为整体的世界的总的看法，而人生观则是对于人生问题，对人生的意义、价值、目的以及人生态度的看法。它们各有特点但又不可分离。因为自从有了人与人类社会以后，单一的物质世界就变为包括人和社会在内的世界。宇宙、社会、人处于一种辩证的联系之中。人不能离开社会，而社会又不能离开自然。这样，人类的社会实践活动就处于三种关系之中，一种是人与自然的关系，一种是人与社会的关系，一种是人与自我的关系。这三种关系在客观上是相互渗透的。人与自然的关系就不可能离开人与社会的关系。

人是以社会为中介而不是作为孤立的个人与自然发生关

系的。在人与社会的关系中，也离不开人与自然的关系。没有人与自然的关系，就不可能存在人与社会的关系。同样，人与自我的关系，也离不开人与自然、人与社会的关系。人生观中具有决定意义的是对人的本质、人与自然关系的正确理解。不理解什么是人，当然就不能理解人生的意义和价值。正是在这个基本点上，辩证唯物主义和历史唯物主义为共产主义人生观奠定了牢固的理论基石。马克思主义哲学关于世界的本质和人在自然界中的地位的观点，使得马克思主义在思考人的生命的意义时突破了传统观点只着眼于人的生物性和人寿命长短的局限。人与自然的关系不同于其他动物与自然的关系。人在自然界中处于一种特殊地位，尽管人与宇宙相比从形体看显得很微小但并不渺小，原因在于人是能进行自觉劳动的创造性动物。人的创造能力使得人超越其他动物，具有自然界任何东西不具有的自觉创造能力。世界上只有人为自己创造了一个人化的世界，创造了自然界本来不存在的东西。

人作为自然存在物的生命正如其他生命一样不是永恒的，但人的生命的意义在于它的创造性，而不是寿命的长短。人的一生很短，如果尽干坏事它又显得太长。正如一位哲学家说的，尽管生命没有两次，可不少人连一次也没有很好地利用。如果在有限的生命中充分发挥它的创造作用，为社会做出贡献，这种生命光辉而充实，而且人的生命的意义并不仅限于生时。不少人，生时寂寞，穷困潦倒，甚至为人误解，频遭摧残，可死后被重新发现，再现辉煌。许多学术著作亦是如此，作者生时无法出版，死后成为不朽之作。因此人的生命意义并不能完全以死为界限，不能仅仅以生命的长短作为尺度来衡量。有的人活着已经死了，有的人死了永远活着。这说明生命的长短并不是人的生命意义的关键所在。

人不仅是创造性的动物，而且是社会性的动物。这两者是不可分离的。马克思说过，人的本质并不是单个人所固有的抽象物，在其现实性上，它是一切社会关系的总和。这就是说，离开了社会、离开了人与人的相互关系，是无法说清人生的意义和价值的。如果仅仅把人看成孤立的个体，必然把人的生命看成一支短短的蜡烛，很快就会化为灰烬。人生一世，草木一秋，如此而已，没有什么特别的意义和价值。可从人的社会本性出发，把人作为社会成员来考察，我们就会看到，人的一生虽然短暂，但由个人组成的社会却是久远的。人不是一支短短的蜡烛，而是由人类组成的火炬，每一代人都应该把它烧得更旺。这同时也就把生命由暂时变为永恒、由有限变为无限。这种积极的人生态度，若是没有对人在世界中的地位和人的社会本质的正确理解，是不可能实现的。

生与死的问题，是人生观中最重要、最难解决的问题。这个生死大限，正是各种人生观着力解决的生死之谜。辩证唯物主义哲学从自然规律和社会规律两方面对生与死的问题做了回答。人作为一个有生命的个体是自然存在物，它与宇宙中的一切生命现象一样，必然是有生有死、有始有终的。人的自然寿命有限，而且只有一次，从自然规律的角度来说是很容易理解的。追求长生久视、成仙成佛，都是宗教唯心主义的幻想。恩格斯在《自然辩证法》中对生与死的问题有一段非常精彩的论述。他说，生命总是和它的必然结局，即以萌芽状态存在于生命之中的死亡联系起来考虑的。辩证法的生命观无非就是如此，但是无论什么人一旦懂得这一点，在他面前一切关于灵魂不死的说法便破除了。只要借助于辩证法简单地说明生和死的本性，就足以破除自古以来的迷信。生就意味着死。辩证法的规律是理解生与死的钥匙。无怪乎，毛泽东把死称为辩证法的胜利。

可对生与死的理解不能仅仅以自然规律为依据。人有生有死，这是自然规律，可生的意义、死的意义，又不能求诸自然规律，而必须求诸社会规律。同样是生，有人生得伟大，有人苟且偷生；同样是死，有人死得伟大，有人死得窝囊。所谓重于泰山、轻于鸿毛讲的就是死的意义问题。这个死的意义是人生观的重要内容。可以说，英雄与懦夫、流芳百世与遗臭万年的区别往往在于对待死亡的态度。中国古训"临难毋苟免"，讲的就是气节，也是对待死亡的态度。死亡中最壮烈最感人的是为事业、为正义而献身，死在刑场和战场上。

在中外古今关于人生问题的哲学著作中，讨论死亡的不少，但多指人的自然死亡，即生死大限，《庄子》就有不少篇章讲到对待死的态度。外国哲学中也有不少著作讲到死。西塞罗说，一个哲学家的全部生活乃是冥思他的死亡。蒙田说，死亡是我们存在的一部分，其必要性不亚于生活。他还认为猝死是最幸福的，因为人没有死亡的恐惧，最少经预想的死亡是最安逸最幸福的死亡。

我们不仅要以哲学家的通达，服从自然规律来对待自然的死亡，而且要以革命家的气概，以视死如归的勇气对待为正义和真理而献身的死亡。前者是智者，后者是勇者。文天祥的名句"人生自古谁无死，留取丹心照汗青"，是对死的认识的最高境界，是对死的意义理解得通达至极，是勇者与智者的结合。文天祥不仅以宁死不屈来昭示后世，而且以对死的价值的体认来激励后世。这两句诗的蕴含不是纯道德说教，而是以对自然规律与历史价值的认识为依据的人生态度。

一六 理想的人生与人生的理想

理想人生和人生理想是不同的，但又不可分，它们之间存在辩证关系。"理想人生"是很少的。"人有悲欢离合，月有阴晴圆缺，此事古难全。"李煜说"自是人生长恨水长东"，以水向东流喻人生长恨，这是他个人的亡国之痛，不具普遍性，但理想人生很少倒是事实。当人们年老回忆往事，甚至在离开人世时，事事满意、毫无憾事者少之又少。无论是亿万富翁、权可倾国者，还是子孙绕膝且事业有成者，都不可能自认为拥有毫无缺憾的"理想人生"。

人生理想不同于理想人生。理想人生是客观的人生历程，而人生理想确立的是人生目标。人只能确立人生理想，但无法肯定自己的人生一定是理想人生。人可以在人生理想的实现过程中来寻求自己的理想人生，离开正确人生目标的实现，就人生谈人生，这种人生肯定不是理想人生。所以对人来说，重要的不是追求理想人生而是确立一个正确的人生理想。只要人生理想正确，即使没有完全实现甚至没有实现，但努力过、奋斗过，就是有价值的。

人与动物不同。动物的生命是生存，而人的生命是生活。生活也包括生存，但不仅限于生存，生活是有意识、有目的的自我创造过程。理想就是生活目的中最具自觉性和崇高性的一种形态。没有理想，人就失去了生存的意义和价值。理想是人生意义和价值的承载者。苏格拉底说："未经审视的生活是不值得过的。"所谓审视生活，就是认识自我，充分理解生命的意义和价值。

什么样的人生理想才是具有意义和价值的崇高理想呢？在革命年代，这很容易判别。在抗日战争时期、解放战争时期，以及鸦片战争以来的历次反对西方列强的战争中，人们都赞扬救亡图存，为国家民族复兴舍生忘死者是具有崇高理想的人。黄花岗烈士林觉民写给妻子的《与妻书》和方志敏的《可爱的中国》，至今仍然令人动容。他们的崇高理想激励着一代又一代人。

有人说，在市场经济条件下谈理想，完全是迂阔之论，不合时宜。这种说法当然是错误的。不可否认，在市场经济的大潮中，如何对待理想、金钱、财富、个人名利，很多人的是非界限并不清楚，至少不十分清楚。在有些人眼里，既然是市场经济，多赚钱是最为实际的。讲国家、民族、人民的利益，都是假、大、空。一句话，市场经济与理想是相悖的，它赋予人生意义和价值的唯一内容就是金钱。在市场经济条件下，就是要逃避崇高、消解理想、回归世俗、求利务实。

我认为，西方资本主义的市场经济以货币为中介，肯定会对人与人的关系，对人的价值观念、理想、信仰产生影响。西方流行的"把肉体交给市场、把灵魂交给上帝"的消费主义成为许多人的生存原则。但不能认为生活在市场经济条件下，人人必然如此。其实同样在资本主义市场经济条件下，由于理想不同，生活态度和价值观念也不完全相同。马克思和恩格斯，以及许许多多的无产阶级革命家，他们是生活在资本主义市场经济条件下，但他们具有崇高的革命理想。即使是直接从事经营的资本主义企业家，也并非个个把金钱视为人生的唯一意义和价值。比尔·盖茨以几百亿美元回馈社会，这样的企业家在西方也不少见。如果说在西方资本主义市场经济条件下尚且如此，在社会主义市场经济条件下，提倡理想，进行社会主义核心价值观念的教育更是理所当然的。事实上，在中国改革开放过程中致富的企业家里，也有一些人开始关注社会公益和慈善事业，并不单纯把赚钱当成人生的唯一目标。这说明，同样生活在市场经济条件下，对待金钱的态度可以完全不同，关键在于人的价值观念和人生理想是什么。

在我国，由于经济形式的多样化、利益主体和分配方式的多元化，人们对生活意义和价值的看法并不完全相同。价值观念颠倒、道德失范的现象同样存在。这是市场观念泛化的消极面。这正是我们党提倡社会主义精神文明建设所要着重解决的问题。应当知道，尽管和平年代与战争年代不同，革命年代与社会主义建设年代不同，但都需要理想作为人生价值和意义的支撑。认为搞市场经济不需要理想是不对的。其实，建设中国特色社会主义，完善社会主义市场经济体制，构建社会主义和谐社会本身就是一个史无前例的伟大社会理想，需要全体社会主义建设者通过自己的实践去实现。如果不提倡理想，人人只想发财、赚钱、牟利，我们的共同理想就会变成空中楼阁。

理想并不都是豪言壮语，高不可攀。理想既崇高，又平凡。"位卑未敢忘忧国。"一名医生，以仁者之心治病救人，力求医术精益求精，就是一名有理想的医生；一名教师，以教书育人为目的，一心为国家培养人才，就是一名有理想的教师；一名企业家，为社会创造财富，以财富回报社会，就不是一名单纯的牟利者，而是一名有社会理想的企业家。尽管行业、职务、能力不同，只要不是把职业单纯作为谋生手段，甚至作为牟利的工具，而是自觉认识到自己工作和职业的社会价值，努力做好本职工作，把它作为实现我们共同社会理想的一部分，就是有理想的人、高尚的人。

理想和信仰不可分。理想的理论基础是信仰。理想是否坚定，取决于我们的信仰是否坚定。理想决定行动，而信仰从理论和道义上支撑着理想。在中国革命战争时期，在战场上、刑场上视死如归的革命者都是具有坚定信仰的人。他们坚定地相信自己的崇高理想一定要实现，也一定能实现。

人，应该有信仰，而且是科学的信仰。没有信仰，就像船没有帆，没有前进的动力和方向。一个没有理想和信仰的人，仿佛是没有目标没有驿站、永远处于旅途中的人。这种旅行肯定是乏味甚至痛苦的。一个至死都不知道为什么活着的人的一生，大抵与此相似。所谓活得很累，往往就是这种情况。一些人之所以没有理想，实际上是由于没有正确的政治信仰。他们根本不相信社会主义，不相信马克思主义。我们并不反对追求个人财富，但我们反对拜金主义，反对以追求金钱作为人生的最高目的；我们也不反对追求个人事业的成功，但反对以自我为中心的利己主义。年轻人应该以建设中国特色的社会主义作为我们的共同理想，在实现这个共同理想的过程中，完全有可能、有条件实现自己的个人追求。因此，我们在进行理想教育时，必须同时进行社会主义信仰教育，只有拥有坚定的社会主义信仰才能有崇高的理想。

一七 人生断想

哲学与人生观

人生问题历来是哲学关注的重要问题，中国哲学更是如此。道家要人成为真人，儒家要人成为圣人。儒家经典千言万语归总是一句话，为人指出一条通过道德修养成为圣人的路。人人皆可为尧舜，这就是儒家的信条。冯友兰先生在《中国哲学简史》中说哲学的功能"不是增加实际的知识，而是提高精神的境界"，还说"成为圣人就是达到人作为人的最高成就。这是哲学的崇高任务"。强调哲学的人生观职能是对的，很长时间我们忽视了这个问题的重要性。当然人生观只是哲学的重要方面，而不是唯一内容，实际上没有脱离世界观、历史观的人生观。

人生观其实也可说是人死观。讲到人如何生、生的意义，当然离不开死、死的意义。所谓有的死重于泰山，有的死轻于鸿毛，讲的就是死的意义。

死有两种，自然死亡与非自然死亡。而非自然死亡中最壮烈、最感人的是为事业而献身，如死在敌人的刑场或战场。能正确对待自然死亡的，是哲学家；能以身就死的，是革命家。我们不仅要以哲学家的通达顺从对待第一种死亡，还应该以革命家的气概对待第二种死亡。持前一种态度的是智者，持后一种态度的是勇者。

人生观问题，以及对待死亡的态度问题，离不开正确的世界观、历史观。把人看成一个个独立的个体，人生如梦，如过眼烟云，随生随死，那有什么意思呢？只能或遁入空门，或及时行乐。按照唯物史观的观点，个人的生命是有限的，而由个人组成的社会的发展是无限的，世界并不会随着个人的死亡而消失。个体的生命价值在于他能以短促的生命，为人类、为后代留下一个美好的世界。这就是个人对人类的贡献。恩格斯说："人是唯一能够由于劳动而摆脱纯粹的动物状态的动物——他的正常状态是和他的意识相适应的而且是要由他自己创造出来的。"[①] 人生的意义存在于作为社会存在物的人之中。人只有正确理解世界、理解社会、理解个人与社会的关系，才能对究竟应该如何度过有限的一生做出积极的结论。

人生的意义在过程

人生的意义是什么，这是很难说清楚的问题。人的出生是不由自主的，没有一个人是自愿出生的。而父母从来没有把人生的目的直接给予自己的子女，生育行为本身是由一种生物学规律在起作用。这与人制作器具是不一样的。

人创造任何器具都是有目的的，器具的用途是事先确定的，唯独人制造人本身是无目的的。卢梭曾经讲过自己的苦恼，他说："我经常长时间地探索我生命真正的目的究竟是什么，以便指导我一生的工作，而我很快就不再为自己处世的无能而痛苦，因为我感到根本就不该在世间追求这个目的。"

---

① 恩格斯：《自然辩证法》，174 页，北京，人民出版社，1971。

人的目的不是出生时给予的。人生的意义在于生命的过程，而不在于出生。出生并没有目的，人生的目的在于自己生命过程的创造。它不是给定的，因而不同的人会给予生命不同的目的。

人同其他任何动物不同，他哭哭啼啼降生，哭哭啼啼死去。前一个哭的是自己，是婴儿落地的第一声自我欢呼，后一个哭哭啼啼是亲人的最后送别。

人的一生，来也哭（自己哭），去也哭（别人哭），始于哭终于哭。这正是一切宗教特别是佛教借以立论的一个根据。一些悲观主义哲学家包括叔本华在内也是以此为根据的。人的一生如果只抓住一头一尾即生与死，而忽视整个过程，那确实是活得没劲，以哭开始，以哭告终。可是我以为生命的意义在于生命的整体，即在从生到死这个过程中。人生的意义就在于生命的意义，即一个人在生命消耗的过程中所发的光和热多大，究竟对整个人类有何贡献。人生的意义离开了生命的作用是说不清楚的。生命不是静态的而是动态的，是不断地发挥作用的过程。

人总是要死的，上帝绝不会忘记任何一个人。从这一点来说，任何人一律平等。但不能因此说，人的生命的价值即任何人的生命意义是相同的。一个罪大恶极的人的一生，与一个为人民鞠躬尽瘁死而后已的人的一生，显然是不同的。这个不同并不会因人都有生有死而泯灭。虽然最后都是一抔黄土，但生的意义和死的意义完全不同。这个意义就是生命过程，是人的生命所发挥的作用，而不同的意义正在于生命的过程之中。过程哲学，对人生观而言，同样是有启发的。否则，只知人有生有死，只知人活百年终有一死，在死面前，一切归零，这就永远无法摆脱虚无主义和悲观主义人生观的阴影。

梦想与境界

人生梦想就是人的境界，境界的高低优劣取决于梦想的性质。梦想是人生哲学中最重要的内容，它是人关于自身的价值、意义和目的的集中体现，因为人是在确立和实现自己梦想的过程中体现出自身的价值和意义的。梦想的状况和性质对于人的成长是极端重要的。的确，人的成就超不出他的信念。一个崇高的梦想就是人生的航标和灯塔，在人的一生中始终照耀着人前进的道路，即使风云变幻、命途多舛，仍然有方向；梦想又是加油站，它在人们遭到失败时起到鼓舞作用，能使人拼命挖掘潜能奋勇前进。

在人的各种梦想中，最重要的是社会理想。道家的梦想是成为真人、至人，儒家追求成为仁人、圣人，都是着重个人的修养。我们则是要树立社会主义和共产主义的共同理想。邓小平同志就非常重视社会理想的教育。他说，过去我们党无论怎样弱小，无论遇到什么困难，一直有强大战斗力，因为我们有马克思主义和共产主义的信念。有了共同理想，也就有了铁的纪律。无论过去、现在和将来，这都是我们的真正优势。为什么我们过去能在非常困难的情况下奋斗出来，战胜千难万险使革命胜利呢？就是因为我们有理想，有马克思主义信念，有共产主义信念。我们干的是社会主义事业，最终目的是实现共产主义。

除了社会理想外，我们同样重视个人梦想。在社会生活中，不同的人会有不同的兴趣、爱好和素质，可以尽量发现和培养自己的特长，充分实现自己的个人梦想。但是马克思主义哲学教导我们，任何个人的梦想都不能与社会规律相违背。社会是决定个人梦想能否实现的大环境。旧中国，许多知识分子怀抱科学救国、教育救国的梦想但难以实现，只有社会主义才为他们实现梦想提供了可能。任何个人只能在推动社会发展的同时求得个人的发展。每一次大的社会变革总要使一大批名不见经传的小人物变为大人物，例如，法国大革命时期不少被贵族视为下等人的演员、小贩、理发师成为将军元帅。在中国革命中有许多放牛娃、矿工、普通农民变为政治家、军事家，变为各级领导。可是，如果站在历史规律的反面，就会断送个人的前途。在中国近代史上，不少青年时胸怀大志、抱有救国救民梦想的人后来沦为政客，与人民为敌，最终沦为历史的小丑。要沿着历史发展的进步方向前进而不能逆向而行，这是我们确定梦想的根本原则。

我们还要充分注意到人的一生不可能是一帆风顺的。李白诗云"人生若波澜，世路有屈曲"，人生既可能有顺境，也可能有逆境。无论顺境逆境，我们始终要在梦想的照耀之下稳步前进、勇往直前。

他人不是地狱

个人主义的鼓吹者总是说，集体主义的主张者没有人性，因为他们用集体来扼杀个人。在他们看来只有个人主义才符合人性，他们信奉的是"他人即地狱"。

其实人是社会存在物，是天生的社会动物，是离开社会就无法生存的动物。人玩有玩伴，学有学伴，人是在交往中生存的。个人主义者以个人主义观点来对待人作为社会存在物这一事实。任何人不能离开他人，可他又要使他人从属于自己，把自己置于集体之上。个人主义是一种人生观，而不是一种社会事实。因为任何人都不可能是不和别人交往的绝对独立的存在。生活在社会中，又力图否定人的社会性，鼓吹人的个体性并把这种个体性当成唯一的、最高的原则，请问：这算不算违反人性，即违反人作为社会存在物的本性？如果硬要说违反人性的话，我看个人主义才真正违反人性，因为它把人的社会性变为绝对的个体性。

每个人不都要生存繁殖吗？不奉行个人主义行吗？这是把个人利益和个人主义混为一谈。个人有自己的利益，可这个利益的保障应该依靠什么，是单纯依靠个人还是依靠集体才能有效保证？依靠个人主义来维护个人利益，其结果是损害别人的利益，从而使每个人的利益都得不到保证；而只有依靠集体，依靠一个能切实代表大家利益的集体才能使个人利益得到保证。他人即地狱，这是私有制条件下对人作为社会存在物的扭曲。争取一个合理的而不是虚幻的集体，就是最终消灭私有制、消灭剥削，走共同富裕的道路。

人在对象化中自我确证

一个人的本质、特点、品格，往往是在对象化中自我确证的。一个木工的水平、风格、审美情趣，都表现在他制作的家具之中。没有作品的作家，没有教过一天书的教员，没有打过一件家具的木匠，都是徒有其名的。一个人究竟是什么人，他的特点体现在他的实践活动和被凝结为对象的作品之中。

人们往往有个颠倒的看法，似乎因为是木工才会打家具，因为是教员才会教书，因为是作家才会写小说。实际正好相反。因为会打家具才是木匠，因为会教书才是教员，因为从事写作才是作家。人的生命活动方式决定了人与动物的本质区别，而个体的活动方式决定了彼此的区别。脱离了个人的活动及其在活动中的成果，是无法认识一个人的。我们说个人的历史是自己书写的，人用来书写自己历史的笔就是自己的行为。

生活的可能

我从自己的生活经历中悟出一个道理，出生于过分贫困的家庭的孩子未来有两种可能：大多会发愤上进，有在恶劣环境中存活的能力；也可能心胸狭隘，一旦飞黄腾达，其贪婪之心可谓异乎寻常。

报上经常见到一些出身贫苦之家、大学毕业、年纪轻轻、身居要职、手中有权的干部，其贪心之大，腐化之快，手段之恶劣，很是令人咋舌。当然造成这一现象的原因很多，但补偿心理作怪也可能是一种不可忽视的因素。正如有些久居深山的年轻和尚，一入红尘世界，就心猿意马，不能自持一样。生活条件优越的孩子，有不少是不求上进的纨绔子弟，但也有的可能心胸宽阔，不会见钱眼开，因为从小见到的钱多，长大后对钱"习以为常"。

自我能实现什么

自我是对人作为主体的特性的肯定。人作为主体具有自我的特性，它不同于人之外的非我。人是自我，它是能动的主体，而非我则是自我的行为对象。所谓自我实现，如果用来表示凡人所做的一切都要由人来实现是可以的，如果认为凡人所做的一切都源于自我则是错误的。

人的一切都是由人来实现的。人具有创造性和能动性，他能把客观的可能性转化为需求和目的，然后通过行动去实现。这就叫自我实现。

可人仅凭自我是什么也实现不了的。中国有句俗话叫巧妇难为无米之炊。人要实现什么，首先要获得它。例如，有人创作了一幅画，不是他实现了自己的艺术才能，而是他把自己在实践和学习中获得的绘画才能实现出来了。人的智慧、才能、技艺、本领是不同的，但这些并不是人的固有潜能的实现，而主要是后天获得的才能的发挥。正如自由一样，人不是实现自由，而是在克服困难中取得自由。说一个人不需要实践、不需要学习就可以把自己固有的东西实现出来，这是唯心主义的天才论。如果我说，猩猩成不了画家，只有人才有可能，因而人成为画家是人的自我实现。这等于什么也没说。因为凡人所做的一切都是由人实现的，这显然不是自我实现论的本意。

马斯洛的自我实现论具有人本主义色彩。在他看来，人具有自我实现的需要，它是植根于人的生物本性中的一种需要，人具有自我发挥和完成的欲望，也就是有一种使他的潜能得以实现的倾向，而且人的自我实现就是人的潜能的实现。正像一颗橡树籽可以说迫切要求成为一棵橡树，一只老虎崽可以说正向老虎的样子推进一样，科学家、艺术家无非是实现了自身内在的科学才能和艺术才能。特别是马斯洛把个人与社会的关系颠倒过来，不是以个人对社会的贡献来衡量个人，而是以社会是否能促进个人的自我实现来评价社会。因此，自我实现论是一种极端个人主义的人生理论。

大海和一滴水

人们喜欢以此比喻个人与社会的关系。大河不满小河干，同样，小河不满大河干。这样，社会与个人就处于同等的地位。这种看法是不对的。

社会当然不能没有个人，社会关系就是社会成员之间的关系。如果不存在每一个个人就没有社会，这是同语反复，因为按一定方式组织起来的个人就是社会。所以考察社会与个人的关系时，这里的个人是唯一的，即我。也就是考察我与社会的关系。很显然，就我与社会的关系说，任何人都无权说，我比社会重要。这当然不是说，社会可以忽视个人，可以不考虑个人，可以压制个人，而是说要真正使个人利益得到保证，得到满足，应该着眼于社会的改造。一个好的社会制度可以保障绝大多数个人的利益，而一个不合理的社会制度则可以损害大多数人的利益。革命者应该是社会改革家而不是个人主义者。

只有人才能把人变成人

德国哲学家赫尔德说过一段很有意思的话："假如我把人身上的一切都归结为个人，并否认人们之间的相互联系和整体的相互联系的链条的话，那么人的本性和人的历史对我们来说始终就是难以理解的了，因为我们中任何一个人光靠自身都不能成为人。"人生活在关系之中，在人的相互交往和一定的生产关系中才成为人。

　　一双鞋，在工厂是产品，在商店是商品，在家里是日用品或叫消费品，在展览馆是展览品，如果做工精美绝伦又可视为艺术品。同一件东西之所以具有不同的属性，不是由于它的自然本性，而是由于物与人的不同关系。

　　如果说对物的考察不能离开关系的话，对人的考察更是如此。一个人是父亲说明他有儿女，是丈夫说明他有妻子，是领导说明有被领导者，是下级说明有上级，如此等等，把一个人从他依存的关系中抽象出来就无法说明他是什么。单纯的个人只是生物学的个体而不是真正意义上的人，人只有生活在社会集体之中才是人，才具有人的社会特性。

　　人比其他动物优越之处正在于此。人作为独立的生物个体是所有动物中最缺乏自然适应能力的。幼小的野生动物离开母体很快就能独立生存，而人需要相当长的时间才能独立，而且人只凭自己很难生存，任何一个人也难以单独生存。就此而言，人是所有动物中最无能的。可人又是全能的。人能把不适宜的环境变为适宜的环境，能抵抗自然的侵害。人依靠的不是自己的生理优势，而是自己的存在方式。人依靠社会组织、依靠生产工具来超越一切动物。可以说，人作为个体是无能的，作为集体是万能的。人只有在风雪交加、独自一人处于茫茫旷野之中时，才能会体会到个人的无能，才能体会到哪怕两个人也比一个人强。处于社会之中已经享受到集体力量庇护的人往往片面夸大个人的力量。对于这种人唯一可行的教育是把他放逐到社会之外，当他一个人面对大自然时才能体会到社会的力量。

一窝蜂只是一只蜂

马克思说："一窝蜜蜂实质上只是一只蜜蜂，它们都生产同一种东西。"[1] 这个论断，把人和人类社会与其他动物以及动物的所谓"社会"区分开来。蜜蜂的同一性是类的同一性，它们之间的差异是个体的差异。人不一样，人的本质不能归结为类的同一性，而是他们所依存的各种社会关系的总和。

人们凭借直观往往容易把人性看成共性，看成每个个体具有的特性的抽象。这种理解符合人们对共性的经验理解，但不符合人性的实际。因为把人性看成个体所具有的共性的概括，必须以每个个体先天具有这种特性为前提。这是把人变为蜜蜂，把社会的人变为一个生物的人。

人们视为共性的人性，并不是个人先天具有的，而是在社会中形成的。例如，爱似乎是人人具有的永恒本性，但其实离开社会交往而在狼群中长大的狼孩就不具有爱的特性。爱是在交往和关系中所凝结的感情。不是夫妻就无夫妻之爱，不做父母就无亲子之爱，不是兄弟就无兄弟之爱。人性的共性不是个体固有特性的抽象，而是人作为社会存在物的共同性。举凡人们列举的所谓共同人性，都是人在社会中形成的，是人作为社会的人的特性。人生活在社会中，因而具有作为社会存在物的共性，一旦离开社会之网，作为独立个体的人并不具备这种所谓人性。如果说一窝蜂只是一只蜂的话，我们不能说所有的人只是一个人。因为人性不是类特性，在其现实性上是社会关系的总和。

---

[1] 《马克思恩格斯全集》第 46 卷上，195 页，北京，人民出版社，1979。

个体生命的有限与认识的无限

人的生命是有限的，即使寿高八百的彭祖，终不免一死，可认识是无限的。生命的有限性和认识的无限性的矛盾，使庄子认为："吾生也有涯，而知也无涯。以有涯随无涯，殆矣。"所谓"殆矣"，即以有限的生命追求无限的知识是危险的。因为追求知识，必然睡时不安枕（"其寐也魂交"），醒时不高兴（"其觉也形开"），不断向外用力（"与接为构"），用尽心机（"日以心斗"），这些都不利于全生、尽天年，因此庄子主张绝圣弃智。

仅仅从个体生命出发来谈认识，必然得出这个结论。因为生命的确是有限的，牛顿认为，在科学史上，自己的成就像是大海边拾到的小小贝壳，微不足道。但是，人的存在方式虽然是现实的个人，但人的个体存在只是人作为社会存在的一种方式，而不是唯一的方式。人的社会性存在和历史性存在，才真正表现为人的本质。

人是社会存在物，个人认识的有限性都可以通过作为社会存在物的人类的互补作用，而得到一定程度的弥补。从这个角度说，人的认识不是单枪匹马的堂吉诃德，而是集体拔河，一方是宇宙和人类社会的奥秘，另一方是全社会的共同努力。

人还是历史存在物。人的代代延续，同时也是知识的延续和积累。人凭借世世代代的努力，探索宇宙和人类社会的奥秘。从这个意义上说，人的认识是接力赛，永不停步，一棒接一棒向前奔跑。

如果把人的认识仅限于个人，当然是有限的。即使是最伟大的个人，认识也是有限的。如果只有牛顿一个人，只有牛顿三大定律，人类对物理世界的认识不是太少了吗？爱因斯坦伟大，可不也同样是如此吗？何况仅凭牛顿一人之力，不可能发现力学三定律；仅凭爱因斯坦一个人，不可能创立相对论。这些成就是前人与同时代学者直接与间接的、有形与无形的合力的产物。牛顿坦言，他只是站在了前人的肩膀上。庄子只从个体生命的有限性出发来观察认识，肯定不能得出正确的结论。

认识是社会性的认识。人的个体生命是有限的，但认识是无限的，因为人的个体生命只是人类生命中的一部分。恩格斯说，人的思维"是单个人的思维吗？不是。但是，它只是作为无数亿过去、现在和未来的人的个人思维而存在"[①]，因此人的认识是通过人类生命的无限延续才能实现的。不能因为生命有限而怀疑个人认识的必要性、可能性和价值。恩格斯关于思维的至上性与非至上性关系的论述，对我们解决庄子提出的"吾生也有涯，而知也无涯"的矛盾，指明了一条正确的道路。

个人的认识是有限的，面对无限的世界任何个人都应该谦虚；人类认识是无限的，任何个人都为无限的人类认识贡献自己的力量，我们应该为此而骄傲。虽然只是一滴水，但同样可以汇入大海。

论冷漠

对人的冷漠态度不能归结于习惯。我们并不要求殡仪馆的工作人员，对死者都一洒同情之泪，也不能要求医生都像

---

① 恩格斯：《反杜林论》，90页，北京，人民出版社，2018。

家属那样心急火燎。殡仪馆的工作人员已经习惯了死亡和亲人的泪水，而医生成天与各种病人打交道，见多了病人的痛苦和亲人的焦虑。殡仪馆人员的沉着，医生的镇静，是种职业习惯或者说是种职业品德。这不是冷漠。当然，过分的习惯中也可能掺和着冷漠。《雾都孤儿》中奥立弗初次参加殡葬，在回来的路上与他的老板的一段对话，非常清楚地说明了习惯与冷漠可以结合在一起：

> "喂，奥立弗，"在回家的路上，苏尔伯雷老板问道，"你喜不喜欢这一行？"
>
> "还好，先生，谢谢你，"奥立弗犹豫地回答说，"并不特别喜欢，先生。"
>
> "啊，奥立弗，你早晚会习惯的。"苏尔伯雷说道，"只要你习惯了，就没事啦，孩子。"
>
> 奥立弗满腹疑窦，不知道苏尔伯雷先生当初习惯这一行是不是花了很长时间。

我说的冷漠不是这种殡葬职业对死亡的习惯。我说的冷漠，指的是一种对人的非人态度。即使是殡仪馆对待遗体也不能像对待干柴一样，而应该按殡仪馆的有关规则处理。医生对待病人应有同情心。医者仁术，讲的就是对待病人的态度。如果只为钱而不管病人的死活，或者一问三不知，爱理不理，在急救时不负责任，在治病时对病人的主诉不屑一顾，这就是冷漠。因此，冷漠本质上是个人内心世界的情感问题，起码是个职业道德问题。

当今社会，某些冷漠现象已使人感到窒息。人是有情之物。《庄子》中说过,人而无情何以为人?"无情未必真豪杰,怜子如何不丈夫。"男女之情、夫妻之情、亲子之情、朋友之情、人类之情,诸如此类的情感,人皆有之。但当利益冲突不能两全时,情感就会被扭曲。冷漠,就是对人丧失同情心。或因为妨碍自己的利益,或因为不能从援助中得到利益。在社会生活中,利益的确在起作用,是人的行为中不可否认的因素。但一个有道德、有修养的人,总是能区分正当利益和不正当利益、个人利益和集体利益、一己小利和人命关天的大事。那种下水救人之前先讲价钱、形同敲诈的人,的确没有人情味。

一个人,可能有男女之情、夫妻之情、亲子之情等诸如此类的情感,可也可能对非亲非故的人极端冷漠。一个医生可以对熟人、对朋友很热情,大开方便之门,但对其他患者却很冷漠。这种人算不得有道德的人,因为情感对他来说纯属功利,与情感的本性相违背。要是发生利益冲突,这种人同样会置友情甚至亲情于不顾。

一个冷漠的社会,即使大家生活富裕,也不是适合人类生活的社会。庄子说,与其相濡以沫,不如相忘于江湖,这只是道理的一方面。我们还是要求既富裕又和谐,彼此既生活于江湖之中,必要时又能相濡以沫的社会。美国是资本主义社会,可美国富人中有一些对慈善义举是极端慷慨的。有些身家过百亿的人将大部分财产捐出做公益,这样的事情时有所闻。中国传统文化中的父死子继,似乎是天经地义的,把财富给予"外人"而不留给儿子,有悖中国人的人伦观。财富观还牢固地束缚在血缘观的硬茧之中。如果财富观慢慢从血缘观中破茧而出,就会有利于减少冷漠,增加社会的温暖。

目的与手段

没有手段，任何目的都无法实现。工欲善其事，必先利其器，这是一个平凡的真理。人并不是单纯依靠目的而是依靠手段来实现目的。黑格尔重视手段，他认为手段是比外在的合目的性的有限目的更高的东西。工具可以保存下来，而直接的享受却是暂时的，并且是会被遗忘的。人因自己使用工具而具有支配外部自然界的力量，然而就自己的目的来说，他却是服从自然的。列宁认为这是"黑格尔的历史唯物主义的萌芽"。马克思就非常重视工具和手段。他说："各种经济时代的区别，不在于生产什么，而在于怎样生产，用什么劳动资料生产。劳动资料不仅是人类劳动力发展的测量器，而且是劳动借以进行的社会关系的指示器。"[①]

劳动工具，实际上是人与自然关系的中介系统。人类的实践不是只有主客体二项，而是三项，即主客体之间有一个复杂的中介系统。从原始人的打磨石器到青铜器，再到大机器，一直到目前的自动化机器、人工智能，就是这个中介系统的进步。正是它的变化，推动了主体的变化（没有拖拉机就没有拖拉机手，没有飞机就没有驾驶员）、主客体关系的变化（认识对象的变化、距离的变化、观察的深度和远度的变化，等等）。人类社会的变化往往是从中介系统开始的，中介系统使人作为主体而存在，而不致被融化于客体之中。动物无中介，动物自身就是自然界。

---

① 《马克思恩格斯全集》第23卷，204页，北京，人民出版社，1972。

需要与利益

需要与利益都离不开主体，都是一定主体的需要与利益。同样也离不开客体，即实际的对象性存在构成需要与利益的内容。

需要及其满足，是任何生物有机体同环境之间的物质交换。不存在没有任何需要的有机体。植物需要阳光、水、土壤，动物需要交配、食物、洞穴。人作为自然存在物，当然有与所有动物同样的生存繁殖的需要。可人的需要不同于动物。人的社会本性不仅使人的需要人化，使人的动物本能具有人的本性和满足方式，而且社会日益产生新的需要。"人以其需要的无限性和广泛性区别于其他一切动物。"需要的多样化和发展，表明了社会的发展和进步。需要的简单化和满足的缺乏，意味着社会的停滞。

需要的内容和满足，就是利益。为利益而争斗，本质上是为满足需要而争斗。动物的需要是有限的。凡是建立在单纯生理基础上的需要都是有限的。人也是如此。人如果单从生理需要出发，社会就会永远停留在同一水平上，因为生理需要是有限的。中国古话说，日食三餐，夜眠八尺。房屋再多，睡觉也只需一床之地。可实际上人的需求是无止境的。因为人的需要是社会性的，是建立在生产发展基础上的，生产越发展，需要就越多样化。生产不仅满足需要也生产需要，所以人的需要是广泛的、多样的、不断增长的。尽管人都有需要，但不是人人都能满足需要。需要的内容及其满足的方式，取决于个人在生产关系中的地位。恩格斯说过："每一个社会的经济关系首先是作为利益表现出来。"①

对利益和需要的追求在意识中表现为行为的动机。人们行为的动机在历史上是一种强大的力量。凡是推动人们起来行动的力量都是以动机的形式出现的。物质利益问题是人们考察历史时不能忘记的。马克思恩格斯在《神圣家族》中说过："'思想'一旦离开'利益'，就一定会使自己出丑。……利益是如此强大有力，以至顺利地征服了马拉的笔、恐怖党的断头台、拿破仑的剑，以及教会的十字架和波旁王朝的纯血统。"② 当然，这里的利益不是个人的一己之利，而是关系到整个国家的利益。利益涉及的人越多，它的推动作用越大。在历史上那些推动整个民族起来行动的力量，就是关系到民族生死存亡的东西。

幸福与满足

吃饱了，任何美食也引不起兴趣；肚子饿，有个馒头也非常幸福。终年穿鞋的人从不觉得鞋子可贵，一辈子打光脚的人视鞋子如珍宝。人对幸福的理解和要求是各不相同的，取决于各自的地位和境况，很难相通。

但从哲学上看有一点是共同的，这就是幸福不是对满足的再满足，而是对不满足的追求，因此它永远是一种正在追求中的满足。什么都不需要追求就可以满足的人是不幸的，理解这一点，就能弄懂为什么锦衣玉食、奴仆成群的贾宝玉会削发为僧。他什么都不需要了，因而也失去了生的追求和意义。

---

① 《马克思恩格斯全集》第 18 卷，307 页，北京，人民出版社，1964。

② 马克思、恩格斯：《神圣家族，或对批判的批判所做的批判》，103 页，北京，人民出版社，1958。

苦难与同情

任何一个动物遭到棍棒的猛击，都会号叫和逃跑。这说明它感觉到痛，但不感到苦。人不同，人能意识到痛苦。痛苦就是一种对物理或心理打击的自觉意识，是对痛的心理感受。人不仅能感受自身的痛，而且能感受到别人的痛，对别人的痛的感受就是同情。也就是说，人能把别人的痛苦当成自己的痛苦，力图制止或减少别人的痛苦，给受难者以物质或精神的援助。

人是有感情、有同情心的。列宁说过："没有'人的感情'，就从来没有也不可能有人对于真理的追求。"①这当然不是说人性本善，如孟子讲的见孺子落井就天生有恻隐之心。如果这样，人天生就是人道主义者。其实并非如此。人的同情心，是以社会领域中人与人的依存关系为基础的。因此境遇相同的人，彼此容易产生同情。"同是天涯沦落人，相逢何必曾相识。"半是怜人，半是自怜。在特殊情况下，不同阶级的个别成员相互同情的事是有的。对苦难、对疾病、对悲剧性的事，不少人怀有同情。这是基于人的类意识，即意识到我们是一个类即人类。可是这个类意识并非以人的本性为依据，而是以人对自身社会本性的意识为潜在动因的。我们是同一个民族因而有民族感情，我们有同一个国家因而有同胞感情，我们都是人因而有一种社会感情即作为社会存在物的认同感。这是人类在长期社会化进程中形成的，是文化、道德、教育的结果，并非不学而能的良知良能。因此当社会失范、利己主义占上风时，同情心减弱甚至见死不救、集众围

① 《列宁全集》第25卷，117页，北京，人民出版社，2017。

观的事情屡见不鲜。这是文化素质问题、道德水平问题，是经济意识过分强化、经济与道德关系失衡的表现，而不是人性问题。从人性出发来改变社会，而不是从社会出发来改变人性，只能是南辕北辙，缘木求鱼。

身残与智残

身残，是身体某一部分由于某种原因而失去正常的形态和功能。可人不仅可能身残，也可能智残。这里的智残，不是指智力障碍。智力障碍仍然是生理性的，是先天或后天产生的大脑运行障碍，是一种疾病。残奥会和特奥会就极力彰显了身残和智障者的自强、自尊和与命运奋斗的不屈精神。全社会都应该支持、同情和关怀智障者，这是社会发展和文明进步的表现。

哲学意义上所说的智残，不是指上述生理性的而是指人的眼界、人的思维囿于某种成见或错误观念而失去辨别力和判断力，不知善恶，是非莫辨。这种思维狭隘、道德缺损的人，可视为智残。

庄子是这样区分智残与身残的："盲者无以与乎文章之观，聋者无以与乎钟鼓之声，岂唯形骸有聋盲哉？夫智亦有之。"庄子阐发的是重德性而轻外形的观点。《庄子》中的高人、至人都是形不全而德全的人。他们身体有残疾却能达到"命物之化而守其宗"的境界。也就是说，任凭世界万物变化，都能顺其自然，而始终"执一"，即视万物为一体。这种人外形虽然残，但能官天地、府万物、齐生死。他们的言论在常人看来"不近人情"，实际上是因为常人"智残"，所以只能"惊怖其言"，对他们内在的精神世界难以理解。

我们不必完全赞同庄子把至人神化的观点，也不必对他重德轻形带有寓言性的观点过分偏爱，但庄子不重视外在的形象而重视内在精神的主旨却有可取之处。关于身残，培根说过一些令人鼓舞的话。他说："残疾并不是性格的标记，而只是导致某些性格的原因。身体有缺陷者往往有一种怕遭人轻蔑的自卑，但这种自卑也可以是一种奋发向上的激励。"他还说："残疾者需要自我补偿，如果他们的意志坚强，他们就一定能把自己从卑贱地位中解放出来，以消除世人对他们的怜悯和轻蔑。"

有些人虽然身残，但成就辉煌，成为杰出的人。英国的大科学家霍金、中国的张海迪，莫不如此。据近日报载，一个从小患小儿麻痹后遗症的妇女，潜心编织，编出的各种手袋成为艺术品；有人断臂，以脚练字，终成书法家。世界上有不少这样身残志不残、值得尊敬仰慕的人。相反，有些人四肢健康，却精神匮乏，道德缺损。这种形全而德不全、中看不中用的人，往往被称为绣花枕头。这种形全而智残的人，才是真正的残。

身体健康，四肢健全，当然是莫大的幸福，但最幸福的人是身体与人品都健全的。如果万一不幸而致残，我看与其智残不如身残。身残犹可为，而最大的不幸是精神"死亡"，缺德致残，成为"行尸走肉"。

人，是要有点精神的。毕竟，人不同于一般动物，人蕴藏着发展的多种可能性。马克思、恩格斯、贝多芬以及许许多多杰出人物，出生时与普通婴儿一样，可后来成为历史名人。而任何动物，如刚出生的小马驹、小狗，长大后仍然是普通的马，仍然是普通的狗。如果成为名贵的马、名贵的狗，那也是由于品种而不是自己的努力。只有人才是自我创造的动物。人用行动来塑造自己，没有一个人能预先为自己写传记，人自己一生的行为就是传记。我们赞扬残奥会、特奥会，就是赞扬人类的这种精神。

人与超人

尼采说，人是一个太不完满的物品。马克思也说，人永远处在不断完善之中。说法相似，实际上这是两种完全不同的哲学。

尼采蔑视人，鼓吹超人，说人是应该超过的东西。人的所谓完善，就是由人到超人。超人是以对现实的人的极端蔑视为前提的。

马克思尊重人，马克思说的人的自由全面发展，有它的特定含义。自由不是绝对无限的，它是针对资本主义制度下人在异化状态下的不自由而言的，离开了资本主义的强迫劳动和谋生劳动来理解人的自由，就会把马克思主义变为唯意志论。全面发展同样如此，它的参照系是资本主义制度下的分工造成的人的才能发展的片面化，劳动者变为生产工具，变为手，而脑力劳动者变为不会动手的脑。因此人的全面发展，不是人的万能化，不是消灭分工，消灭专业，而是人可以多方面发挥自己的潜在才能，而不会受旧的分工的限制。所以人的自由全面发展，就是由被异化的片面发展的人到人的全面发展的过程。

由人到超人，是现实的人的被抛弃。而由片面发展的人到全面发展的人，是人的自我完善。这种自我完善是人类自身在改造旧世界的同时，对自身的改造。

人的完善不同于生物的进化。生物的进化，是由一种生物变为另一种生物。这是自然选择。人的完善，不是自然选择也不是社会选择，而是人对自然和社会的改造。人没有变为另一种非人，人仍然是人。发生变化的是人的社会本性，而不是自然本性，是人的生存环境，而不是人种本身。在新的社会环境和社会关系中，人不断培养自己作为新人的社会品质。

一八　信仰·理想·道德

信仰·信念·理想

信仰是二元结构，有信仰者和被信仰者之分。宗教信仰的是神，或者其他崇拜物；革命者信仰的是马克思主义、共产主义。被信仰的东西是外在于信仰者心灵的存在。

信仰有科学与非科学之分。信仰是不能强迫的。强迫的信仰，如同叔本华所说，是强迫的爱，这是不可能的。任何强迫的爱都会变为恨，强迫的信仰会变成对这种信仰的厌恶。因此，真正的信仰必须内化为自己内心的理念，这种内化的信仰就是信念。信念是内在的。当宗教信仰内化为信念时，就成为宗教感情；当马克思主义和共产主义的信仰变为革命者的信念时，就成为坚定的立场和行动的指南。

信念在人们的行为中非常重要。一旦人们形成了某种信念，它就会影响人们对某些相关信息的知觉。正如一位哲学家所说，一旦你将某个国家视为敌人，你就倾向于将其模棱两可的行为理解为对你表示敌意。信念，会支配自己对相关信息的判断。

理想，则是信仰所追求的目的性存在。科学信仰追求的是能实现的理想，而宗教信仰追求的是天堂、千年王国或者极乐世界，这些都是虚幻的空想。马克思主义不反对使用"信仰"这个词，但认为信仰一定要转化为内心的信念和理想，变为实践的指南。马克思主义的信仰是科学的，信念是坚定的，理想是现实的。

头顶的天空与心中的道德

康德说过，有两样东西他最关心，一个是头顶的星空，即宇宙；另一个是心中的道德。这实际上是说，哲学探索宇宙的秘密，探讨人如何才能过合乎道德的生活。康德非常重视道德，他说过，人是动物的存在，但应该把自己提升为道德的存在。动物性存在的人依本能活动，而道德的人则应该超越本我，按道德规范处理人际关系。

自然科学中有天体论，有宇宙起源学说，可这不是哲学，而是实证科学，它研究的是宇宙的物理规律。哲学研究的是宇宙观，即如何看待宇宙本质的观点。它是上帝创造的还是原本如此的？是精神的还是物质的？我们实际生活于其中的世界是"我的梦"，是意识和知觉中的假象，还是真实的、不依存于我的客观存在？任何一个人都免不了一死，甚至人类有一天也可能会因为生态恶化而消失，但宇宙仍然存在。"尔曹身与名俱灭，不废江河万古流。"

关于人应该如何生活，生活的意义和价值的问题是哲学问题，是人生观问题。心理学也研究人，当然只限于人的心理活动、各种各样的心理活动和活动规律。哲学的特点是宏观的、总体的，各门科学的特点是特殊的、中观或微观的。中国哲学，如孔孟老庄都强调天道和人道，但实际上是关于宇宙与人生的大道理。

做人要记住头顶的星空和心中的道德。记住"天"，知道世界发展有规律。天网恢恢，疏而不漏，这不是"天"的意志，而是客观的因果规律。"种瓜得瓜，种豆得豆"，人的行为也是如此，做坏事而避免坏的结果是不可能的。违背自然的客观规律，会遭自然报复；作奸犯科，会受到法律的惩罚。要记住，中国哲学强调的"心"，不是实体的"心"，而是良心的"心"。善心并非天性，而是高尚的道德的内化。

道与德

我们常用的道德这个概念，实际上可分为道与德。儒家的道是可闻之道，孔子说："朝闻道，夕死可矣。"孔子说，自己"十有五而志于学，三十而立，四十而不惑，五十而知天命，六十而耳顺，七十而从心所欲，不逾矩"，说的就是自己求道闻道的过程，而不是指一般的学习。

孔子的道是人伦之道，它支配人与人的关系。所谓道不远人，人之为道而远人，不可以为道。君臣有君臣之道，父子有父子之道，夫妻有夫妻之道，朋友有朋友之道。每种关系遵守相应的道，就是德。可见，孔子的道可通过规范而约束人的行为，告诉人应该如何做人。

老子的道是不可见的道，是先天地而生、无象无声的宇宙之根。老子摒弃儒家的仁义道德，因为这些道德规范是违背"道"的，"大道废，有仁义。智慧出，有大伪。六亲不和，有孝慈。国家昏乱，有忠臣"。老子认为，只有得道才具有真正的德。德就是得，即得道。

孔子对道的看法，决定了他在认识论上主张学习，主张求知，主张"学而不思则罔，思而不学则殆"。而老子强调得道、体道，因而反对求知，主张绝圣弃智，认为人可以"不出户，知天下。不窥牖，见天道。其出弥远，其知弥少"。从认识论的角度说，我认为孔子比老子要正确。

其实，道德不能与知识相脱离。道德不能归结为知识，但道德肯定包含知识，即对自己所处社会关系的认知。无知会导致道德的沦落，但知识又不等于道德，有知识而道德极坏的人并不少见。因此，道德不仅是规范，而更重要的是德性，是一种品质，是一种发自内心的自觉的行为。德性不好，或明知不可为而为，都谈不上道德。我们当前道德建设的关键，不仅要宣传，更要倡导践行。高尚的道德如果只是某一个人的行为，就会变得高不可攀。社会道德风尚应该成为一种相互影响的道德环境。古人非常重视道德的作用："风俗之变，迁染民志；关乎盛衰，不可不慎也。"在一个好的社会环境中，自觉的道德行为才可以蔚然成风；而自觉的道德行为传播开来，才会形成一个好的社会环境。

道与理

中国人在生活中，无论处世、处事、处人，都重视讲道理。一个讲道理的人为人所尊重，不讲道理的人为人所不齿。一个人被指为"不讲道理"，就是霸道。霸道，首先就是指不讲理，失去道义。在世界政治中，以强凌弱，以大欺小，就是霸权主义；在日常生活中，蛮不讲理，就是牛二卖刀式的人物。大到国与国的关系，小到个人处世、处事，都得讲理。不讲理，虽可得势于一时，从长远来看，终会搬起石头砸自己的脚，没有好结果。

道与理，其实是组合词，非常妙，包含着很深的哲理。中国哲学家所说的"道"，既具有规律又具有道路的意义，理由道来，得道才能有理，违背道，肯定无理。理是对道的体认，像庄子说的"知道者必达于理"。我想，一个在国与国的关系中不讲理的霸权主义者，肯定不相信"道"，不相信"多行不义必自毙"的规律。当年日本的军国主义者疯狂至极，自认为"天下无敌"，可以为所欲为，结果如何？还不是以失败而告终。历史证明，任何侵略和压迫别的民族的国家，最终没有一个能长治久安，失败是迟早的事。翻翻史书，许多大帝国的崛起和衰亡的历史，无不体现了这条规律。无理者必背道，背道者必不能久。

真正得道明理的人，并不会因为"占理"而蛮不讲理。中国人说，得理要让人，这也就像庄子说的"达于理者必明于权"。毛泽东当年领导对敌斗争时，强调有理、有利、有节。有理是前提，即使有理，也要有利，还要有节。这是真正对待斗争的哲学智慧。这同只讲斗或一味讲和的哲学都是不同的。

明于权，就是不因得理而陷入另一种片面性。根据不同情况、不同对象，灵活地运用理。坚持"理"时，原则性和灵活性相结合就叫"权变"。权变是非常重要的，"明于权者不以物害己"。只知道原则而没有任何灵活性的死板僵化态度，无论用来治国、治事、处世、处人，都很难达到预期的效果。

一个马克思主义者自以为在坚持马克思主义，可就是不知道权变，即如何从实际出发，灵活运用马克思主义，这种马克思主义本身就违背了马克思主义。列宁说过，马克思主义具有决定意义的东西是辩证法。没有辩证的态度，就是不知道权变。中国革命和社会主义建设中的教条主义，或"左"的思想，就是自以为得马克思主义之理而陷于"本本主义"。

权变，不是无原则随风倒，而是有原则，但不死守原则，一切以时间、地点、条件为转移。因为权变的依据是理，而理的依据是道，所以权变绝不是契诃夫小说中的"变色龙"。真正知道权变的，必然会"察乎安危，宁于祸福，谨于去就"，而不会以权变为借口而肆意妄为。

道、理、权，三者是统一的。得道知理，知理明变。这是我们工作的原则，也应该是我们做人的原则。

道德的根源不在道德自身

人穿衣服，首先是由于生理需要——御寒，而不是由于害羞——道德的羞耻感。长期穿衣服，已经使穿衣服变为一种习惯，变为一种文明，它就会转变为一种道德要求。正如兄妹不能结婚，开始是人们对自然选择的不自觉服从，然后转化为伦理规范一样。道德的深层根源并不在于抽象的人性或道德规范自身，而在于社会和自身发展的需要。当然，衣服长短究竟到何种程度才符合道德要求，这是可变的，但也要有个限度，这个限度是社会的也是生理的。

敬老是一种美德。可是这种美德的根源与农业生产方式密切相关。这不仅因为以血缘关系为基础的农业社会是家长制，老意味着权力，而且对于农业生产来说，老意味着经验，意味着财富。生产节奏慢，全部技能都集中在经验上，必然就会尊敬老人。工业则不同，它看重的不是经验，而是创造力和精力，年富力强是工业自身的要求。大工业更是如此。在竞争激烈的社会中，任何工业企业或其他部门，都不断吐故纳新，要求年轻化，以利于竞争。歧视、排斥或者轻视老人，成为资本主义工业发展的必然现象。

竞争与道德的关系也是我们面临的问题。商业中的欺诈行为是很常见的。公平交易、童叟无欺作为商业道德，从反面说明了商业中的不道德现象是比较普遍的。很显然，商业中的非道德现象来源于对利润不择手段的追求。抑制商业中的非道德现象不可能单纯依靠道德教育，还要借助法律。但更重要的是通过竞争，使欺诈者在竞争中失败、破产，从而使他们认识到信誉的重要性。法律要维护竞争的公平性和合法性。

竞争并不违反道德，垄断必然导致腐朽。竞争中也会存在不道德的竞争手段，但克服这种不道德仍然要通过公平的竞争。在体育活动中表演不如表演赛，表演赛不如真正的比赛。最能出成绩的是比赛。体育比赛——各类运动项目的比赛都有自己的规则，商业中的竞争也应该如此。因此，在社会主义条件下，竞争应该是社会主义性质的竞争，即符合社会主义法律和道德要求的竞争。

性与爱的关系也是如此。性是生理要求，是两性相爱的基础。在这个意义上说，无性即无爱。可是爱又是对性的约束，它要求性的专一性。性的解放，也是爱的坟墓。性的范围越大，爱的成分越少。人与其他动物不同。人的爱，赋予性以人的尊严。因此家庭婚姻道德，是人类维护社会稳定和人类自身延续所必需的。

道德源于生活，但又高于生活。道德具有理想的成分，因而能够成为提高人类自身和促进人类发展的力量。道德的过分功利化就是道德理想的丧失。

行贤而去自贤之心

中国有句古话，无心为恶虽恶不罚，有心为善虽善不赏。我说这只有一半理，这一半理看重动机在道德论中的重要性，可是道德也有效果问题，只讲动机而不讲效果，肯定是片面的。

康德在他的名作《纯粹理性批判》中，就把行为的动机与效果绝对对立起来，只从行为动机方面考察人的道德行为。在他看来，只有从最纯正的动机出发的行为才是道德行为。人的道德行为应该遵循的不是外在目的，而是实践理性的"绝对命令"。道德行为是"应当"而不是"因为"。康德认为道德是自律而不是他律的看法很有见地，说明道德不同于法律。但没有任何原因的"应当"是空洞的，康德的绝对命令软弱无力，只是一种道德哲学，不可能奉行，也无人奉行。

我认为《庄子·山木》中讲的"行贤而去自贤之心，安往而不爱哉"的说法，不同于康德的绝对命令。因为"行贤而不自贤"是对的。做了一点儿好事就喜形于色，甚至自夸，生怕别人不知道，确非道德的本意。道德动机有深层原因，道德行为有社会和文化背景，但一个人的道德行为绝不应该以非道德的目的为动力。对于社会而言，道德规范的产生肯定是有原因的，人的道德行为肯定有道德的动机，有自觉的道德意识，而且会意识到这种行为的后果，并感受到道德行为带来的心理愉悦。

我们国家非常注意道德教育，这完全正确。但道德教育本身应该符合道德的本质，即道德的自律本性。如果道德行为变为一种获取赞誉甚至某种目的的手段，这种所谓的道德行为本身就是非道德的。一些所谓慈善家大行善事，后来东窗事发，才知道原来行善"别有玄机"。类似的事，屡见不鲜。当然这种人不在我们所论之列，因为这种人连伪善都谈不上，完全是靠阴谋诡计，根本与道德不道德沾不上边。我要说的是，行贤而去自贤之心，道德教育不要搞形式主义。例如，我们学雷锋就要真正学习雷锋的精神，而不是以学雷锋之名，行钓誉之实，为单位做总结准备材料。我们资助了别人不一定要别人站在台上三鞠躬感恩。有感恩之心也是一种道德，但如果这种感恩不是自愿而是出于无奈，就不是感恩的道德之心。

道德教育最重要的是要使受教育者把道德规范内化，即变为自己的道德素质，确实融化在血液中，落实在行动上。这种被视为"应当""当然"的道德行为，不是出于所谓道德本心，也不是"绝对命令"，而是长期教育内化的结果。我在日本的一个小区中住过一个暑假，看到日本人倒垃圾时非常自觉地将垃圾分类，而且垃圾都集中在离楼较远的地方。我没有看到不分类或随手扔垃圾的，也没有人表扬这种行为，也没有看到宣传，仿佛就应该这样，不这样反而不正常。这就是素质问题。

素质教育中的一项重要内容就是道德素质，当道德变为一种素质，内化为自己的良心时，就会行贤而无自贤之心。这种境界是真正的道德境界。

一个行动胜过一打纲领

这是马克思的名言。在道德问题上也是如此。凡属所谓道德说教，总会使人感到陈腐，苍白无力，可一旦付诸实践，就显得伟大和崇高。例如，为人民服务，只有五个字，说者无心，听者无意，似乎是空话、官话。可是如果一个人一生真正在行动中始终坚持为人民服务，那将是伟大的一生，会得到人民广泛持久的传颂。即使只是真正为人民办了几件实事好事，也会得到人民的拥护。再如，一对夫妻相濡以沫，经历种种磨难，相守不变，比起那些夫妻应该如何如何的道德教条来更能得到人们的尊敬。在思想特别是道德领域中，人们重言行一致，而且行重于言。如果言行不符，特别是伪言劣行，人们就会称之为假道学。道德教育一定要落在实处，千万不要摆花架子。

儒、释、道的融合

中国习惯称呼的儒、释、道，并非在宗教意义上并称。儒、释、道的融合并非三种宗教的合一，而是思想的相互激荡。儒、释、道合一是从思想史角度说的。儒学，指的是儒家学说；道，不是指道教，而是老庄哲学思想；释，指的是佛学思想和智慧，而非释迦牟尼，不是佛教。这三者通称"三教合一"，容易让人误解为三种宗教的合一。然而没有人见过大雄宝殿中有孔子塑像，或道观中坐上弥陀大佛。教是教，学是学。

其中，儒家学说的重大作用是教化，而不是神化。虽然儒家学说关于天、关于天命的观点也有超越世俗的神圣性，但只是其中的极小部分，绝大部分都是世俗性的教化。只要读读《论语》，就能感受到其中的生活气息扑面而来。儒家学说不主张鬼神崇拜，子不语怪力乱神。儒家主张祭祖，慎终追远，是怀念先人，是孝道，而不是相信人死后仍然有灵魂；儒家重视祭祀，但祭神如神在，可以说是心祭，而非偶像崇拜。孔子像没有摆进神殿，孔庙是读书人祭孔拜孔的地方，而不是烧香叩头求财求子的地方，不具有"有求必应"的世俗化功效。

一九 从哲学的视角理解"我"的意义

年轻人喜欢把"我"字挂在嘴上，"我"如何如何。但我劝你们，应该要有自我意识、重视自我，更应该从哲学高度懂得"我"的意义。否则，过分的自我就会是自己人生的一种灾难。

"我"是唯一的。世界上只有一个"我"，不会有第二个"我"。但"我"作为人的存在不是唯一，人的存在中包括每一个"我"，"我"只有在人的存在中才能成为"我"。"我"是唯一的"我"，而不是唯一的人。德国哲学家施蒂纳在其著作《唯一者及其所有物》中，就把"我"的唯一性变为人的存在的唯一性，鼓吹极端个人主义，"我"之外的存在都是为"我"的存在，因而个人自由是绝对的、无条件的。

实际上，"我"只有在"非我"中才能生存。"非我"中除物外，最重要的是"他人"。"我"只有生活在人中才能成为"我"。因而，"我"的自由是有条件、有限度的。只要有两个人，彼此对对方的自由就是一种限制。在宿舍就没有通宵吵闹的自由，在马路上就没有横冲直撞的自由。人也不可能幻想不依靠飞行器在太空中自由飞翔。这是外在条件的限制。《庄子·逍遥游》中描写的那条北海的鱼，化为大鹏，抟扶摇直上九万里，在太空中自由飞翔。即使如此，庄子也承认大鹏的自由还是"有待"的，即"御风而行"。没有风，大鹏也难以飞行。"有待"即是条件。庄子追求"无待"即无条件的自由，这也只是庄子作为哲学家的一种追求而已。实际上，"无待"的自由是不存在的。

不仅有外在限制，还有内在限制，即人自身的意志、能力对自由的限制。人可以在思想中认为自己是绝对自由的，可以狂思乱想，甚至妄想。实际上，人的幻想能力再大，"上穷碧落下黄泉"，可"碧落"和"黄泉"就是范围。无论艺术家、科幻小说家怎样自由思想，无论乌托邦主义者怎样构思未来，我们都可以发现人的思想的制约性，发现思想自由的限度。人的所思所想，无论怎样自由，都不可能超越自己的思想能力和认识能力的局限。

人的所思所想，可以分为"远见""短见"。有的人高瞻远瞩，有的人鼠目寸光。人的思想是自由的，但不会因此每个人思想的自由"度"就完全一样。有的人即使给他最充分的思想自由，其所思所想仍然超不出鼻子底下的一些琐事。法律规定的思想自由权和人实际具有的自由思想力是不同的。前者是法律问题，后者是哲学问题。思想自由不仅是一种权利，而且是一种能力。

自由主义最大的错误就是追求无条件的自由。自由不能是抽象的，也不是绝对好的东西。绝对自由祸害无穷。马路上的绝对自由就是车祸，婚姻的绝对自由就是家庭的解体。

公民的绝对自由就是社会解体、社会秩序混乱，国家办不成任何一件大事。绝对自由的反面就是人人没有自由。正如民主一样，绝对民主就是专制。在某一宗教信仰占统治地位的地区，绝对民主就有可能是宗教极端主义对非教徒的专制；在存在种族歧视的国家，绝对民主就有可能是占国家人口多数的民族对少数族裔的专制。绝对民主就是绝对专制。在社会领域，自由、民主、人权都必须有规则，即有法律规定。

对"我"而言，"我"是唯一的，但每个人都是一个"我"；人不是唯一的，人是由无数个"我"组成的。因此，请诸位注意，凡是强调"我"的时候都必须考虑到，除"我"之外，还有无数个"我"，即别人。只知道有"我"，不知道还有你和他的人，在哲学上是唯我主义，在道德上是绝对利己主义，而在政治思想上必然是绝对自由主义。在地球上不存在"我"是"唯一者"的王国，这只能存在于哲学的幻想中，可哲学家同样生活在众人之中。鲁迅曾嘲笑这种人说，世界最好有三个人：除了我和我的爱人，至少还有一个卖烧饼的。

这个道理似乎中国帝王都懂。皇帝称孤、称寡，并非狂妄而是自谦自警，提醒自己不要因为失德无道而成为孤家寡人。孤家寡人就是独夫，也就是孟子说的未闻弑君只闻诛独夫。难道我们还要由于绝对个人主义而成为 21 世纪的孤家寡人吗？

二〇 改变环境与改变自我

从认识论角度看，我不同意向内用力的哲学，把哲学学习完全指向人的内心世界，而忘记了对象，这不是学习哲学的方法，尤其不是学习马克思主义哲学的方法。我们反对单纯向内用力。人只能在改变外在世界的同时改变人类自己。革命家、改革者是改变外在世界；普通工人、农民从事生产也是改变外在世界；我们做工作也是改变外在世界。教员教书是改变学生，培养学生。如果教学对学生不起一点儿作用，这肯定不是一个称职的教员。人的内在世界的丰富，人的道德境界的提高，不是闭门修养能达到的，而是在实践中获得的。因为人在改变世界的同时，自己也在变化。老子说的"不出户，以知天下；不窥于牖，以知天道。其出弥远，其知弥少。是以圣人不行而知，不见而名，不为而成"，在马克思主义者看来，显然是不正确的。人只能在改造客观世界的同时改造自己的主观世界。这个道理极其普通，大家都耳熟能详，用不着讨论。我在这里从另一角度讲改变自我的问题。这不是通过改变世界来改变自我，而是要改变自我以适应世界。人与外在环境的关系，既有改变环境并通过改变环境改变自我，但有时也需要有改变自我以适应环境的能力。

我曾经遇见过一些人，他们对工作环境不满意，对领导不满意，对人际关系不满意，总是不自在、烦恼甚至苦恼，总是觉得别人亏待自己，一副怀才不遇的样子。换个工作，过一段时期，故态复萌，又是不满意。这个不满意，那个不满意。他们从来没有考虑过，别人满意你吗？领导满意你吗？周围的同事满意你吗？一个在任何地方都感到不满意的人，是否应该考虑自己，而不是单纯考虑环境。有些人的烦恼并不是来自环境，而是来自自己对环境的错误看法。这时责任就在于自己，应该改变自己以适应环境，而不可能处处要求环境适应自己。如果家庭闹矛盾、夫妇不和，必须从自身方面考虑是否处理不当，要改变自己适应对方，不能一味要求对方适应自己，否则矛盾越闹越大，苦恼越来越多，最后只能离婚了事。这叫没有自知之明。

人贵有自知之明，这是我们老祖宗为人处世的智慧。我们的先圣孔子也强调，"不患人之不己知，患不知人也"。他还提出要做到四绝："毋意，毋必，毋固，毋我。"一个人太主观、太在乎、太顽固、太自我，我看任何环境对他都不合适，或者反过来说，对任何环境他都不合适，因为没有一个环境是专为他一个人设置的 VIP 贵宾室。当一切烦恼、苦闷、不适应都来自自身时，改变的应该是自己，是自己对环境的看法。

我们应该区分认识论中的主客体关系和人生观中人与环境的关系。就其来源说，人的认识、人的主观世界都来自客观世界，人是通过改造客观世界来改造主观世界的。可是从个人与自己的小环境而言，当自己的主观要求与环境不适应时，不能一味强调改变环境，应该勇于检讨自己的看法是否合适，如果问题在于自己，应该勇于改变自己。

改变自我比改变环境更难。我们经常说，人最大的敌人就是自己。战胜自己有时比战胜环境还难。"自我"是长期形成的具有相对稳定的性格、意志、思想的存在物。因此，一个真正智慧的人，既要懂得改变环境，不同流合污；又要懂得改变自己，纠正自己的缺点，以适应环境。前一种是革命和变革，后一种是为人处世。任何时候都常有理的人，坚持要改变别人而不改变自己的人，永远是苦恼的人、烦恼的人、牢骚满腹的人、恨恨而死的人。这种人是蠢人，而绝非智者。

要改变自我不容易，因为人的思维方式具有惰性。人往往按固定的方式思维。我们要培养积极的思维方法。半瓶水，对于一些人来说只是半瓶水，太少，对于另一些人来说，不错，还有半瓶水；一百里走了五十里，对一些人来说还有五十里，对另一些人来说只剩下五十里。人无千日好，花无百日红。这是一种辩证的思维方法。这就告诉我们得意时不能志得意满，忘乎所以。官场中，有些人身败名裂，无一不是忘乎所以的结果。

改变自我，要重视生活阅历。自我往往是在生活中养成的。"纸上得来终觉浅，绝知此事要躬行。"对哲学同样如此。《易经·系辞传》中说"近取诸身，远取诸物"。有生活经验的人往往是有哲学智慧的人。我们现在有些哲学博士，从小学、中学、大学，终年泡在书本中，哲学道理说起来可能头头是道，可不会将其变为自己的思维方法。要求改变别人而不知道改变自我的人，责人严而责己宽的人，对自己的工作单位从来没有满意过的人，都是没有经过社会生活磨炼、没有碰过钉子的人。我自己一生最感缺失的也是生活经验，因而对哲学的理解往往是书本上的。活到老年，我越来越崇拜真正识大体、有眼界、有分析力、有判断力的人，真正有哲学智慧的是这样的人，而不是那些只能引经据典的人。能引经据典无非是能引经据典而已。学富五车值得夸耀的不是有五车书，而是学富五车，即满腹经纶，而不是满腹牢骚。

第三编

宜园诗抄

第一章

我的父亲与母亲

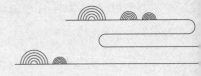

一　我今年老感受同

虚名何能解亲愁，别多聚少六十秋。

宁守空巢盼展翅，唯恐鸟倦归林投。

长年思念增白发，春去冬来扳指头。

遥望南天心愧疚，我今年老感受同。

注◎

我父亲常说，送儿子读书就是卖儿子。书读得越多，走得越远。自己年老之后，看到周围儿女远在国外的空巢老人，才会体会这句话包含的复杂感情：既盼儿女有出息，高飞入云，又怕风筝断线。

二　头白思归恨无家

京城半纪人已老，愧我无成发早花。

少年不解乡思苦，头白思归恨无家。

父母坟前满宿草，小城亲友半凋谢。

百尺竿头尚思进，路远山高日已斜。

注◎

母亲，1905 年生人，殁于 1988 年 9 月，享年 83 岁；父亲，1905 年生人，殁于 1998 年 7 月，享年 93 岁。父母在，有家，父母故世，则根断叶散。父母均葬于南昌。鄱阳陈姓祖坟山因修路扩城，已湮没无存。

三 终生思念满惆怅

青春十八少年郎，误入东海觅龙王。

传书柳毅去不返，⁽¹⁾终生思念满惆怅。

注◎

（1）柳毅传书，见唐宋传奇《柳毅传》。

我有一个弟弟，1962年6月溺水，死时只有二十一岁。弟弟的坟墓原在老家鄱阳，2015年迁葬在父母坟墓边，与父母在地下永远相随。

四 无根落叶类飞蓬

长大成家各西东，多年难得一相逢。

旧居易主换别姓，⁽¹⁾无根落叶类飞蓬。

注◎

（1）弟弟亡故，把房屋卖了不再回伤心之地。我回鄱阳时，想看看旧居，早已被拆过重建。

五　皤皤白发童年梦

日久谁说不想家，各自生计散天涯。

皤皤白发童年梦，长忆门前野草花。

六　年老睡少梦偏长

年老睡少梦偏长，老屋老楼老厅堂。

亡母慈容频频见，儿时旧景总难忘。

夏日凉粉凉凉透，⁽¹⁾ 冬天醪糟暖心房。⁽²⁾

梦中有梦盼非梦，猛醒披衣满惆怅。

注◎

（1）每年入夏，母亲用井水自制凉粉，为消暑佳品。（2）冬天自酿米酒，酒糟煮蛋，温暖人心。

第二章

我与老伴

一　炭盆红火满室春

对镜凝视眼昏昏，依稀白发又新增。

犹记婚初大雪夜，炭盆红火满室春。

儿女不觉成父母，岁月如驰听有声。

浮名伤身催人老，淡定自然最宜生。

注◎

1958 年春节我在南昌结婚。当时她在南昌某小学担任校长，我在人民大学当教员。新婚夜，大雪纷飞，铜盆炭火。"室小春意满，被旧不嫌贫。"

二　衣食无忧双白头

相濡以沫五十秋，也有欢乐也有愁。

儿女成长赖母力，一日三餐卿为谋。

清贫持家劳心计，亲朋往来热心酬。

而今一切成旧事，衣食无忧双白头。

三　风雨相依苦共尝

醇香不溢酒易藏，真情岂在话语间。

看似平淡五十载，风雨相依苦共尝。

四　蔗近蔸根味尤甜

屈指未伸五十年，人间可有再生缘？
休对菱镜悲白发，蔗近蔸根味尤甜。

五　语淡情深每忘年

一世夫妻百世缘，头白依依两相怜。
闲聊对坐话旧事，语淡情深每忘年。

六　愧对老伴早白头

此生未为衣食愁，愧对老伴早白头。
也想厨下帮帮手，谁料豆油当酱油。

七　已过金婚望钻期

已过金婚望钻期，头白相怜两依依。
闲话旧事多感慨，语及故人两嘘唏。

八 深情尽在不言中

钻石光中喜兼忧，对坐相顾两白头。
二万三千平常日，深情尽在不言中。

九 再生有缘我当牛

早无春江秋月夜，老却徐娘柴米油。
一躬到地三作揖，再生有缘我当牛。

一〇 真情深藏灶台前

老伴伴老两相怜，世间最难双百年。
花前月下少年事，真情深藏灶台前。

一一 但见针鼻穿线难

白发婆婆缝旧衫，招呼老头来帮忙。
耳虽重听视力可，但见针鼻穿线难。

一二 反复叮嘱学厨娘

牵手相伴六十年，历经艰难无怨言。
去日苦多虑后事，反复叮嘱学厨娘。

一三 唠叨声中又一年

唠叨声中又一年，管吃管穿管迟眠。
婆婆仿佛交通警，老汉好像驾驶员。
车旧不准开高速，疲劳必须靠停边。
牵手甲子手握紧，而今咱是太姥爷。

一四　何妨并坐学少年

相伴白头不觉老，何妨并坐学少年。

世间百事皆有数，唯有真情无尺量。

一五　生死相依见真情

辗转反侧夜深沉，室静枕冷心难宁。

无力相濡仍吐沫，生死相依见真情。

注◎

2020 年 12 月老伴不慎摔倒，住院治疗。

第三章

我与家人

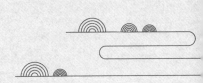

一　嗒嗒声中舐犊深

两个博导一千金，真金远比假金轻。

父母最以儿女贵，有女方知父母亲。

家财万贯身外物，帽子重重空有名。

何如清茶闹中读，嗒嗒声中舐犊深。

注◎
喜得外孙女。

二　花满梢头鸟欢腾

柳絮飘扬雪里行，花满梢头鸟欢腾。

无怪今日春色好，原是老夫得重孙！

注◎
喜得重孙。

三　四代同城不同家

九十老翁两岁娃，四代同城不同家。

天伦之乐莫过此，百篇文章不算啥！

四　转眼发已是苍苍

异国他乡客，举家欢庆难。

岁月如弹指，甲子最辉煌。

犹记过门时，简朴如平常。

忽然当姥姥，两个金蛋蛋。

少壮能几时，转眼发已苍。

珍重亲情乐，努力多加餐。

注◎

赠儿媳六十生日。

五　生日快乐节日好

六一生人就是好，童心永驻不会老。

母子三人手牵手，生日快乐节日好。

注◎

我孙女六一生日。育有两孩。母子三人共度儿童节。

六　莫忘举家共食恩

果熟离枝根犹存，怜儿惜女疼孙孙。
人如初林须培育，爱胜甘泉润无声。
寿高百龄能计日，情似汪洋量难衡。
红尘纷纷易迷眼，莫忘举家共食恩！

七　满桌欢声笑语甜

负笈京城六十年，满桌欢声笑语甜。
逝者如斯东流水，一代更比一代强。
日行万步长伏案，无关名利爱书香。
头白齿豁不怜老，尚思为国写千篇。

八　何必落红怜头白

欢声笑语指枝头，满园锦簇满园游。
亲情浓浓阳光暖，勃勃生机塞宇宙。
纵使芳尽春去也，秋日蓝空白云悠。
何必落红怜头白，重阳赏菊亦风流。

第四章

我与学生

一　手捧鲜花轻叩门

又是一年庆生辰，手捧鲜花轻叩门。

满室青春映白发，恰似甘雨洒枯藤。

官高位退茶变冷，红颜易老星渐沉。

莫看讲台三尺小，天涯海角多亲人。

二　丑鸭现已变天鹅

岁月如水亦如歌，丑鸭现已变天鹅。

共衣推食当年事，久别重逢感慨多。

今日欢会集四海，明朝星散隔山河。

宴罢举杯道珍重，抬头望月心依然。

注◎

人民大学 1978 级学生返校。学生均为知青，是人大复校后首届学生。大会在明德礼堂举行，座无虚席，当年知青返校时多已事业有成。

三 弟子才高压倒师

莫笑无花空剩枝，菊残犹有傲霜时。
庙堂留骨何足贵，泥涂曳尾我心知。
半世文章多废纸，毕生功名只书痴。
唯有一事最得意，弟子才高压倒师。

四 青春纵马满载归

寒冬易冷老易悲，岁月如水去不回。
曹操横槊咏朝露，李白放歌莫空杯。
才高未尽嫌寿短，俗子无聊心早衰。
诸君年少正当时，青春纵马满载归。

五 最喜残阳照芳林

生有因缘理难明，亦师亦友几载情。
愧谢诸君厚爱我，最喜残阳照芳林。

六　从此路人变亲人

岁月如水满浮萍，世间亿万几知心。
有幸酿就同门蜜，从此路人变亲人。

七　世界最美师生情

世界最美师生情，无高无低无远近。
先进仍是同窗友，后达不是门外人。
天南海北总思念，三生有幸成同门。
权高位退酒变冷，寒儒陋舍茶常新。

八　含水弯腰轻轻喷

郁金颜色最宜人，室外隆冬室内春。
忍看花谢添惆怅，含水弯腰轻轻喷。

九 留得枝丫当柴烧

我已头白诸君小，天不佑人生太早。
桃花莫笑菊花残，留得枝丫当柴烧。

一〇 智者云集庆生辰

智者云集庆生辰，不远千里衣染尘。
眼湿紧握同窗手，头白犹重师生情。
寺庙岂可无神像，哲学何曾会沉沦。
不信诸君翘首望，群星灿烂月又明。

一一 执手问年发斑斑

别时容易见时难，四十寒暑路漫漫。
儿婚女嫁孙绕膝，执手问年发斑斑。
征途岂能无风雨，最喜神州展新颜。
今日不谈伤心事，共诉离情高举觥。

注◎
哲学院院庆，1957级部分学生返校，集会时邀我参加。

一二　明珠沙埋终难掩

岁月何曾空蹉跎，有汗有泪有折磨。

明珠沙埋终难掩，放眼精英惊满座。

海外归客从天降，轿车排排似长河。

天变地变人亦变，我伸双臂引吭歌。

第五章

小城旧事

一　往事似假确是真

低头无语暗思忖，往事似假确是真。

当年攀楼曾揭瓦，而今头白踽踽行。

旧友零落知音少，尘心已远常闭门。

世局如弈乱人眼，卧读诗书坐看云。

二　最入梦境是少年

莫说友谊不算缘，藕断尚有丝相连。

老来多病易怀旧，最入梦境是少年。

青春如火纯如玉，手足无私沁心田。

往事如烟难散尽，独立寒风望夕阳。

三　我亦耄耋行路难

满脸沧桑步蹒跚，我亦耄耋行路难。

同学少年都已老，遍地落叶满地霜。

四 老来方知不寻常

无拘无束结伴玩，小城小街小时光。

头白思旧常忆起，老来方知不寻常。

五 小城旧梦已难寻

世间岁月最无情，青春化作白头吟。

大洋彼岸相对望，小城旧梦已难寻。

注◎

邱洛琳与刘锡荟都是我在鄱阳中学的同学。

邱洛琳毕业于湘雅医学院。曾当选两届政协委员。任期满后，移居美国。

六 应喜新月照新人

岁月无情亦多情，雪泥鸿爪尚有痕。

难忘桥边明月夜，联诗缀句笑声盈。

当年十七今双七，旧友四散半凋零。

莫怜流年桥下水，应喜新月照新人。

注◎

鄱阳东湖入口处有座桥，名为磨子桥。桥下是潺潺流水，桥面很宽。磨子桥可能
已不存在，但月明依旧，流水仍存。逝者如斯，辈辈新人。

七　不识人间有莫愁

少难风流老更休，斗室为笼书为囚。

此生只知码字乐，不识人间有莫愁。

昔日同窗多入土，你我有幸又白头。

小城旧事梦化蝶，而今唯记芝山游。

八　花衫短发十五余

远望乍见识君初，花衫短发十五余。

弹指而今五十载，似梦似真音信无。

最喜澹湖操场走，十八坊口脚停步。

少年旧事虽可笑，人性稚真不算愚。

九 老来不悔少年痴

老来不悔少年痴,情如飞云意如驰。
众里寻人东西望,佯装看天怕人知。

一〇 难得曾有梦一场

其实无缘亦无妨,难得曾有梦一场。
最贵头白友情在,飞越长江跨湘江。

第六章

思 乡

贾岛："客舍并州已十霜，归心日夜思咸阳。无端更渡桑乾水，却望并州是故乡。"我来北京已经六十五年，比我在家乡生活时间多几倍。但我割不断的仍是乡思。

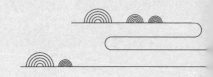

一 燕子穿梭蘸水飞

藕嫩莲鲜鲫鱼肥，燕子穿梭蘸水飞。

湖岸杨柳丝丝牵，头白万里夜梦之。

注◎

在中国，以方位名湖，似是惯例。我家乡也有东湖。在出门求学之前，我见到最美的湖就是自己家乡的东湖：藕嫩莲鲜、燕子蘸水、杨柳丝丝。

二 芝山钟声久未闻

芝山钟声久未闻，东湖莲藕味更纯。

此景只能梦中有，越老越思越有情。

注◎

芝山，是我家乡城外一座小山。山上有一座小小的凉亭，一座寺庙。每逢春秋，这里是小学生远足之处。现在芝山已建成公园，山脚下原为坟地，现在成为高楼林立的居民区。

三 儿孙哪知有渔村

乡情如酒易醉人，沧桑满脸味更醇。

久居京城七十载，儿孙哪知有渔村！

注◎

我家世居鄱阳管驿前，是个渔村。居民多以捕鱼为生，无论男女老少大多与鱼相关。我家世代渔民。从祖父那一代开始经商，父亲继承接手经营。我的儿孙均出生于北京，从未回过我的出生地，更不知有渔村管驿前。

四 小城夜半米酒甜

老来方知人生短，犹记共桌抵足眠。

江南三月花似锦，小城夜半米酒甜。

旧日同学能有几，头白情深信是缘。

芝山亭子应仍在，已是几辈新少年！

五　长夜不眠话当年

头白相逢茶当酒，长夜不眠话当年。
捣乱常被罚站立，顽皮偏得父母怜。
世事代谢故友少，相顾龙钟心茫然。
莫叹人生如弹指，价值自有另尺量。

注◎
旧时同学来京，谈及中学时代事。小城夜半肩挑小贩卖米酒煮鸡蛋，记忆尤深。

六　何人能无故园情

隔山隔水不隔心，头白喜诵游子吟。
莫嗔思乡容易老，何人能无故园情。

注◎
家乡有关单位赠我一份《鄱阳报》。看到家乡的沧桑巨变，特别是看到许多从前熟悉的地名，我倍感亲切。

七　惊起方悟梦魂牵

长安久居喜还乡，风景依旧似当年。
踏破全城人不识，惊起方悟梦魂牵。

八 旧梦难寻反觉生

麻石街道半掩门，临河水碧远山青。

小巷深处无车马，夜静锣声报时更。

一年最是春节好，满城拱手古风存。

而今民富高楼立，旧梦难寻反觉生。

注◎

我读小学时，入夜后是更夫敲锣报时。白天除商家外，居家多是大门虚掩。麻石街道，木结构住房，小镇风光，古风犹存。

九 满街乡音陌生人

梦回惆怅终成行，归来仿佛入错城。

当年旧迹无觅处，满街乡音陌生人。

藕丸聊解思念渴，黄芽鱼香忆亲情。[1]

八十还家应嫌晚，相识唯有芝山亭。

注◎

（1）藕丸是以鲜藕、肉、糯米做成的大肉丸，黄芽鱼煮米粉是以黄芽鱼为汤料的煮米粉，均为我家乡风味菜肴。

一〇　少年熟地无陈迹

魂牵梦绕五十秋，近家情怯喜兼忧。

当年长辈多归土，昔日同窗已白头。

最喜桑梓翻天变，道路宽阔楼接楼。

少年熟地无陈迹，乡音满耳热泪流。

注◎

我小时，鄱阳镇很小，上至张王庙，下至管驿前。现在的鄱阳镇，街道宽阔，有公交和的士。居民家有小车者甚多。街道名字多为新名，旧迹难寻。

一一　小城日昨似眼前

闻歌感旧忆当年，小城日昨似眼前。

韶光不怜人生短，白发匆匆满华颠。

一生平庸唯伏案，身无长技愧后贤。

自知才疏最畏懒，老马依然不用鞭。

第七章

忆 旧

在所有节日中，最难忘的是
过年。虽年至耄耋，最深的
记忆仍然是过年。

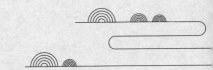

一 门神窗花春意浓

烛光摇曳炭火红，门神窗花春意浓。

瑞雪欣喜漫天舞，爆竹声声家家同。

守岁最盼天亮早，包包多多磕头虫。

此情此景尚可忆，只是已成白头翁。

二 不意此生京城老

莲子有心心有根，风雨何能阻归程。[1]

窗外星空天撒花，厨下父母烩情深。

犹记当年围炉夜，米酒飘香雪迎春。

不意此生京城老，卧听鞭炮梦难成。[2]

注◎

（1）儿子夫妇，春节必回家团聚，风雨无阻。（2）我自1953年来京后，很少回老家过春节。

三 鞭炮声中又一年

火树银花不夜天，春风拂柳柳笼烟。

儿童放炮贺新岁，老人新年忆旧年。

四　北雁南飞动我情

十九离家今九零，北雁南飞动我情。

难忘除夕守岁夜，满屋欢笑满屋春。

明烛高挑炭火红，室外飘雪室内温。

头白思归已无家，唯有心头数座坟。

五　犹记中庭拜月时

犹记中庭拜月时，而今头白鬓霜丝。

新月年年岁岁有，年年岁岁有新人。

嫦娥悔吞飞天药，广寒宫冷夜深沉。

芳华过尽莫忆旧，人生原本是单程。

六　万川美月入水间

一轮明月在天上，万川美月入水间。

嫦娥宫冷寂寞甚，悔吞灵药思下凡。

七 手握鸭蛋牵衣角

菖蒲艾草插门上，额点雄黄挂香囊。
手握鸭蛋牵衣角，爱看竞舟浪逐浪。

八 盘中雄黄待点额

粽叶清香似可闻，粽肉甜甜最馋人。
盘中雄黄待点额，锦绣荷包照眼明。

九 染红鸭蛋满亲情

老屋老厅景依旧，染红鸭蛋满亲情。
一觉梦回八十载，白头老翁慈母吟。

第八章

怀师友

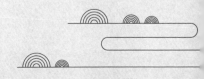

一　师恩如山敢忘之

白头学子耋龄师，犹忆当年受教时。

玉树临风多仰慕，西装革履显英姿。

境高旨远讲经典，智慧泉涌育新枝。

历经寒暑犹在耳，师恩如山敢忘之。

注◎

萧前（1924—2007），中国人民大学资深哲学教授、博导、著名哲学家，马克思主义哲学教育的重要奠基人和学科带头人。萧老师 2007 年 8 月 23 日在北京逝世。师恩如山，终生难忘。

二　文苑杏林两相宜

辞章白石又名医，文苑杏林两相宜。

莫谓小城无俊秀，师传原不让昌黎。

注◎

俞伦（江西鄱阳人）为我中学语文教师。出身著名中医家庭，父亲为我县名医。俞老师擅诗词，好佛学，得家传能医。

三 温和谦恭长者风

身如药树君真健，温和谦恭长者风。

字字珠玑叹妙笔，桃李满园道不穷。

未列门墙心私淑，每聆高论暗称同。

双手过顶三敬酒，我祝先生百岁红。

注◎

黄楠森（1921—2013），北京大学资深哲学教授、哲学家、思想家、教育家。

四 道德文章两相能

欣逢八五庆生辰，犹记八十客盈门。

虽说五年弹指过，又见纸贵洛阳城。

大名岂独铅字铸，道德文章两相能。

百岁可期仍健笔，都道哲人似仙人。

五 同一战壕两老兵

五十年前是我师，⁽¹⁾五十年后情更深。

莫谓荷戟独彷徨，同一战壕两老兵。⁽²⁾

注◎

（1）黄先生不是我的业师，我是黄先生的私淑弟子。（2）我和黄先生都坚定地捍卫"辩证唯物主义和历史唯物主义"是马克思主义哲学的本质和基本特征的观点。我们赞同和重视实践在马克思主义哲学中的重要地位和作用，但反对用"实践唯物主义"取代"辩证唯物主义和历史唯物主义"。

附：贱寿八十时，黄先生曾以诗贺。

话语铿锵意蕴真，先生风采早惊人。

而今耄耋锋尤健，入木三分析理真。

六 再无风雨也无晴

抗日何曾问死生，湖西肃托劫后存。

南征挥师汗战马，边陲主政衣满尘。

乐作园丁育桃李，细究明史擅诗文。

可怜头白肢体断，再无风雨也无晴。

注◎

郭影秋（1909—1985），曾历任川南行署副主任、主任，云南省省长兼省委书记。1963 年调任中国人民大学党委书记兼副校长，辅佐吴老（吴玉章）主持校务。我是个普通教员，与影秋校长素无来往。郭校长复出后，又染重病断肢。

七 珞珈才子惊四座

不是鹅湖似鹅湖，湖畔盛会识荆初。[1]

珞珈才子惊四座，江南俊秀冠群儒。[2]

宝刀至今能削铁，笔有雷鸣道不孤。

人生百岁不为老，八十只算半征途。

注◎

陶德麟（1931—2020），武汉大学原校长、人文学科资深教授、博士生导师。
（1）全国六本马克思主义哲学教科书集中在中共中央党校讨论，我喻之为"鹅湖"盛会。（2）陶德麟为武汉大学参会重要成员。

附：贱寿八十，德麟先生赐诗庆贺。
　　　五十年前幸识君，当时英锐已超群。
　　　胸罗正气常忧国，笔扫彤云只务真。
　　　耿耿丹心昭皓月，拳拳厚德育芳林。
　　　满园新叶皆才俊，犹待期颐引路人。

八 幽明路隔两茫茫

生也艰难死亦难，幽明路隔两茫茫。

苍天忌才欺人老，摧尽鬓毛骨肉伤。

风雨坎坷识马力，涸鲋濡沫见肝肠。

托体山阿君已去，我与何人论文章。[1]

注◎

（1）李秀林（1931—1986），中国人民大学教授、著名哲学家，我在人民大学哲学研究班的同学。毕业后我们同为萧前老师的助教。秀林能文，善于教学。英年早逝，我不胜悲痛。

339

九　文成旧纸人早亡

玉米粥香疙瘩咸，满桌残篇满烟缸。

句号唤醒东方白，文成旧纸人早亡。

注◎

毕业初期，我与秀林同住张自忠路一号红楼宿舍。秀林有家，我是单身。我们合作写文章。夜半秀林夫人总是为我们煮玉米粥做消夜，热气腾腾，香美无比。

一○　才高命蹇古今同

痛哭兄台叹士穷，才高命蹇古今同。

笔走龙蛇堪传世，诗可佐酒磨剑功。

晚清史论具慧眼，娓娓善教学者风。

最令朋辈伤心绝，死后声名生前空。

注◎

桑咸之（1931—1996），中国人民大学历史系教授。我在复旦大学历史系的同班同学。1953年，我们同时分配到中国人民大学。咸之对中国近代思想史有专门研究，能诗能文。1996年因撰写《晚清政治与文化》猝死于书桌边。遗著由学生资助出版。

一一 望断天涯哭招魂

世间何事最伤情？白发人送黑发人。

倚门老母盼儿归，望断天涯哭招魂。

注◎

杨百成，为我学生。硕士毕业分配到北京师范大学任教。后不幸患肝癌，殁于2001 年 11 月，年仅 41 岁。

一二 笑语依稀似生前

灰飞烟散三十年，花落匆匆实堪怜。

夜半梦回惊起坐，笑语依稀似生前。

注◎

袁庐英，人民大学历史系教授。为我人民大学研究班同学、好友，20 世纪 80 年代初死于乳腺癌。

一三　翻身弹指痛仙逝

犹记北招识君时，[(1)] 文采风流李杜诗。[(2)]

落水幸喜未灭顶，翻身弹指痛仙逝。[(3)]

祸福无常天难料，赤心不改世人知。

大才遽折应一哭，毁誉死后两由之。

注◎

何芳川（1939—2006），著名历史学家，曾任北京大学副校长。

（1）北招，北京大学苏联专家招待所简称，曾为两校写作组住地。（2）当时何芳川只有三十多岁，思维敏捷，能诗善文。（3）何芳川于2006年6月28日因急性白血病去世。

一四　人间难留未尽才

两星陨落月色哀，秋风黄叶扑面来。

旧友新交齐感叹，人间难留未尽才。

注◎

俞吾金（1948—2014），为复旦大学著名哲学教授，哲学界后起之秀，正值有为之年，突然去世。郑杭生（1936—2014），人民大学哲学系1961届毕业生，毕业后与我在哲学系共事多年。后杭生转攻社会学，成就卓著。于2014年11月，与俞相继去世。时值深秋，黄叶满地，倍增凄凉。

一五　年来频频吊唁多

年来频频吊唁多，生生息息可奈何。

莫为虚名伤身体，切忌争利失人和。

长生无药心有药，恬淡宁静少病魔。

年近九十方悟道，乐生悦死处世歌。

一六　白发相送感慨多

旧友凋零知音少，白发相送感慨多。

明知生死本一体，几人真懂鼓盆歌。

注◎
哲学院同事李淮春、杨焕章、董永俊，均为 1961 年哲学系毕业生、哲学系教授。汪永祥，为我研究班同学，哲学院同事。近年相继逝世，感慨系之。

一七　陵园万木伴长眠

不慕富贵不重钱，寿高九五尘世仙。

树根深处无风雨，陵园万木伴长眠。

物有始终自然理，生死相通岂怨天。[1]

逝者远去恩泽在，佳节常念对酒年。

注◎

（1）"死生，命也，其有夜旦之常。人之有不得与，皆物之情也。"（《庄子·大宗师》）

一八　儿孙牢记家国情

群山环绕万木林，此处地下最静净。

冬盖白雪秋雨洗，春有山花夏蝉鸣。

再无烦恼忧心事，百病全消赛过神。

双双鲐背应为喜，儿孙牢记家国情。[1]

注◎

（1）陆游《示儿》"王师北定中原日，家祭无忘告乃翁"。

张大宏（1923—2017）为我儿子的岳父。北京大学历史系学生，参军南下，后转业做了中学政治老师，一生从教，淡泊名利。善饮，同喜食肉，尤其是肥肉，不肥不食。有高血压，漠然置之，不以食肉为累。每家庭集会，与我女婿对饮甚欢。逝世时，我与老伴均在侧，非常平静，没有任何痛苦表情。安葬于北京十三陵水泉沟纪念林，树葬。清明扫墓时以诗祭之。

一九　头白常欠忆旧眠

手捧华翰思万千，回首已是六十年。
体衰难载厚情重，头白常欠忆旧眠。
瓶尽醇醪犹可沽，世间从无再生缘。
人生似梦实非梦，风雨坎坷本自然。

注◎
刘寅生，华东师范大学历史系教授。复旦历史系学长。已逝世。

附：刘寅生赠诗
　　德淞心迹多旧缘，日月如水酿酸甜。
　　留得陈醪多把注，最醉人处是当年。
德庄、淞庄，均为学生宿舍名。已改建为职工宿舍。

二〇　君有伯牙故旧情

窗外风雨室半明，夜读仿佛晤远人。
我无生花梦中笔，君有伯牙故旧情。
小恙得闲应是福，卧床何妨枕手吟。
共期寿高过百岁，留得老眼看清平。

注◎
我赠寅生拙著《我的人生之路》。寅生赐诗。刘住院，我回赠以诗。

附：寅生诗　雨夜初读陈先达《我的人生之路》
　　指点乾坤两宏通，广开绛帏长安中。
　　掩卷总在人静后，半窗街灯雨夹风

二一　涸鲋相濡老更甜

　　师兄师姐好姻缘，[1]涸鲋相濡老更甜。

　　水经有注情无注，[2]何妨牵手学少年。

注◎

（1）张佩箴，女，我在复旦大学历史系的同学。与刘寅生为夫妇。已逝世。

（2）刘寅生精于《水经注》，有专著。

二二　同窗同室最难求

　　有神无神任自由，同窗同室最难求。[1]

　　宇宙奥妙无穷尽，放飞心灵任翱游。[2]

注◎

（1）苏德慈，为我在复旦大学历史系的同班同学。（2）毕业后与我同时分配到人民大学哲学研究班学习。后来获准退学，入金陵神学院学习。曾任上海神学院副院长，并任政协委员。他来京开政协会，我赠以诗。

二三　暴雨最喜未沉舟

先生得年已高寿，暴雨最喜未沉舟。

病树更应多培土，散木已无文木忧。

注◎

阎长贵，人民大学哲学系 1956 级学生。

二四　日出观湘江

有志于长沙，攀登岳麓山。

夜宿爱晚亭，日出观湘江。

注◎

朱有志，曾任湖南社会科学院长。现为湖南开慧村支部书记。

二五　空对书案愧江郎

年已鲐背太匆忙，发稀头白脸沧桑。

灰烬已息难有热，空对书案愧江郎。[1]

注◎

孙麾，曾任《中国社会科学》副主编。来信约稿，以诗谢。

(1) 江郎，指南朝时的江淹 (444—505)。

二六　偷闲为文夜深沉

不慕纸贵满京城，最重实践出新论。

文章应为时代作，知行合一上上乘。

慧眼寻珠常吐哺，偷闲为文夜深沉。

我已老矣难荷戟，君是阵地领军人！

注◎

张西立，《红旗文摘》总编，大作出版，嘱我作序。适逢身体有恙，以诗代序。

二七　酒瓶见底肉飘香

酒瓶见底肉飘香，夫子七三走得忙。

孟子八四不算老，不才九十可延长。

死而不亡圣者寿，我辈凡人过眼烟。

不学僧人学李白，写篇文章买酒尝。

注◎

张文喜，我院教授，擅文善饮。

二八 举杯细品作仙家

嗜茶如命命似茶，人如茶树发新芽。
莫怨人老天不老，举杯细品作仙家！

二九 何须空门披袈裟

茶中有道道入茶，一盅在手意无涯。
涤净灵台闲自得，何须空门披袈裟。

注◎
舒鸣，摄影家。谢赠茶。

三〇 潜心学术已入流

同年同学同室楼，旧迹难寻如梦中。
饭桌白头忆旧事，仿佛宫女说玄宗。
人生多难平常事，司马刑余著春秋。
落水幸喜爬上岸，潜心学术已入流。

注◎
赠复旦友。

第九章

读书

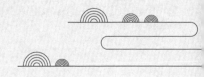

一　满床满架复何求

大红大紫非我有，满床满架复何求。
人生百样各有得，一世平安抵封侯。

二　半床布被半床书

半床布被半床书，不是蜗居似蜗居。
屋比天大眠八尺，何如心底宽有余。
书到运用不记书，情入深处已忘情。
有中有无无中有，有无相依最上乘。

三　情穿纸背血凝成

闲适恬淡非珍品，华词丽藻等轻尘。
稀世文章和泪写，情穿纸背血凝成。

注◎
我喜读鲁迅。字字着血，句句如鞭。

四 天地精灵钟一夫

苏轼四十称老夫，擎苍牵黄气吞虏。
手足情深奇问月，十年生死悼亡妇。
大江东去行云遏，赤壁夜游物我无。
佛道儒雅诗画绝，天地精灵钟一夫。

注◎
读《苏轼词选》有感，我喜欢读苏词，豪放婉约兼具。

五 以书开始以书终

此人命定蛀书虫，以书开始以书终。
淡泊名利能安枕，牡丹富贵不如松。

六 有书相伴慰寂寥

滚滚红尘特安静，风雨雷霆似未闻。
对面谈话见张嘴，仿佛默片又重生。
非是上天按停键，只因两耳已重听。
有书相伴慰寂寥，此时无声胜有声。

七 聊天无间倍亲近

镜中白头向我笑，我对镜中白头吟。

偷嘴往往称吃货，赖床只因睡梦频。

啃书像是牛吃草，敲键仿佛鬼勾魂。

耳聋自慰能容膝，聊天无间倍亲近。

第一〇章

读《庄子》

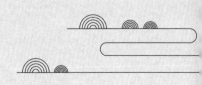

一　发有二毛鬓有丝

发有二毛鬓有丝，年近知命归来时。[1]
小楼三载牛负重，[2]夜半惊魂醒悟迟。[3]
误以尽瘁效祖国，岂知大火殃鱼池。
自古士人命多蹇，书生毕竟是书痴。[4]

注◎

（1）时年48岁，发有二毛，年近知命。（2）三载小楼，如牛负重。在北京大学、清华大学写作组工作二年半左右，三年取成数。（3）夜半惊魂。"四人帮"覆灭几天后10月10日深夜，写作组被查封。我们集中学习、交代问题近二年。1978年约10月学习班结束，各回原单位。我回到刚复校的人民大学。（4）"毕竟是书生"语，取自周一良先生书名。

二　心到安处即是家

跌倒只能自己爬，盼人扶起都是假。
越过险岭即为地，心到安处即是家。
何处可为安身处，斗室书海作生涯。
洗却尘心读《庄子》，悟到妙处搔白发。

三　情分冷暖遇难时

《南华》读罢掩卷思，人间何处觅真知。

药有真假多病识，情分冷暖遇难时。

生死无碍通大道，名利沉酣最为痴。

何必深山求佛法，阅尽沧桑自得之。

四　每得佳句解千愁

少小不才老大休，身无长技霜白头。

直木先伐人间世，鸣雁免烹理易求。

百岁光阴终弹指，死后虚名一荒丘。

书香醉人最为乐，每得佳句解千愁。

五　才高未必即有成

莫说无才虚此生，才高未必即有成。

林秀风摧难为栋，野草轻贱吹又生。

贾生沥血郁郁死，先生怀怨愤自沉。

无人愿买痴呆药，多读史书少弄文。

六　不作夏虫耻作蛙

遇事最喜读《南华》，寓重庄谐笔生花。

望洋方知自身丑，伏案更感知无涯。

头白何须讳年老，枯树仍可着新花。

宁为夸父追日死，不作夏虫耻作蛙。

七　孔颜乐处圣贤事

箪瓢不如鲈鱼美，陋巷难比豪宅居。

孔颜乐处圣贤事，归去来兮挂冠书。

红尘滚滚乱人眼，名利场中搏赢输。

听说终南有隐者，身隐不知心隐无？

八　荒园勤锄尚可春

风光岂独艳色好，霜染枫林亦醉人。

休怨上天增白发，脱尽牙齿舌犹存。

往事不宜频回首，[1]荒园勤锄尚可春。[2]

况复柳媚山川绿，[3]十年贻误日兼程。[4]

注◎

（1）往事：指两校写作组案。（2）荒园，科研荒废多年，成为不毛之地。（3）指改革开放。我曾写过一文《我是改革开放的同龄人》。（4）誓言急起直追，夺回被贻误的十年。

九　手痒何妨再上场

华盖命交梦一场，触网方知弄文难。

心中本无鸡虫念，风卷巨浪湿衿裳。

人生未筑平安道，跌倒爬起自舔伤。

旧事尘封付一笑，手痒何妨再上场！

一〇　寸思尽付千字文

庄生梦蝶幻似真，失蹄驽马愧望尘。

人寿苦短休弹铗，国强岂愁食无豚。

儒冠误我终不悔，书生老去志犹存。

东篱采菊何敢望，寸思尽付千字文。

第一一章

纪念毛泽东

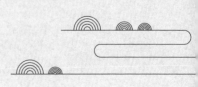

一　素花如雨洒神州

如磐重石压心头，长夜无眠泪自流。

缓步灵堂疑是梦，哀乐低回泣声稠。

笔下风雷惊日月，胸中韬略照千秋。

十万万人齐肃立，素花如雨洒神州。

注◎

1976 年 9 月 16 日北京市民集体到人民大会堂吊唁毛主席。

二　时人犹唱《大风歌》

神州百年忧患多，黑夜难明叹沉疴。

名园灰烬奇耻绝，[1]南京屠城血成河。[2]

疮痍满目金瓯碎，国弱民穷奈敌何。

力挽狂澜三山倒，时人犹唱《大风歌》。

注◎

（1）圆明园毁于英法联军。（2）指南京大屠杀。

三 青春血染别样红

云拥黄洋雾蒙蒙，仿佛仍有炮声隆。

裹伤空腹拼死战，青春血染别样红。

峥嵘岁月弹指过，英名不朽与山同。

硝烟虽散忧患在，莫教父老泣江东。

注◎

毛泽东《西江月·井冈山》："黄洋界上炮声隆，报道敌军宵遁。"

四 绝妙好词马背吟

豪放胸怀婉约情，橘子洲头问浮沉。

霜重东门横塘月，蝶恋一阕泪倾盆。

娄山关险西风烈，战地黄花香醉人。

再造中华功盖世，绝妙好词马背吟。

五　中华何来灿星明

黄河滔滔长江急，五岳峦嶂高入云。
地无山川钟灵秀，自然失色处处平。
历史何尝非如此，难有完人有伟人。
功过颠倒白变黑，中华何来灿星明。

六　历史功过是秤砣

人生价值值几何，多少哲人苦琢磨。
自古伟人多异论，学者互评异议多。
历史本是人民造，人民自有评价权。
人心向背即是秤，历史功过是秤砣。

第一二章

时事杂咏

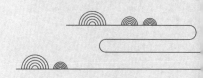

一　红旗坠地悄无声

暮年哪能不惜身，为解忧愁且满斟。

仓多硕鼠思良药，国有墨吏盼贤臣。

百年苦斗烈士血，美人侍宴席上珍。

北邻近事宜记取，红旗坠地悄无声。[1]

注◎

（1）1991 年 12 月 25 日克里姆林宫红旗落地。

二　问君此刻意若何

问君此刻意若何？长夜不眠且放歌。

西风残照红旗落，泉下英灵涕泪多。

无边战骨埋荒草，连片别墅阔人窝。

水行深处悄寂寂，俯身侧耳听洪波。

三　北邻殷鉴宜慎谋

三万昼夜坐地游，白发悄悄爬满头。

凡人自有凡人乐，百姓难免百姓愁。

年老何妨勤敲键，觉长从不梦轻裘。

自古书生多忧国，北邻殷鉴宜慎谋。

四　事在人为有远谋

拼却头颅血浮舟，赢得自由满神州。

前人种桃后人摘，今人复为后人筹。

国盛仍应卧尝胆，民富不忘域外忧。

成败兴衰非天意，事在人为有远谋。

五 狂飙席卷振阳刚

夕阳几度照青山，百年沧桑指顾间。

歌乐红梅凌霜雪，刑场婚礼泣人寰。

民族存亡多壮士，国家无事唱情郎。

我盼高歌舞剑器，狂飙席卷振阳刚。

注◎

观中央电视台《历史的丰碑》。

六 凤凰涅槃浴火腾

柳桥湖边烽烟起，卢沟桥畔月失明。

半壁山河无春色，家破无处问死生。

血肉长城宁玉碎，凤凰涅槃浴火腾。

铁流滚滚面前过，此刻怎不泪眼盈。

注◎

观中央电视台放映的军演。

七　百载国耻洗刷尽

恨无良策系斜阳，银河光冷转玉盘。

瑟瑟秋风今又是，短发萧疏入暮年。

百载国耻洗刷尽，满城翁妪舞翩翩。

最喜孙孙可人意，也知摇旗倚膝前。

注◎

庆香港回归，观最美教师排练。

八　寸寸灰烬见真情

男童女娃眼失明，含泪带笑谢师恩。

力竭心瘁为谁死？满街打幡送殡人。

山区幼教如慈母，精心呵护育新林。

红烛虽小传薪火，寸寸灰烬见真情。

注◎

参加中央电视台全国最美教师现场拍摄有感。

九　凝视荧屏泪夺眶

山崩地裂顷刻间，凝视荧屏泪夺眶。
十万大军驰昼夜，白衣如云救死伤。
排队伸臂争献血，小儿也解攒钱囊。
暖流滚滚神州恸，国家多难必兴邦！

注◎
观中央电视台汶川地震报道。

一〇　白衣天使逆风奔

百般惆怅绕室行，绝无宾客常闭门。
汉水浪高擂急鼓，白衣天使逆风奔。
民族危难多勇士，百姓急需见肱臣。
紧盯荧屏眼含泪，多难兴邦国有魂。

一一 星星闪烁亦知愁

昨夜梦中校园游，人去房空月满楼。
四周悄悄似沉睡，星星闪烁亦知愁。

一二 群芳赶快闹枝头

树木依然昂首立，毫无怯意肯低头。
冬天已逝春难远，群芳赶快闹枝头。

注◎
学校停课。学生多已离校。

一三　边声连角思良将

东海汹涌南海潮，西风狂刮逐浪高。
边声连角思良将，国有疑难盼萧曹！

一四　天上人间两相连

嫦娥独守年复年，突然四妹也升天。
吴刚奉酒白兔欢，天上人间两相连。

注◎
贺嫦娥四号登月。

第一三章

外出杂咏

一 凌空皓月送归船

宇宙一色水连天，凌空皓月送归船。

疑是瑶池碎玉镜，波光粼粼满湖面。

注◎

月夜过鄱阳湖。

二 落月坠星遍地明

两岸壁立江流急，山间人家别有情。

凭栏寒风望远景，落月坠星遍地明。

注◎

自白帝城顺江而下，夜眺三峡水电站截流工地处。

三 心自岿然应似山

鬼斧神工画图难，峰笼云纱有无间。

雄若武士高举剑，秀似美女立迎郎。

最爱雨过晴空洗，十里滴翠溪水忙。

为人莫学风飘絮，心自岿然应似山。

四 观山倍知鸡虫哀

仿佛天上泼墨来，风情万种巧安排。

两峰相峙龙虎斗，层峦叠嶂赛花台。

细雨轻烟云雾绕，远山夜色胜锦裁。

负手方悟闲趣好，观山倍知鸡虫哀。

注◎
游张家界。

五 浪花如泪水诉愁

二十年后又重游，涛声依旧不胜忧。

螃蟹难觅似绝迹，鱼虾悭缘也难求。

小楼毗邻城市景，排档摊贩满街头。

迷人风光但剩海，浪花如泪水诉愁。

注◎
重游北戴河。

六　不闻驼铃只见人

当年远嫁路难行，而今昭君满青城。
塞北高原灯如昼，不闻驼铃只见人。

注◎
游呼和浩特。

七　宫女不让李卫名

莫惜旧冢已难寻，碑在人心最易明。
消兵弭战和亲策，宫女不让李卫名。

注◎
参观昭君墓。

八　扬尘万里铁骑奔

扬尘万里铁骑奔，鞭梢雷鸣欧亚惊。
蒙元历史多声色，盖世天骄独一人！

注◎
参观成吉思汗陵，观看大型舞剧《成吉思汗》。

九　屋有流水似枕河

船娘摇橹唱山歌，吴侬软语奈情何。

两岸民居推窗语，屋有流水似枕河。

石桥如画江南景，小巷深处摊位多。

净心何如游古镇，胜过深山拜佛陀。

注◎

参观苏州周庄。

一○　多少寺院云雾间

微风斜雨瞻名山，多少寺院云雾间。

弥陀肚大容万物，金刚怒目看尘寰。

人生谁无烦恼事，泥塑岂能有锦囊。

心态平常即成佛，何必磕头捣蒜忙。

注◎

游九华山。

一一　仁者乐山理易求

二十年前双脚游，当时乌丝今白头。

青山不老松犹劲，世事沧桑几度秋。

天动地摇腰挺直，春来杜鹃放眼红。

巍峨屹立峰峦美，仁者乐山理易求。

注◎

游黄山。

一二　二十四桥月下游

不嫌翁媪双白头，久违淮海六十秋。

往事依稀犹可忆，旧迹难寻梦中求。

蓦然回首惊耄耋，最喜步履健如牛。

他年如践扬州约，二十四桥月下游。

一三 风吹落叶别有情

似是天上撒黄金，月色半明也诱人。
莫说只有山水好，风吹落叶别有情。

一四 黄昏犹有妙趣浓

染尽层林不见峰，夕阳斜照相映红。
人生晚景若得似，黄昏犹有妙趣浓。

一五 扑面羽毛遍身轻

皑皑飞雪满京城，扑面羽毛遍身轻。
树树银花迎风立，冬天渐远春将临。

一六　夜色如水月如钩

夜色如水月如钩，瑟瑟凉风吹白头。

京城半纪山河变，争艳霓虹入云楼。

盛世何必叹年老，喜看千帆竞争流。

但教烛尽尚有蜡，化作萤光照晚秋。

注◎
倚楼眺望口占。

第一四章

住院杂咏

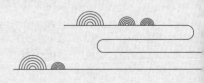

一 落花尚可香泥尘

智者何劳忧死生，世间无物可永存。
寿数岂独长为贵，体用不二最上乘。
王勃早逝名千古，庾信文章老更成。
休嗟枝头春色杳，落花尚可香泥尘。

二 闻道犹应以身求

少壮青丝暮白头，倚马才情空自踌。
晚年多病平常事，休寻旧梦莫回眸。
为文喜读风雷笔，处世最敬雨同舟。
书生老矣难荷戟，闻道犹应以身求。

三 向死而生是本真

世上多少长生论，车载斗量等沙尘。
始皇求仙后人笑，徐福过海了无痕。
自古无人能不死，妄求不老痴可嗤。
庄子鼓盆通大道，向死而生是本真。

四 善用余生惜白头

少无大志老不羞，善用余生惜白头。

粉笔生涯五十载，贡献虽少力全投。

常思奋蹄深犁土，更愿挥笔写春秋。

餐老佚老虽有理，弄孙晒背非我俦。

五 蜂死蜜留不夸功

来时空空去未空，思念长留亲朋中。

花果飘零自然理，叶黄落地岂怨风。

有穷有富人间世，无物无我蝴蝶梦。

最是可敬蜂酿蜜，蜂死蜜留不夸功。

六 四时佳兴与人同

病重不治无非死，难至极处冤老穷。

生若识得盈虚理，四时佳兴与人同。

注◎

患肺炎住院，输液过敏，几死。抢救及时，得以康复。人死后复生感慨最多。

七　智者千虑不如愚

康德智者名千古，人到老年也诉苦。

思绪万千脑不停，生命已入计时数。

非只恋生怨黄昏，更怜才思化为土。

生老病死谁能免？智者千虑不如愚。

注◎

康德在 1798 年 9 月 21 日给朋友的一封信中说："我的身体还算得上健康，但动起脑子来却像是一个残疾人。在一切涉及哲学整体的事情上，我再也不能有所进展，永远看不到它们的完成了。"

八　祸福寿夭岂由天

从不忌死已忘年，祸福寿夭岂由天。

胸无戾气心如水，恬淡简朴枕安眠。

注◎

答友人慰问。

第一五章

自寿诗

一　落晖尚可有余光

人生百味未尽尝，八十年华一瞬间。
老去岂敢忘忧国，头白仍以笔作枪。
爱读诗书不泥古，喜逐新潮耻媚尚。
休叹天晚嗟日暮，落晖尚可有余光。

二　居家不识米和油

此人头白七十秋，少小冥顽老依旧。
日行万步唯嗜读，居家不识米和油。
食无精味求果腹，衣少华服只遮羞。
今日桃源何处觅，极目神州尽高楼。

三　长年滴水石未穿

举杯共庆七十双，岁月满脸发苍苍。
非为多病心常戚，只缘无才愧素餐。
半世读经道难悟，长年滴水石未穿。
也曾掩卷思掷笔，庖丁难舍解牛章。

四 素衣莫叹襟袖冷

平生痴情唯嗜读，书生至死耻言穷。
世人都道乌纱好，满城争说老总红。
素衣莫叹襟袖冷，桃李无语香自浓。
再乞十载四千日，不废闭门磨剑功。

五 笔底岁月可入流

萧萧白发霜满头，纷纷黄叶金色秋。
年老应知明月理，体衰何妨多登楼。
冷眼官场憎墨吏，朝为骄子暮为囚。
都道人生如演戏，笔底岁月可入流？

六 耻图虚名卖朽骨

似梦非梦八十年，有苦有乐有酸甜。
雪泥鸿爪犹留迹，人生岂是过眼烟。
耻图虚名卖朽骨，纵情挥笔不为钱。
半世文章成旧纸，敢辞衰老续新篇！

七　只缘信仰笔耕田

已入尘间八十年，不慕富贵不求仙。

非为无聊勤学习，只缘信仰笔耕田。

书多方知用恨少，文长自愧井底言。

白发伛偻仍推石，我心自知苦和甜。

八　心无私事刻意求

天地一瞬八十秋，心无私事刻意求。

旧友忘名剩绰号，步履自愧慢如牛。

寿高多辱当化辱，年老易愁善解愁。

松柏凋零仍有绿，圆融通达即自由。

九　老马尚不吝毛蹄

都道七十古来稀，而今八十不算奇。

但教键盘能敲字，老马尚不吝毛蹄。

一〇 至今犹能笔耕田

发白萧萧人已老，大梦未觉八十年。
似是皇天多怜我，至今犹能笔耕田。

一一 袖手最愧对盘餐

去日苦多总匆忙，至老难得半日闲。
非为虚名图破壁，袖手最愧对盘餐。
沧海浩渺我一粟，万人积土可成山。
富国强兵百年梦，谁愿儿孙吊国殇。

一二 古今多少梦黄粱

大梦未觉八十年，又似老牛又似仙。
恬淡不恋红尘乐，伏案每思深犁田。
重利仿佛蛾扑火，盛名亦为过眼烟。
最是平常心态好，古今多少梦黄粱。

一三　舞罢归来水也甜

白头老爹白发娘，不怨黄昏不自怜。

双颊胭脂红绸带，锣鼓咚咚乐晚年。

权重名高虽云贵，鸡虫得失夜难眠。

何如百姓平常心，舞罢归来水也甜。

注◎

公园街头多秧歌舞，均为老人。红绸胭颊，锣鼓声喧，甚为羡慕。

一四　生死荣辱且随缘

八十已度未觉老，九十在望似忘年。

非是上天独怜我，生死荣辱且随缘。

一五　雨落水中不见痕

得失何必太较真，雨落水中不见痕。

古今多少名利客，问君记住有几人？

一六 碧霄诗情满苍穹

云淡风微秋色浓，黄叶树下白头翁。

双眸凝眺天无际，碧霄诗情满苍穹。

注◎

自题八十影照。

一七 依旧血沸带月奔

八十年华十八春，头白老儿顽童心。

屈指明知无多日，依旧血沸带月奔。

一八 红梅立雪可入诗

从无春风马蹄疾，已入寒风凛冽时。

休羡鲜花三月好，红梅立雪可入诗。

一九　哲人寿高并非天

哲人寿高并非天，忘生忘死亦忘年。
智到糊涂近乎傻，傻到绝妙已成仙。

二〇　流光无奈太匆忙

流光无奈太匆忙，才绿芭蕉菊又黄。
满园春色残红落，野草轻贱踩无妨。
不慕虚名贵有志，头白何必自感伤。
廉颇一饭三遗矢，尚思执锐上沙场。

二一　未闻造物独怜人

八四初度增一春，弯腰拾箸渐不能。
天地大仁无私爱，未闻造物独怜人。
少年旧梦成碎影，头白反觉意更真。
老而弥坚不算老，文求有骨诗求魂。

二二 稀里糊涂米寿年

稀里糊涂米寿年，饭蔬衣食茶味香。
此生难为神仙客，耄耋仍在学耕田。
盛年牢记醒世训，子肖何必多积钱。
最是可憎官仓鼠，啃漏船底咬坏梁。

二三 力衰愧对俸银钱

如水岁月米寿年，饭蔬衣布茶味香。
年老无意神仙客，力衰愧对俸银钱。
忧世常发嫉时语，下笔不怕有人嫌。
小民最憎官仓鼠，身经外侮盼国强。

二四 一地鸡毛蒜皮葱

屈指二八八八翁，脸如老树发稀松。
早悟生死为一体，名利浮云过眼空。
下笔万言无半策，一地鸡毛蒜皮葱。
搁笔拾笔再搁笔，何必摘句当冬烘。

二五　应愧无一属锦囊

此生未有半日闲，春色秋景付流光。
文章千篇何足贵，应愧无一属锦囊。

二六　不结权门结善门

身无半官常忧国，家少余钱反怜贫。
鞠躬尽瘁死而已，不结权门结善门。

二七　思入风云变幻中

头白无力挽长弓，思入风云变幻中。
莫说人老成朽木，投入炉膛火焰红。

二八　我亦俯首甘为牛

蚕丝吐尽作茧留，赴汤蹈火织成绸。
天地无私万物理，我亦俯首甘为牛。

二九　书生老去酷似冬

人间喜赞夕阳红，书生老去酷似冬。
不意江郎才尽日，白发颓颜一痴翁。

三〇　不贵脚力贵自强

日有黄昏岁有年，头白何须悲凄凉。
伏枥犹记千里梦，不贵脚力贵自强。

三一　笔下最喜有雷鸣

鸟爱羽毛我惜名，卖论何以对士林。
真话应从心底出，笔下最喜有雷鸣。

三二　为文最愧托空言

已到人间九十年，无缘纱帽无缘钱。
头白常悔读书少，为文最愧托空言。
自古儒生多忧国，江湖庙堂心相连。
而今走红赵元帅，展裙西施胜元元。

三三　登山亦须插花归

人老发白何必悲，登山亦须插花归。
仿佛九十不是我，笔下仍爱有惊雷。

三四　胜过风雪夜归人

九十老翁红围巾，发白面绉少年心。
明知屈指路程短，胜过风雪夜归人。

三五 掺入颜料绘图艳

年过九十可称仙，跪谢父母跪谢天。
残蜡将尽烛成泪，掺入颜料绘图艳。

三六 无以物役贱自身

九十悟道太嫌迟，小脚妇人学新姿。
文章合为时代作，无以物役贱自身。
名利止渴饮鸩酒，阿世文章等轻尘。
已悔日暮嗟路远，有负苍天赐此生。

三七 九十已是上上签

人生极少有百年，九十已是上上签。
铁不锤打不成器，花盆难见十年鲜。
国多危难能崛起，人经摔跤步更健。
世人只知甜味好，不知苦后甜更甜。

三八　壁间剑鞘莫生尘

修道参佛两不能，喧嚣世界一俗人
终身舌耕胡弄笔，半篓废纸半空文。
头白再无攀登力，月月愧领雪花银。
笑迎后浪平前浪，壁间剑鞘莫生尘。

三九　岂有闲心赋瑶琴

笑谈风月我不能，非为人老欠解情。
只缘蠹多堪忧国，岂有闲心赋瑶琴。

四〇　面对自然愧杀人

喷泉如柱亮如银，华灯映照格外明。
谁人能与水相比，面对自然愧杀人。

四一 寿尽归一功德成

问我何以得健生，笑而不答一指伸。

心归于一少私欲，意归于一少痴嗔。

道归于一少困扰，行归于一少妄论。

家归于一天伦乐，寿尽归一功德成。

四二 有情有泪人生章

智慧之树结果难，千年难摘一箩筐。

缪斯独喜穷途客，斗酒百篇放霞光。

哲学无诗无花果，诗无哲学果无馕。

请君静听琵琶曲，有情有泪人生章。

四三　愧对前人畏后生

满身烟火一俗人，识字一筐学未成。
诗缺深情无佳句，愧对前人畏后生。

四四　莫教余年负天年

蓦然回首九十年，百岁难期指顾间。
世人都道长寿好，寿高多辱苦酸甜。
欲除烦恼需无我，人生难得有两全。
顺其自然成若缺，莫教余年负天年。

后记

撕掉 2021 年最后一页台历，我就进入九十二岁了。"昨日初度又增年，跪谢父母跪谢天。橘子洲头春来早，摘取一枝当贺钱。"首句是自贺，尾句贺湖南长沙友人米寿。

我的同学大多年岁近似，属于同时代人。但人生各有不同。有的英年早逝，人间难留未尽才；有的经历过苦难，终于有所成就；有的健康长寿，乐享天年。没有两种一模一样的人生。人生各如其面。不同，才是人生的真实，真实的人生。

我的一生极其平淡，是一个普通知识分子的一生。我足不出二门：家门、校门。如果从小学算起，只有六岁以前与学校无关。我常常怀念小学和中学时代，与我亲近的老师，至今神态仍然刻在我脑子里。我特别怀念在人民大学哲学系时期的老师和同事。哲学系建系至今，我也是算是亲历者。我受教于哲学系，工作于哲学系，退休于哲学系，我这一生与哲学系不可分。我怀念长眠于地下的我们首届系主任，何老何思敬同志，我的老师萧公萧前，我的同班好友李秀林、汪永祥，他们是人民大学哲学系的开创者、奠基者。

我不出校门，一生与书为伴。平生无其他嗜好，只是喜欢读点书，也喜欢东想西想，夸张点说，喜欢思考。孔夫子说过，"思而不学则罔，学而不思则殆"，这是学与思关系的至理名言。学思结合才能有成果。这就是学有所得，思有所悟。有所悟，有所得，应该立刻记下来。

灵感是从不等待的。北宋二程曾说过，"为学之道，必本于思，思则得之，不思则不得"；还说，"不深思而得之，其得易失"。其实，西方哲学家也发表过类似的读书方法。叔本华说过，"我们一旦有了具有价值的，属于自己的思想，那就要尽快把它记录下来。这其中的道理很简单：我们经历的事情不时被我们忘记，那我们所想过的东西事后被遗忘也就更是家常便饭了。"这个说法非常正确。灵感像飞鸟，一旦不抓住，就会消逝。思想火花是最容易熄灭的。好记性不如烂笔头，此之谓也。我的思，其实并非我所有，而是一些读书心得。称之为思，有点自夸。

我也喜欢写点诗。不过水平太低，我都不好意思称之为诗，只是打油诗而已。不过人的毛病，往往容易以为儿子是自已的好，我也未能免俗。诗，就是此时、此地、此情、此景的情感的爆发。诗不等人。收在其中，作为我对人生一点往事的记忆，就是我曾经写过这些东西，它是我的情感的萦绕，是我的家国情怀的流露。

我已经九十二岁了，当然理解这个年龄意味着什么。尤其是老年多病，到了在坟墓边徘徊的时期。我很佩服日本的哲学家中江兆民，他在患喉癌被宣布只有一年半寿命时仍然写下了《一年有半》。到期未死，又继续写了《续一年有半》。书中只偶而提到自己的病，主要是谈政治，评论日本人物；在《续一年有半》中，谈哲学，谈唯物主义，谈无神论，批判唯心主义和有神论。中江并没有因为临近死亡而相信来世和天堂。照我们现在的哲学水平来说，中江的这本哲学书当然算不上什么杰作，但他那种面对死亡仍然静心写作的精神值得我们敬仰。将军解甲不谈兵，人到死时尽信佛。相比之下，中江的精神值得赞扬。死，是对人的信仰和世界观、人生观最具实践性的验证。我当然希望健康长寿。我要看看世界如何变化，要看看在新的百年发展中，我的祖国如何变得更加令人向往。

感谢北京师范大学出版社，感谢编辑饶涛、宋旭景、赵雯婧。我非常佩服编辑为人作嫁的公心和高超的学术、文字水平。他们不是油漆工，而是起死回生的专家。经过他们的手，文章可以面目一新。

2022 年 1 月 7 日
于人民大学宜园寓所

图书在版编目(CIP)数据

人生：思与诗/陈先达著. —北京：北京师范大学出版社，
2022.1
ISBN 978-7-303-27509-0

Ⅰ.①人… Ⅱ.①陈… Ⅲ.①人生哲学－通俗读物②诗集－
中国－当代 Ⅳ.①B821-49②I227

中国版本图书馆 CIP 数据核字(2021)第 276089 号

营 销 中 心 电 话　010-58805385
北 京 师 范 大 学 出 版 社　http://xueda.bnup.com
主题出版与重大项目策划部

RENSHENG：SI YU SHI
出版发行：北京师范大学出版社　www.bnup.com
　　　　　北京市西城区新街口外大街 12-3 号
　　　　　邮政编码：100088
印　　刷：鸿博昊天科技有限公司
经　　销：全国新华书店
开　　本：880 mm×1230 mm　1/16
印　　张：25.75
字　　数：290 千字
版　　次：2022 年 1 月第 1 版
印　　次：2022 年 1 月第 1 次印刷
定　　价：108.00 元

策划编辑：宋旭景　　　　　责任编辑：赵雯婧
美术编辑：书妆文化　　　　装帧设计：王齐云
责任校对：张亚丽　　　　　责任印制：陈 涛 赵 龙